위안화의 역습

기축통화 편입이 가져올 기회와 대응 전략

위안화의 역습

윌리엄 오버홀트 · 궈난 마 · 청 퀵 로 | 이영래 옮김

21세기북스

위안화의 국제화로 인한
세계경제의 변화

★

세계 경제의 회복을 위해 국제통화 문제의 효과적인 관리가 꼭 필요한 시점에 새로운 주요 통화의 출현, 즉 중국 위안화(RMB)의 국제화는 세계적으로 큰 의미를 갖는 변혁적 사건이다.

이 책은 RMB 국제화의 동인, 과정, 앞으로의 궤적을 분석한다. 또한 RMB의 출현이 세계 금융 시스템, 국제 비즈니스, 그리고 이들을 뒷받침하는 금융 서비스와 상품에 어떤 영향을 미칠지도 살핀다. 우리는 위협보다는 가능성이 압도적으로 크다고 본다.

나는 펑글로벌인스티튜트가 이런 까다로운 주제에 대한 이전의 다른 어떤 연구보다 깊이 있고 광범위한 연구를 해왔다고 생각한다. 우리는 다양한 이해관계와 세계 금융 시스템의 번영을 생각하는 균형 잡힌 시각에서 이 문제를 객관적으로 다루었다.

우리는 세계적 문제에 대한 아시아의 견해를 제공하는 펑글로벌인스티튜트의 임무에 맞추어 중국 경제의 내막과 변화하는 니즈를 출발점으로 삼았다. 중국이 투자와 수출 중심 제조보다는 내수와 서비스에 집중하는 성장 모델로 이행해가는 과정에서, 이러한 니즈들이 RMB 국제화를 구심점으로 하는 중국내의 금융 개혁을 통해 필연적으로 드러나게 될 것이다. 우리는 RMB가 세계 무대에 이르게 된 이러한 중국내 배경을 심층적으로 조사한다.

중국내 개혁의 사례로 들 수 있는 것 중 하나가 중국의 채권시장이다. 우리는 중국이 채권시장을 어떻게 통합해야 하는지, 채권시장을 어떻게 확장해야 하는지, 점진적으로 세계에 개방할 방법은 무엇인지, 이러한 국내적 과제가 통화의 국제화에 어떤 도움이 되는지 자세히 알아본다. 또한 홍콩을 RMB 거래 역외 센터의 디딤돌로 삼아 확장되고 있는 중국의 세계 네트워크에 대해서도 진단한다.

우리는 시야를 넓혀 역사적인 배경에서도 RMB의 부상을 조망한다. 1세기 전, 미국 달러는 10년이 조금 넘는 대단히 짧은 시간 안에 파운드화를 앞질러 선두적인 국제통화가 되었다. 앞으로 수년 동안은 달러가 전 세계에 걸쳐 주된 준비통화의 자리를 유지하겠지만 달러가 걸어온 역사적 여정 자체가 통화가 얼마나 빨리 부상(하고 몰락)하는지를 상기시켜 준다. 이런 맥락에서 우리는 RMB가 10여 년 안에 세계 2대 준비통화라는 유로화의 역할에 도전할 수 있을 것이라고 내다보고 있다. 위안화는 무역 결제 통화에 있어서 이미 유로화를 뛰어넘었다.

이러한 순위의 재배열 속도를 대단히 놀랍게, 심지어는 불안하게 받아들이는 사람들도 있다. 하지만 전 세계의 기업들은 국제화된 RMB를 이용함으로써 비용을 절감하고 이윤을 늘릴 수 있다는 사실을 발 빠르게 수용했다. 중국 정부가 하드 인프라와 소프트 인프라 마련에 공을 들인 덕분에 RMB 국제화의 길이 열렸다. RMB가 이 길을 성공적으로 걷게 만드는 것은 기업 이윤이 될 것이다. 이 책에는 RMB의 부상이 기업에 수익을 늘릴 기회를 제공한 실제 사례들도 실려 있다.

그렇긴 해도 중국이 국내 경제 변혁과 RMB 국제화를 얼마나 빠르게 밀고 나갈 수 있을지는 확실한 답을 내놓을 수 없는 문제이다. 이를 고려해서 우리는 다양한 결과의 윤곽을 보여주는 대안적 정책 시나리오들을 제공한다.

RMB의 국제화가 움직이는 목표물인 것과 마찬가지로 우리는 이 책을 진행 중인 미완성의 작업으로 본다. 우리는 이 책이 금융 서비스와 업계 전반에 있는 전문가들과 경제학자들의 논쟁을 자극했으면 하는 바람을 가지고 있다.

이 책의 저자들은 윌리엄 오버홀트의 주도하에 세계 금융에서 가장 인기 있는 주제에 새로운 깊이와 신선함을 가지고 매달렸다. 나는 2015년 7월1일부터 펑글로벌인스티튜트의 임무를 진척시켜 아시아인들의 시각에서 세계 경제의 중요한 사안을 다룰 아시아글로벌인스티튜트(Asia Global Institute)로부터 그러한 보고서를 더 많이 받아볼 수 있기를 고대하고 있다.

빅토르 K. 펑(Vitor K. Fung)
펑글로벌인스티튜트 회장

차례

제1장 **국제통화로 부상하는 위안화**

제2장 **역사가 위안화에 주는 교훈**

제3장 **위안화 부상의 경제적·제도적 기반**

제4장 **중국 채권시장은 위안화의 국제화를 뒷받침할 수 있는가**

제8장 국제화 과정에 있는 위안화를 이용하는 기업

제9장 준비통화로서의 위안화

제10장 앞으로의 전망

: 제1장 :

국제통화로 부상하는 위안화

위안화(RMB)의 급속한 국제화가 세계 금융 시스템의 역사에 남을 근본적 변혁을 이끌고 있다. 달리 보자면, 금융 시스템의 이런 철저한 변혁이 RMB의 빠른 국제화를 이끌고 있기도 하다. 그 영향(이제야 막 체감되기 시작한)은 결국 전 세계에 파문을 일으킬 것이고 모든 경제, 정부, 기업, 가정에까지 침범할 것이다.

그 여파는 엄청날 것이다. 예측할 수 있는 결과도 있지만 이해하기가 어렵고 전혀 알려지지 않았던 결과도 많이 나타날 것이다. 역사는 세계 통화 시스템을 재편하는 일에 반드시 위험이 따른다는 것을 보여준다. 제2장에서 살펴보겠지만 사실, 통화 시스템의 변화가 대재앙으로 이어진 경우도 있었다. 이러한 위험이 있다는 것도 알고, 현재는 변화의 초기 단계에 불과하다는 것도 알지만, 그럼에도 불구하고 RMB 국제화의 방향과 진전의 모습을 지켜보는 우리는 그 안에서 이 상황을 낙관할 만한 근거를 찾을 수 있었다.

이 장은 우리의 연구 결과를 개괄적으로 소개하는 데 할애할 것이다. 그 외 상세한 사항을 설명하고 증거 자료들을 제시하는 일은 뒤로 미룰 것이다.

5년 전이라면 그리 먼 과거가 아니다. 그때만 해도 RMB의 급속한 부상(浮上)을 예견하는 사람은 거의 없었다. RMB의 부상은 '폭풍'이라고 표현해도 좋을 상황의 원인인 동시에 결과이다. 이 폭풍은 한 가지 방향으로 수렴하는 다음 4가지 경향으로 이루어져 있다.

- 기업의 원가 절감, (국내의 개혁과 개방이 뒷받침된) 베이징의 지원, 중국 경제의 비중과 영향력 증가가 조합을 이루면서 RMB의 국제적 사용이 증가했다.
- 미국은 1944년부터 세계의 통화 문제를 관리해온 브레튼 우드(Bretton Woods) 체제를 현대화하거나 확장하는 것을 반대할 뿐 아니라 커지고 있는 간극을 메우기 위해 고안된 새로운 대안을 받아들이는 것에도 저항하고 있다.
- 2008년에서 2009년에 닥친 세계 금융위기(Global Financial Crisis, GFC) 이후 개발도상국들 사이에서 기존 시스템에 대한 의구심이 깊어지고 있다. 그들은 특히 (ⅰ) 기존 시스템이 안정과 번영으로 이어지는 최적의 수단을 제공하는지, (ⅱ) 여전히 브레튼 우드 체제가 적합한지, (ⅲ) 법에 의해 주로 미국의 이익에 기여하도록 되어 있는 FRB(Federal Reserve Bank, 연방준비은행)가 사실상의 세계 중앙은행

으로서 역할하는 데 문제는 없는지에 의문을 가지고 있다.

- (특히 중앙아시아와 남아시아, 중동, 아프리카에서) 중국이 OECD (Organisation for Economic Co-operation and Development) 국가들의 번영과 통합을 돕는 것과 같은 유형의 발전과 이를 가능하게 하는 기구의 창설을 주창하고 있다.

RMB 국제화의 속도와 패턴은 계속해서 이러한 국내외 발전 국면에 따라 결정될 것이고 한편으로는 RMB의 국제화가 국내외 발전에 동력을 공급하게 될 것이다.

: 국제통화가 되기 위한 조건 :

통화가 국제화된다고 해서 반드시 세계적으로 중요한 위치를 점하게 되는 것은 아니다. 예를 들어 뉴질랜드 달러는 대단히 국제화된 통화지만 국경 밖에서는 그다지 중요한 취급을 받지 못한다. 어떤 통화가 세계적으로 중요성을 인정받기 위해서는 서로 연결된 다음의 세 가지 조건이 충족되어야 한다. (i) 국내 경제의 규모가 크며 성장세를 유지하고 있다. (ii) 자본시장이 견고하며 개방되어 있다. (iii) 효과적으로 움직이는 믿을 만한 기관이 경제와 시장을 관리한다. 이들 세 가지 요건 각각에서 중국은 기량을 발전시키고 있는 한편으로 심각한 문제에 직면하고 있기도 하다.

경제적 동인: 성장과 개혁

중국은 위에 언급한 첫 번째 조건은 확실히 충족시키는 것으로 보인다. 덩샤오핑(Deng Xiaoping)의 '개혁과 개방' 정책에 뒤이은 30여 년에 걸친 급속한 성장으로, 중국은 현재 세계 2위 경제대국의 자리에 섰으며 세계 최대의 구매력을 자랑한다. 그렇지만 지난 35년여를 이어온 10퍼센트대 성장은 더 이상 계속되지 못할 것이다. 중국이 연간 6~7퍼센트의 비교적 빠른 성장세라도 유지하려면 다음 네 가지 중요한 문제를 반드시 극복해야 한다. 이 네 가지의 결합은 어마어마한 장애물을 만들어낸다.

첫째, 경제의 가장 중요한 엔진이 변화해야 한다. 중국은 투자와 수출, 제조업, SOE(State-Owned Enterprise, 국영기업)에 의해 주도되던 형태에서 벗어나 국내 소비, 서비스, 혁신, SME(Small and Medium-sized Enterprises, 중소기업)에 눈을 돌리는 전환을 이루어야 한다.

둘째, 중국은 지방정부 부채, 주택 거품, 규제의 사각 지대에 있는 그림자금융, 산업의 광범위한 생산 과잉 현상으로 악화된 금융 긴축의 상황을 타개해야 한다.

설상가상으로 은퇴자의 수는 빠르게 증가하는 데 반해 생산 가능 인구는 급속히 감소하고 있다. 성장을 지속하고 사회 복지를 위한 자금을 조달하기 위해서는 남은 노동 인구를 훨씬 더 생산적으로 이용해야 한다.

마지막으로, 중국은 심상치 않은 수준의 대기, 수질, 토양오염은 물론 에너지와 식품 안전 보장에서 수반되는 문제들까지 아우르는 현재의 환경 위기를 해소해야 한다.

이에 대한 중국 정부의 대응은 고무적이다. 중국의 새로운 지도부는 훨씬 더 시장 중심적인 방향의 경제 계획들을 발표해왔고, 사법 개혁과 지배구조 개혁을 시작했으며, 보상과 규제로 이루어진 야심찬 환경 프로그램을 시행하기 시작했다. 중국은 정치적 개혁을 위해 최고 지도부의 규모를 축소하고 반부패 운동을 이끌고 있다.

주요한 변화를 이루면서 입증한 역량과 이 같은 목표와 함께라면 중국은 현재의 금융 긴축을 극복하고 다른 대부분의 개발도상국들보다 빠르고, 선진 경제국들보다 훨씬 빠른 경제 성장을 지속할 수 있을 것으로 기대된다. 우리는 2016년에서 2020년 사이 중국의 실질 GDP 성장이 연평균 5.0~7.5퍼센트 정도일 것으로 전망하고 있다. 개혁이 계획대로 추진된다면 이후 10년 동안 약 6.0퍼센트의 평균 성장률을 기록할 수 있겠지만, 그렇지 못한 경우라면 성장률은 3.5퍼센트에 그칠 것이다. 제3장에서는 성장의 속도를 더 높일 수도, 낮출 수도 있는 몇 가지 '뜻밖의 일'들에 대해서 생각해볼 것이다.

비교적 높은 성장을 유지하려면 경제 개혁의 핵심 목표가 보다 시장 중심적인 자원 분배로의 전환을 통해 자원을 효율적이고 지속가능하게 분배하는 데 맞춰져 있어야 한다. 이것은 은행 여신, 주식시장 상장, 토지 분배, 허가 규제가 관료들에 의해 좌우되고 SOE가 비호를 받던 과거의 관행과 뚜렷이 차별된다. SOE가 자본(주식시장과 은행 여신 모두)에 우선적으로 접근했기 때문에 성장과 일자리, 혁신의 주된 동력인 민간 부문의 SME는 설 자리를 잃었다. 금리 상한 때문에 SME가 자금 조달에서 받는 제약은 더 커졌다. 금리를 높일 수 없는 은행은 SME 대출에서 오는 리스크를 감당할 수 없기 때문이다. 무엇보다 RMB 가치의 인

위적인 조정은 순수출과 같은 과거의 성장 동인에 유리했던 행태이다. 다음 단계의 성장에 연료를 공급하기 위해서는 국내 시장의 확장이 필요한데 환율 통제는 시장 확장을 지연시킨다. 마찬가지로, 환율을 통제하면 값싼 노동력을 기반으로 하는 전통적인 제조업은 득을 보겠지만 그 과정에서 혁신적인 첨단 기술 산업과 국내 소비자를 희생시키게 된다. 그 사이, 통제된 자본시장은 저축자들의 투자 기회를 빼앗고 그들의 자금을 비생산적인 부동산 시장으로 몰아넣는다.

단 몇 년 동안, 중국은 금리를 자유화하고 RMB가 시장 수준과 균형을 이루도록 했다. 무역 수지 흑자가 GDP의 2퍼센트에 불과했고, 자본 유출은 상당했으며, 실제 PBOC(People's Bank of China, 인민은행)는 최근 금리의 안정을 도모하기 위해서 환율 방어에 개입했다는 것을 생각해보라. 더구나 태환성이 보장되는 역외 시장 환율과 자본이 통제된 역내 시장 환율이 급속히 수렴되었다. 2014년 말에서 2015년 초까지 중국의 고위 관리들은 RMB가 늦어도 2017년까지 완벽한 태환성을 가지게 될 것이라는 의견을 내비쳤다. 그들의 낙관적인 예측이 실현될지 여부는 2015년 중반의 주식시장 붕괴 이후 강해진 보수 진영의 저항을 극복하느냐에 달려 있다.

이렇게 실물 경제의 기본적 니즈가 금융 자유화를 추진하고 있으며 필요한 개혁들이 빠른 진전을 보이고 있다. 이러한 개혁들은 RMB 국제화를 위해서도 필요하다.

RMB 자유화와 국제화는 추가적인 금융 자유화에 필요한 요소로서 개혁의 선순환에 활기를 불어넣는다. (RMB 자유화와 국제화는 정치적으로 이론이 분분한 국내 시장의 자유화를 촉진하는 데에도 도움을 준다.)

개혁의 이러한 선순환에 꼭 필요한 연결 고리에는 구체적으로 다음과 같은 것들이 있다. (i) RMB의 국제화를 위해서는 RMB의 태환성이 보장되어야 한다. (ii) RMB의 태환성을 보장하려면 국내 금리가 자유화되어야 한다. (iii) 금리가 자유화되려면, 은행이 건전하고 은행에 대한 적절한 규제가 이루어져서 금리의 상승이 은행 위기를 부르지 않아야 한다. (iv) 은행 시스템이 건전하려면, 예금 보험 제도 구축을 통해 예금 인출 사태를 막을 수 있어야 한다. 우리는 제3장에서 이러한 연결 고리들과 그 뒤에 있는 논리들에 대해서 보다 상세히 알아볼 것이다.

경제학자들은 보통 앞 단락의 연결 고리들을 전제 조건이라고 부른다. 전제 조건이 충족되어야 안정적인 결과를 이끌어낼 수 있다. 예를 들어, 자본 계정을 개방하기 전에 국내 금리가 자유화되고 은행 시스템이 안정을 찾아야만 한다. 자본시장의 개방이 지나치게 빨리 이루어질 경우 위험할 수 있기 때문이다. 돈이 많이 유입되고 부채가 과다한 상태에서 돈이 빠져나가면서 통화 위기가 찾아온다. 1997년에서 1998년의 아시아 금융위기 때 바로 이런 상황이 펼쳐졌다.

중국은 개혁의 선순환을 이용하면서도 전제 조건의 순서를 따르기보다는 양쪽 끝에서부터 점진적인 조치를 취하고 있다. 이러한 방식으로 개혁이 상당히 빨리 진행되도록 하는 동시에 그 과정이 안전하고 안정적인지 지속적으로 확인할 수 있는 선순환이 시작된다. 그런 선순환은 점진적이면서도 빠른 개혁을 불러오는 중국의 힘을 바탕으로 한다. 예를 들어 중국은 농촌의 공동생활체를 해체하고, 중앙에서 가격을 결정하던 방식에서 벗어나 대부분의 가격을 시장 가격으로 전환하고, 대부분의 기업이 시장을 기초로 움직이도록 만들면서, 주의 깊은 현장 테스트를 통한 점진적('충격 요법'이 아닌)인 접근법을 사용했다. 이 접근법은 점진적이면서도 역사적인 견지에서는 대단히 빠른 진전을 이루었다. 그러한 접근법이 대단히 성공적이라는 것이 입증되자 베이징은 현재의 금융 자유화에도 이러한 방법을 사용하고 있다. 우리는 제3장에서 그 과정을 상세히 분석할 것이다.

앞서 언급했듯이 주요 국제통화의 위치에 서기 위한 다른 두 가지 조건은 (ⅰ) 큰 자본시장(특히 국채)과 (ⅱ) 신뢰할 수 있는 제도들이다. 많은 양의 돈이 국경을 넘나들기 위해서는 상황이 악화되었을 때에도 의지할 수 있는 충분히 깊고 접근하기 쉬운 통화 풀이 있어야 한다. 경제 상황이란 늘 악화될 수 있기 때문이다. 제4장에서는 깊고 접근성이 높은 채권 풀의 조성에 대해 다루고 제5장에서는 채권 시장 이외의 중국 금융 시장에 대해서 살필 것이다.

제도적 기초

제도적 취약성을 자각한 중국은 RMB 국제화에 박차를 가하기 위해 우선 역외 시장으로 눈을 돌렸다. 첫 번째 점진적 조치로, 중국은 홍콩에 개인 RMB 수신을 허용했다. 이는 이후 십여 개의 다른 국제 금융센터를 기반으로 하는 다양한 금융상품으로 확장되었다.

가장 최근에는 제한적으로 국가 간 주식 거래를 허용하는 후강퉁 (Shanghai-Hong Kong Stock Connect, 상하이 증권거래소와 홍콩 증권거래소 간의 교차 매매를 허용한 것-옮긴이)을 만들었으며 선전 증권거래소에 대해서도 이와 비슷한 계획을 갖고 있다.

또한 중국은 상하이를 시작으로 세 개 다른 지역으로 이어지는 자유무역지대를 설립해서 추가적인 개혁을 이루어나가려 한다. 중국은 이들 자유무역지대를 통해 금융 자유화와 자본 계정 자유화, RMB 국제화 등을 목표로 하는 새로운 제도적 장치를 점진적으로 도입하고, 시험하고, 확장할 수 있다.

베이징은 중국 기업의 해외 진출에 이어 상업은행과 정책은행의 해외 확장도 격려하고 있다. 또한 중국은 AIIB(Asian Infrastructure Investment Bank, 아시아인프라투자은행), 실크로드펀드(Silk Road Fund), 신개발은행(New Development Bank, NDB, 때로는 BRICS 은행이라고도 불린다)과 같은 대안적인 기관을 설립하고 자금을 조달하는 일에 착수했다. 새로운 대안 기관들은 CDB(China Development Bank, 중국 국가개발은행)와 같이 건전하게 관리되는 지속가능한 기관이 될 것이다.

이러한 방법들 외에 PBOC는 역외 RMB 결제에 유동성을 제공하고 신뢰를 키우기 위한 노력의 일환으로 단 몇 년 사이에 다른 나라의 29개 중앙은행들과 4,985억 달러가 넘는 쌍무적 통화 스와프 협정을 맺었다.

자국 내에서 RMB의 국제적 위상을 높이는 데 가장 중요한 역할을 하는 기관은 PBOC인데 다행히도 PBOC는 중국 내에서 가장 선진화된 기관이다. 이 기관의 대단히 전문적이고 개혁적인 운영진은 인플레이션을 통제하고 통화를 안정시키는 능력을 보여주었다. (이 능력은 시장 금리와 외화 환율에까지 뻗어나가고 있다.)

보다 광범위하게 보자면 중국의 중앙정부는 (ⅰ) 능력주의 인력 개발 방식, (ⅱ) 정책 분석에 대한 기술 관료주의적 접근법, (ⅲ) 문제에 맞서고 해법을 찾아 이행하는 우수한 능력을 (인도나 중국과 같은 국가와 비교해서) 가지고 있다. 반면 그들은 (ⅰ) 부정 이득의 만연 (신흥 시장에서의 거의 보편적이라 할 수 있다), (ⅱ) 때때로 나타나는 지방정부에 정책 집행을 강요하는 능력의 부족, (ⅲ) 예산과 책임에 있어서 중앙정부와 지방정부 사이의 부적절한 균형과 같은 문제도 안고 있다. 이런 약점들에도 불구하고 중국 중앙정부는 인프라 구축, 교육, 예산 준칙의 유지와 같은 과제에서 중국에 비견되는 다른 국가의 정부에 비해 일관되게 우수한 결과를 내놓고 있다.

통화의 국제화를 지원하는 데 있어서 중국이 가진 제도상의 가장 큰 약점은 법 체계이다. 국제통화에는 엄청난 수의 거래가 수반되기 때문에 불가피하게 많은 수의 대규모 분쟁이 따르기 마련이다. 분쟁이 법에 근거한 투명한 과정을 거쳐 객관적 견지에서 해결될 것인지는 해외와 국내의 관계자들이 큰 관심을 갖는 문제이다. 개혁 기간 동안 중국의 법 체계는 대단히 긍정적인 방향으로 진화했으며 2014년에는 중요한 새로운 개혁안들이 발표되었다. 하지만 모든 결정에서 최고의 권위를 갖고 있는 것은 여전히 중국 공산당정법위원회(Politics and Law Commission, PLC)다. 이런 이유로 외국 기업은 물론 많은 중국 기업이 서구식 법 시스템하에서 계약을 맺는 것을 선호한다. 이러한 상황은 RMB가 국제통화로 부상하는 데 방해가 될 것이다.

따라서 중국의 금융제도 구축은 잘 진척되고 있으며 속도도 빨라지고 있지만 여전히 완전한 현대화와는 거리가 멀다. RMB의 국제적인 사용을 크게 늘린다는 목표에서 본다면 지금의 금융제도도 흡족한 수준이며 매년 더 나아지고 있지만 OECD 국가들과 비교한다면 형편없는 수준이다.

다음으로는 마지막 조건인 자본시장에 대해서 생각해보자.

자본시장의 깊이

국제통화에는 접근하기 쉽고 깊이 있는 자본시장이 필요하다. 위기 시에 RMB로 거액의 거래를 하더라도 통화의 가치가 자신들에게 불리한 방향으로 움직이지 않는다는 확신을 가지고 있는 나라여야 준비통화로 RMB를 사용할 수 있다. 미 국채시장은 엄청나게 발달되고 개방돼 있다. 수백억 달러의 거래도 큰 가격 변화 없이 수용할 수 있다. 유로는 그렇지 못하다. 다른 나라들은 위기 시에도 미국 국채시장이 문을 닫는 일은 일어나지 않는다는 확신을 가지고 있다. CGB(Chinese Government Bond, 중국 정부 채권) 시장은 빠르게 성장하고 있지만 미국 국채시장과 비교했을 때는 그 규모가 훨씬 작으며, 원인은 다르지만 유로 시장만큼이나 분열되어 있다. 자본 통제로 외국인의 접근이 제한되며 위기 시에는 접근이 통제될 가능성도 있다.

· 채권

중국의 채권시장은 지난 20년 동안 엄청나게 확장되었지만 채권 총액은 아직 GDP의 40퍼센트에 불과하다. 미국과 영국의 채권시장 규모는 GDP의 200퍼센트에 이른다. 주된 원인은 은행이 중국의 금융 부문을 장악한 데 있다.

더구나 역내 채권시장의 대부분이 해외 투자자의 접근을 허락하지 않는다. 역내 RMB 채권 중 외국인이 보유한 것은 전체의 단 2.5퍼센트이다. 그렇지만 시장 개방의 속도가 빨라지고 있다. 지난 몇 년 동안 200개 이상의 해외 기관, 국부 펀드, 상업은행과 중앙은행이 채권시장에 대한 접근권을 얻었다.

회사채와 지방채도 유동성에 기여하고 있지만 가장 핵심이 되는 것은 CGB이다. CGB 시장은 시가총액 약 4조 달러로 세계에서 7번째로 큰 국채시장이다. 다만 미국 국채시장 규모의 10퍼센트에 불과하다.

그렇지만 중국의 채권시장은 분열되어 있다. 규제 기관이 여러 곳이고 시장 플랫폼 유형도 제각각이다. 또한 대부분의 채권 발행이 정부와 관련되어 있기 때문에 도덕적 해이의 문제가 있을 수 있다. 마지막으로, 투자자 기반이 약하고, 집중되어 있으며, 거의 대부분이 국내에 제한되어 있다.

그럼에도 불구하고 시장이 몇 년 안에 통합될 것이라고 믿는 데에는 그럴 만한 이유가 있다. PBOC, 재무부, 국가발전개혁위원회(National Development Reform Commission)가 통제하는 개개 채권시장의 통합(혹은 일관성 있게 만드는 것)은 제도 구축 과정의 중요한 시험대이다. 우리는 중국이 이 시험을 통과할 것이라고 생각한다. 독자들은 직접 그 과정을 지켜볼 수 있을 것이다. 다음과 같이 문제가 극복된다면 채권시장 역시 빠른 성장의 가능성을 높일 수 있을 것이다. 첫째, 은행의 자기자본 요건이 은행의 시장 지배력을 감소시킨다. 둘째, 지방정부가 채권 발행으로 자신들의 은행 채무 구조를 개편한다. 셋째, 채권 발행자와 보유자가 다양해진다.

중국의 채권시장이 2020년까지 규모와 유동성 면에서 3위 안에 들어가려면 통합이 꼭 필요하다. 통합이 이루어진다면 중국 채권시장은 미국 국채시장처럼 구조적으로 발달되고 분열된 EUR 시장보다 유동성이 훨씬 큰 시장으로 거듭날 것이다. 이에 대해서는 제4장에서 상세히 논의한다. 또한 통합은 RMB에 대한 신뢰를 높여 중국의 통화가 세계 시장에서 중요한 국제통화로 자리 잡을 수 있게 도울 것이다. 중국이 이 같은 주요 영역에서 올바른 방향으로 가고 있는 것은 확실하다. 하지만 앞으로 변화의 정도와 속도가 어떻게 달라질지는 여전히 명확하지 않다.

· **주식**

채권시장이 통화 국제화에 주된 버팀대이긴 하지만 주식시장 역시 중요하다. 중국의 주식시장은 국내에서 빠르게 자유화되고 있다. 국제적으로도 점차 개방되고 있으나 외국인의 A-주 보유량은 전체의 2퍼센트에도 미치지 못하는 실정이다.

점진적 시장 개방을 향한 첫 번째 단계는 적격 외국인 투자가(Qualified Foreign Institutional Investors, QFIIs)에 대한 소액 할당이었다. 이 할당량은 급속히 증가하고 있다. 앞서 언급했던 대로, 최근 베이징은 상하이와 홍콩 간 교차 매매 제도를 만들었고 이를 통해 2014년 11월부터 제한적이긴 하지만 두 도시의 주식거래소에서 거래가 이루어지고 있다. 선전과 홍콩 간 교차 매매 제도도 조만간 시작될 예정이다. 이런 작업이 순조롭게 진행되면 중국 주식시장의 개방을 목표로 하는 다른 사업들도 시작될 것이다. 이는 해외 투자자들에게 상당한 투자 기회를 선사할 것이다. 상하이의 A-주 시장은 이미 규모로 세계 2위이며 급속하게 확장되고 있다.

2004년 중국의 주식시장 시가총액은 GDP의 23퍼센트였으나 이후 10년 동안 크게 증가해 GDP의 60퍼센트에 이르게 되었다. 또한 과거에는 정치적 입김이 상장 우선권을 좌지우지했으나 현재는 대부분의 주요 시장이 상장 등록제로 바뀌고 있다.

처음에는 상장이 주로 SOE에 국한되었다. 이런 제한이 있었기 때문에 상장이 희귀한 일이었고 상장이 가진 가치는 극대화되었다. 이러한 접근법의 뒤에는 자금 조달이라는 정치적인 목적이 있었다. 연금과 의료보험 등 엄청난 책임을 지게 될 국가에는 자금이 필요했다. 이런 상황에서는 시장이 자본의 효율적인 분배자라는 고유의 역할을 다하지 못하며 민간 기업은 자금에 접근할 수 없게 된다. (앞서 언급했듯이 SOE에 가장 큰 몫을 확보해주는 특혜 정책은 민간 기업에 돌아가는 여신에도 심각한 제한을 가했다.) 그 결과인 '미성숙 결함(immaturity flaw)'에 대해서는 제5장에서 상세히 설명한다.

현재는 시장의 효율적인 작동을 막는 이러한 장애물을 제거하는 작업이 빠르게 이루어지고 있다. 예를 들어, 선전 증권거래소는 새로운 두 개 판을 전적으로 초저가주(small-cap stock, 超低價株)에 할애해 극적인 성장을 경험하고 있다.

그러한 개혁은 해외 투자자에 대한 시장의 개방과 더불어 RMB 기반 거래를 촉진하는 데 도움을 줄 것이다. 우리는 중국 주식시장의 해외 투자자 보유량이 현재의 1.5퍼센트(미국은 16퍼센트, 일본은 28퍼센트)에서 2020년까지 약 9퍼센트로 증가할 것으로 내다보고 있다. 외국인 보유에 대한 제한과 중개에 대한 규제도 한층 완화될 것이다.

우리가 이 책을 집필하고 있던 2014년 말에서 2015년 상반기까지 중국 정부는 증시 폭등을 용인했고 심지어는 주식시장의 가치가 선진국 시장이 합리적이라고 판단하는 수준을 훨씬 넘어서는데도 사람들에게 투자를 독려하면서 시장을 뒷받침했다. 이후 거품이 꺼지면서 주가는 35퍼센트 하락했다. 이어 정부의 이례적인 개입으로 일시적이나마 안정을 되찾았다. 거품이 꺼진 후에도 시장은 1년 전의 수준보다 훨씬 높은 상태를 유지했다. 하지만 급등세의 꼬리를 잡은 사람들 대부분이 빌린 돈으로 투자에 뛰어들었고 주가가 급락하자 심한 타격을 받았다.

단기적으로, 주식시장의 변덕 때문에 경제 성장이 다소 (많이는 아니지만) 둔화되고, 정부의 심한 개입이 언젠가는 자본의 효율적인 분배자로서의 시장 기능을 방해할 것이며, 민간 기업들이 필요한 자본을 얻고자 주식시장으로 쇄도하는 상황이 지연될 것이다.

장기적으로 시장과 경제 개혁 프로그램, RMB 국제화에 어떤 영향을 미칠지는 아직 불확실하다. 장기적인 결과에는 정치도 영향을 미친다. 사람들은 호황을 "개혁 상승 장세(reform bull market)"라고 불렀다. 금융 개혁에 대한 신뢰가 상당했다는 이야기다. 뒤 이은 거품 붕괴가 이러한 신뢰에 영향을 줄지 여부는 불명확하다. 정부의 시장 개입은 호황과 거품 붕괴 모두에 책임이 있다. 다만 정부가 시장의 움직임이 그렇게 심각하고 통제하기 힘든 결과를 가져올 수 있다는 점을 인식한다면 자문을 하는 사람들이 국내 금융을 자유화하고 자본 통제를 줄이는 일에 좀 더 주의를 기울이라고 충고하는 사람들에게 힘이 실리게 될 것이다. 해외 투자자들과 규제 기관은 정부 개입의 강도에 한 번 놀라고, 주식시장 붕괴의 책임을 외국인 투자자와 소위 말하는 '악의적인 공매자(malicious short sellers)'들에게 돌리는 경향 때문에 또 한 번 충격을 받았다. 한동안 외국인들은 중국 시장의 세계 MSCI(Morgan Stanley Composite Index, 모건스탠리 종합지수) 편입을 지연시키는 등 중국 시장의 상황을 정상적인 '시장 주도' 현상으로 취급하는 데 좀 더 신중을 기하게 될 것이다. 이 점에 대해서 제5장에서 더 자세히 논의한다.

2014년에서 2015년 사이 나타난 중국 주식시장의 갑작스럽고 극심한 변동은 이 책 전체에 걸쳐 우리가 정확한 예측을 내놓지 못하고 결과의 범위, 대안적 시나리오, 일어날 가능성이 있는 뜻밖의 일에 대해서 이야기하는 이유 중 하나이다. 현재 추세를 바탕으로 한 단순한 추정에서 얻은 결과는 경제적·정치적 사건으로 인해 크게 달라질 수 있다.

·은행

외국 은행이 2013년 총 여신에서 차지한 비중은 2.7퍼센트에 불과했지만 중국 은행권의 규모는 세계 최대이다. 또한 외국 은행의 시장점유율이 1.5퍼센트인 일본 은행에 비해 더 개방적이다. 더구나, 베이징은 최근 부담스러웠던 자본 준비 비율을 낮추는 등 외국 기업에 대한 규제를 완화하는 방향으로 빠르게 움직이고 있다. 이러한 개혁은 역외 RMB 보유량의 상당한 증가와 비거주자에 의한 역내 RMB 보유량의 급속한 증가에 도움을 주고 있다. 모든 종류의 국가 간 비즈니스가 확대되고 있으며 파생상품, 특히 헤징(hedging)의 이용이 급증하고 있다. 단, 중국의 은행 부문은 경제보다 늦은 속도로 확대될 것이다. 그 원인은 탈금융중개화이다. 예상대로 탈금융중개화가 시작된다면 돈이 은행보다는 자본시장을 더 많이 거치게 되기 때문이다.

: 기업과 위안화 :

결국 RMB 국제화는 기업이 RMB를 이용하는 것이 자신들에게 이득이 된다고 판단할 때라야 가능하다. 기업들은 RMB를 이용해서 얻는 바가 대단히 많다는 점을 발견하고 있는 것 같다. 전 세계에 중국 관광객이 퍼져나가고 있다보니 RMB를 받아들이는 것이 점차 유용해지고 있다. 홍콩, 싱가포르를 비롯한 아시아 경제국들은 현재 RMB 현금을 받고 있다. 더 중요한 것은 이들이 RMB 기반 전자 거래를 기꺼이 받아들이고 있다는 점이다. 딤섬 채권(dim-sum bonds, RMB로 홍콩에서 발행되는 채권-옮긴이)을 통해 돈을 조달할 수 있게 되었고 이런 일의 매력이 커졌다. 통화가 통제에서 벗어나 변동성이 커지면서 다양한 기간을 두고 가치 상승이나 가치 하락에 돈을 거는 기업이 많아졌다. 더 많은 기업이 RMB 노출을 헤징시켜야 하게 되었다. 미국의 낮은 금리와 중국의 높은 금리 사이의 차이를 이용한 차익 거래로 수익을 볼 수 있다는 것을 알게 된 기업이 많아졌다. 중국의 통제가 완화된 덕분에 외국 기업들은 RMB를 미국 달러로 바꾸었다가 다시 RMB로 바꾸는 과정을 거치지 않고도 자회사 간에 RMB를 이체할 수 있게 되었다.

삼성(Samsung)의 130개 중국 자회사를 비롯한 많은 기업들이 이런 방법으로 비용을 절감하고 있다. 중국의 공급자와 구매자들은 RMB 거래로 자신들의 환위험을 경감시켜주는 바이어에게 할인 혜택을 주고 있다.

중국이 자본 통제라는 벽에 틈을 만들면서 많은 해외 펀드가 중국에 투자할 수 있게 되었고 많은 중국 펀드가 해외에 투자할 수 있게 되었다. 상하이-홍콩 교차 매매 제도와 앞으로 진행될 선전-홍콩 교차 매매 제도하에서 허용되는 주식 거래는 주로 RMB로 이루어질 것이다. 중국은 일부 국민의 해외 투자를 허용하기 시작했다. 홍콩과 중국에 있는 펀드매니저들에 대한 상호 인정은 앞으로 펀드매니저들에게 시장이 폭넓게 개방되리라는 예측을 가능하게 한다.

이렇게 여러 종류의 거래가 빠르게 증가하고 있다보니 은행들은 기회를 잡으려 달려들고 있다. 또한 여러 나라들이 RMB 결제 센터의 설립을 두고 경쟁을 벌이고 있다. 이렇게 신흥 기업이 제도의 발전을 자극하고, 제도의 발전은 다시 기업을 효율적이고 믿을 만한 곳으로 만드는 선순환의 고리가 만들어졌다.

: 위안화 상품 시장 :

세계적으로 결제와 거래는 미국 달러에 의해 이루어지는 경우가 압도적으로 많다. 그렇지만 RMB 결제도 빠르게 증가하고 있다. 2013년 10월까지 21개월 동안 RMB 결제는 세계 무역의 1.9퍼센트에서 8.7퍼센트로 상승했고 이로써 RMB는 EUR를 제치고 세계 2위의 결제 통화 자리에 올라섰다. 2013년 중국 무역의 약 18퍼센트(약 2,720억 USD에 해당한다)는 RMB로 이루어졌다. 거래액도 크게 증가하고 있기 때문에 2020년이면 RMB의 점유율은 약 35퍼센트로 거의 두 배가 될 것으로 보인다. 현재의 환율로 계산했을 때 1조 USD가 넘는다.

아직은 대부분의 RMB 표시 거래 결제가 홍콩에서 이루어지고 있지만 런던, 파리, 프랑크푸르트, 토론토, 서울, 타이베이, 싱가포르, 시드

니와 같은 다른 주요 도시들도 RMB 결제 센터와 비즈니스 센터를 만들기 위해 경쟁을 벌이고 있다. SWIFT(Society for Worldwide Interbank Financial Telecommunication, 국제 은행 간 금융통신협회)에 따르면, RMB는 2014년 말 세계 결제에서 이용되는 5대 통화 중 하나가 되었다. 불과 24개월 전에 13위였던 것에 비하면 상당한 상승세이다.

RMB 관련 외국환(foreign-exchange, FX) 거래 역시 2010년 350억 달러 규모에서 2013년 1,200억 달러로 300퍼센트 이상 증가했다. 우리는 RMB 관련 외국환 거래가 2020년에는 1조 달러를 넘어설 것으로 예측하고 있다. 그 시점에 RMB는 국제화된 통화인 GBP와 USD, EUR, JPY에 이어 세계 5대 외국환 통화 중 하나가 될 것이다. 홍콩의 경우 RMB 관련 외국환 거래 결제가 이미 1일 1,000억 달러를 초과하고 있다.

통화 시장에서 RMB 거래의 증가가 예측되는 것은 주로 중국의 국제 무역 증가, 자본 계정의 점진적인 개방, 통화의 유연성 증가에 그 원인이 있다. 그 결과 국제 대차대조표의 규모가 계속적으로 확대되고, 국가 간 자본 흐름이 증가하고, 통화 변동성이 늘어나면서 자연적으로 통화 헤징의 필요도 커지고 있다. 헤징의 필요는 중국 투자자와 해외 투자자에 동일하게 적용되는 문제다.

역외 RMB 시장은 독특한 역할을 하면서 규모와 장소, 상품 범위의 측면에서 빠르게 확대되고 있다. 상당히 엄격했던 자본 통제에서 점차 벗어나고 있는 10년 전 베이징이 택한 초기 전략은 우선 2004년 홍콩에서 RMB의 외부 이용을 시험해보는 것이었다. RMB 센터는 아시아에서 유럽, 중동, 라틴아메리카에 이어 북아메리카로 확산되면서 24시간 밤낮으로 통화 거래가 계속되는 세계적인 RMB 네트워크를 만들어내고 있다. 홍콩은 여전히 주된 역외 RMB 시장으로 남아 있지만 지배적 우위에서는 점차 멀어지고 있다. 이를 통해 RMB 국제화가 세계적으로 상당한 추진력을 얻었으며 결국 이미 개방된 상하이의 국내 RMB 시장과 함께 진정한 세계적 RMB 시장을 형성할 것임을 알 수 있다.

RMB 국제화는 거래 비용과 위험을 줄이고, 자원을 보다 효율적으로 분배하고, 변덕스러운 외국 통화와 금리에 대한 의존도를 낮춘다. 다음 장에서 우리는 기업이 RMB 기반 거래를 통해 어떤 혜택을 얻는지 살펴볼 것이다. 여기에서는 몇 가지 주요 상품이 RMB로 표시될 가능성에 대해서 간략하게 언급한다.

계속 성장하고 있는 엄청난 규모의 제조업 기반을 가진 중국은 철광석, 구리, 금, 니켈, 백금을 비롯한 몇 가지 주요 금속 원자재의 세계 최대 소비국이다. 2013년 3사분기, 중국은 미국을 앞질러 세계 최대의 석유 순수입국이 되었다. 중국은 세계 최대의 강철과 금 생산국이기도 하다.

이들 원자재 거래에 관련된 기업과 국가들이 가격 견적을 낼 때 최대 구매자나 최대 판매자의 통화를 이용해서 효율을 추구하는 것은 당연한 일이다. 2012년 런던금속거래소(London Metal Exchange, LME)를 인수한 홍콩 거래소(Hong Kong Exchange and Clearing Limited, HKEx)는 이미 RMB를 피고시(被告示) 통화로 하는 상품 거래를 시작했다.

RMB로 표시된 금융상품의 역외 시장은 확실히 자리를 잡고 성장을 거듭하고 있다. 예를 들어 채권 발행액은 2007년 100억 RMB라는 낮은 액수에서 시작했으나 2014년 1,400억 RMB로 크게 증가했다. 지난 몇 년 동안 RMB 수신, 양도성 예금 증서(certificates of deposits, CDs), 여신과 외국환·금리 파생상품도 엄청난 증가세를 보였다. 상장 펀드,

비상장 펀드, 상장지수펀드(exchange-traded fund, ETF)와 본토 시장에 투자에 대한 권한을 가진 펀드 등 RMB 기반 펀드에 대한 홍콩 투자자들의 관심도 커지고 있다. 그렇지만 홍콩에 상장된 기업으로서 2012년 10월 시작된 이중 통화 방식의 일환으로 RMB 표시 주식을 내놓는 곳은 호프웰고속도로인프라(Hopewell Highway Infrastructure)가 유일하다.

베이징은 RMB 국제화를 더 지원하기 위해서 전 세계에 걸쳐 금융 네트워크와 유대를 형성, 강화하고 있다. 단 3년이란 기간 동안 RMB 사업을 하는 금융기관의 수가 900개에서 1만 개 이상으로 늘어났고, 현재는 RMB 기반 교역을 위한 결제 센터가 전 세계에 퍼져 있다. 더욱이, 앞서 언급했듯이 PBOC가 다른 국가의 중앙은행들과 광범위한 스와프 네트워크를 만들어 거래를 뒷받침하고 있다. 보통은 위기가 발생했을 때의 안정성은 외환보유고를 통해 확보되지만 PBOC가 만든 스와프 네트워크는 이러한 안정성도 제공한다. 시간이 좀 더 흐르면 중국 개발은행과 새로운 실크로드펀드가 더 많은 RMB 펀딩을 제공할 것이다.

헤징 상품, 선물, 기타 RMB 파생상품 시장이 확장될 수 있는 정도는 유동성의 제약을 받는다. 역으로 그들의 발전은 유동성의 확장에 필수적이다. 이러한 상품들의 기저를 이루고 있는 시장이 깊고 유동성이 크지 못하다면 관련 분야의 변동성과 대규모 거래가 그들의 가격 설정에 큰 영향을 줄 수 있다.

자본 통제가 감소하면서 RMB의 사용을 더 늘리는 비즈니스 기회가 증가한다. 가장 단순한 시각에서 보자면 계속적으로 늘어나고 있는 중국 관광객들이 RMB를 세계 구석구석으로 가져가고 있다. 중국 관광객의 1인당 소비액은 세계 최대 수준이다. 보다 복잡한 시각에서 보자면 주식 교차 매매 계획이 RMB의 국가 간 흐름을 상당히 빠르게 늘릴 것이다. 역외 RMB 시장의 성장은 통화가 24시간 끊이지 않고 거래될 것이라는 의미이며 이로써 세계적 역량과 중국 전문 지식을 가진 은행들이 혜택을 보게 된다.

외국 기업들이 중국에서 영업할 때 여러 자회사나 지점들이 함께 RMB 캐시풀을 만들고 이를 통해 비용을 절감함과 동시에 효율을 더욱 높일 수 있도록 허용한 조치 역시 눈에 띄는 발전이다. 이 제도는 상하이 자유무역지대(Shanghai Free Trade Zone, SFTZ)에서 짧지만 성공적인 시험을 거치고 2014년 말 전국적으로 도입되었다. 외국 회사의 중국 내 영업 허용은 인상적인 속도로 이루어졌지만 그럼에도 불구하고 점진적인 제도 구축과 자유화라는 중국의 평상시 전략에서 벗어나지 않았다. 베이징은 일단 새로운 정책을 시험한다(이 경우에는 SFTZ 중 하나에서 믿을 수 있는 기관을 이용했다). 그 결과를 면밀히 모니터하고 필요한 경우 조정을 가한다. 과정이 적절히 작동되는 것 같다면 그것을 광범위하게 도입한다.

자본 통제가 자유화될 때 따라올 잠재적인 혜택은 아직도 엄청나게 많다. 보험이나 펀드 관리와 같은 분야에서는 특히 더 그렇다. 예를 들어, 주로 민간 부문이 보험을 주도하는 일본의 경우 보험료 총액은 GDP의 20퍼센트이다. 반면 중국의 보험료 총액은 GDP의 2퍼센트에 못 미친다. 본토와 홍콩이 초기 할당액 3,000억 위안의 국가 간 펀드 판매 계획에 합의하면서 2015년 들어 중국의 펀드 관리 부문 역시 빠르게 개방되고 있다. 대중국 펀드 판매는 현재 홍콩의 연간 펀드 매출의 60퍼센트가 넘는다.

: 준비통화 :

RMB 상승을 두고 가장 많이 벌어지는 논의는 RMB가 언제 USD를 대체할까, 다시 말해 RMB가 얼마나 빨리 주된 준비통화가 될까에 대한 것이다. 사실, 이것은 먼 미래의 일이고 그리 중요하지도 않다. 결제 통화, 외국환 거래 기타 주요 기능에 RMB가 채택되는 경우가 급속히 늘어나는데다 중국이 뒷받침하는 새로운 금융기관이 등장하면서 세계의 통화 시스템에 큰 변화가 생기고 있다.

그에 반해, 준비통화로서의 RMB 이용은 크게 눈에 띄지 않으며 정치적 혹은 재정적인 대변동이 없는 한 수십 년 동안은 제한적으로 이용되는 수준이 이어질 것으로 보인다. 전 세계 외환보유액에서 RMB 계정의 비율은 1퍼센트에도 미치지 못한다. 2020년이면 이 비율이 2014년 엔화 점유율에 필적할 만한 5퍼센트에 도달하리라는 것이 우리의 예상이다.

50개 이상의 중앙은행이 공적대외준비자산으로 적은 양의 RMB를 보유하고는 있지만 RMB는 여전히 국제통화기금(International Monetary Fund, IMF)이 지정한 준비통화가 아니다. 이것은 IMF가 2015년 10월 SDR(special drawing right, 특별인출권)이라는 제3의 준비통화 구성을 검토할 때 바뀔 수도 있다. 현재 SDR 바스켓을 구성하는 통화는 USD, JPY, EUR, GBP이다. SDR의 편입 기준은 널리 사용되고 자유롭게 이용할 수 있는 통화이다. 우리가 지금까지 살펴보았듯이 RMB는 첫 번째 기준을 충족시킨다. 그리고 합의에 의하면, 두 번째 조건은 절대적으로 '완벽한 태환성'을 뜻하는 것이 아니다. 그렇다면 아직 중국이 통화 유입과 유출에 규제를 가하고 있는 상황이 RMB가 '자유롭게 사용할 수 있는' 통화가 아니라는 의미인지는 판단의 문제나 정치적인 문제로 남는다.

앞서 언급했듯이, 중국 관리들은 2016년까지는 RMB가 태환 가능한 통화가 될 것이라고 암시해왔다. 그렇게 된다면 IMF의 다음 SDR 검토 때에는 RMB가 자유롭게 사용할 수 있는 통화가 될 것이다. 혼성 준비통화가 2014년 2,100억 SDR(2015년 6월15일, 2,940억 USD)에 불과한 수준으로 널리 사용되는 것이 아니기 때문에 2015년 가을 IMF가 RMB의 SDR 편입에 대해 내릴 결정은 그저 상징적인 의미를 가질 뿐이다. 그렇지만 상징이란 중요한 것이다. 미국은 AIIB의 설립에 반대했지만 실패로 돌아갔다. 뒤이어 RMB의 SDR 포함을 반대하고 있다. 이는 미국이 세계 금융 지배에서 중국의 역할을 제한하기로 마음먹었다는 인상을 더 짙게 할 것이다. 2015년 주식시장 붕괴에 대한 중국 정부의 관리는(제5장 참조) 준비통화의 목적이 위기 상황에서도 무리 없이 사용할 수 있는 것이고, 주식의 대량 매도 금지를 비롯한 주식시장의 개입은 위기 상황에서 중국 정부가 시장 개방보다 더 우선하는 것이 있다는 점을 보여준다고 말하는 사람들에게 힘을 실어줄 것이다. 주식시장의 붕괴에도 불구하고 자본시장 개방을 포함한 금융 개혁이 2014년의 속도로 계속된다면 RMB는 2020년이 되기 훨씬 전에 SDR로 받아들여질 것이다.

RMB는 주요 기축통화의 자리를 노리기에는 아직 많이 부족하며 그런 포부를 가지고 있다는 증거도 없다. 기축통화가 되기 위한 전제 조건의 하나는 다른 국가들이 대규모 금융위기 동안에도 RMB를 사용할 수 있을 정도로 유동성이 충분해야 한다. 예를 들어, 1997년 태국은 단 몇

주 만에 외환보유고에서 300억 USD 이상을 꺼내 사용했다. 태국의 준비금이 EUR이었다면, 이 사태로 EUR 환율이 거래에 불리한 방향으로 급격히 움직였을 것이다. 그러나 USD는 충격을 쉽게 흡수했다. 현재로서 RMB는 EUR에 비해서도 유동성이 크게 떨어진다.

50개국 이상이 RMB를 준비통화로 채택하면서 중국에 용기를 주고 있다. 그렇지만 보유액 규모가 작은데다 그 목적이 주로 중국과의 무역에서 오는 리스크를 헤징하고 베이징의 비위를 맞추는 데 있다. 이런 이유들 때문에 많은 국가들이 RMB를 준비통화로 보유하면서 통화 사용의 폭은 넓어지겠지만 활발한 이용을 기대하기는 어려울 것이다. RMB의 유동성이 커지면 당연히 깊이도 깊어질 것이다. 그러나 주요 기축통화의 위치를 두고 다툴 정도가 되려면 RMB도 USD만큼의 유동성을 갖추어야 한다. 또한 PBOC가 US Fed(US Federal Reserve System, 연방준비제도)만큼의 신뢰를 구축해야만 한다. 금융 참사나 대규모 전쟁과 같은 '블랙 스완(black swan, 도저히 일어날 것 같지 않은 일이 일어나는 것 -옮긴이)'이 생기지 않는 한 RMB가 USD와 같은 유동성을 갖거나 PBOC가 미국 연준과 같은 신뢰를 얻는 일은 몇 십 년 이내에 일어날 것 같지 않다. 우리는 RMB가 2020년까지 세계적으로 가장 많이 거래되는 5대 통화가 되고 외국인의 중국 국채와 정책금융채 보유액이 2014년 세계 외환보유액의 10퍼센트를 훌쩍 넘어설 것으로 예상하고 있다. 이러한 외국인 보유의 절반을 준비 자산 매니저가 관리한다면 2020년까지 준비 자산 매니저가 관리하는 RMB가 2014년 세계 외환보유액의 5퍼센트에 이른다는 의미이다(2020년 세계 외환보유액에서는 보다 낮은 비율).

준비금으로 사용되는 RMB가 적고 증가세도 무척 느리기는 하지만 스와프 협정이 안정화 기능(보통은 외화 준비금과 관련된)을 얼마간 제공할 것이다. (이것은 스와프가 뒷받침하는 교역 등 상업적 역할보다 훨씬 큰 의미가 있다.) 앞서 언급했듯이 PBOC는 3조 RMB(4,985억 USD) 가치의 28개 스와프에 참여했다. 그에 반해 법적인 규제 때문에 미 FRB는 캐나다, 유로존, 일본, 스위스, 영국과 3,330억 USD 규모의 5개 유동성 스와프에 참여하고 있을 뿐이다.

그러한 대규모 스와프가 중국에 중요한 이유는 세 가지다. 첫째, 대규모 스와프는 점차 중요한 위기관리 도구로 인식되고 있다. 둘째, Fed에 대한 세계적인 신뢰는 대부분이 위기 시에 스와프를 제공하는 능력이나 자발성에서 유래했다. 그렇지만 1994년 멕시코 위기의 여파로 미국 의회는 US Fed와 재무부의 행동 권한을 축소했다. 따라서 미국은 1997년에서 1998년에 태국이나 인도네시아, 2008년 중국에 스와프를 제공하지 못했다. 셋째, 그토록 많은 스와프를 제공하는 베이징의 결정은 대규모 금융위기를 통한 시험을 아직 거치지 못했다.

: 새로운 통화 질서 :

RMB의 급속한 부상에 대한 대응은 상황에 순응하고 지지하는 것에서부터 중국의 장기적 목표가 무엇인지 걱정하는 것까지 다양하다. 예를 들어 아시아 시장은 재빨리 결제 센터를 만들고 그로부터 이익을 얻었다. 아시아 기업들은 USD라는 '매개'를 제거함으로써 결제 비용을 낮출 기회를 놓치지 않았다. 런던은 아시아를 제외하고는 결제와 거래 센터

승인을 받은 첫 번째 도시이다. 영국은 RMB 상품을 지원하는 외국환 준비금을 마련하기 위해 RMB 채권을 발행하고 있기도 하다. 프랑크푸르트와 파리 역시 잇달아 결제 센터를 오픈했다.

프랑스는 RMB가 EUR의 역할에 잠재적 위협이 되고 있는 상황에 분개하고 있지만 그렇다 해도 할 수 있는 일은 별로 없다. 미국의 선언적 정책(declaratory policy)은 시장을 따르는 것일 뿐이다. 기업들이 요구한다면 프랑스 역시 결제 센터를 허용할 것이고 규제로 장애물을 만들지는 않을 것이다. 그렇지만 그 일을 적극적으로 추진하지는 않을 것으로 보인다.

상당히 중립적인 유럽 지역의 입장과는 대조적으로 미국은 RMB의 부상이 세계 통화 시스템에 미칠 수 있는 장기적인 영향에 적극적으로 저항하고 있다. 예를 들어 미국 정부의 고위관리들은 2015년 10월 RMB를 SDR 통화에 포함시키는 데 반대할 조짐을 보이고 있다. 또한 미국 의회는 상정된 IMF와 세계은행 개혁안에 반대하고 있다. 이 기관들의 확대와 현대화의 필요성이 점점 명확해지고 있는데도 말이다. 더욱이, 미국은 AIIB와 같은 중국의 대안적 기관 개발도 좌절시키려고 노력하고 있다.

한편, 이란과 러시아에 대한 미국의 제재 조치, 야합한 외국 은행들에 대한 징계조치로 인해 USD와 CLS(Continuous Linked Settlement, 외환 거래 결제 전문 은행), 벨기에에 기반을 둔 SWIFT 등 미국이 지원하는 결제 기구들로부터 상당한 돈이 흘러나올 것이다.

중국은 미국의 적대감을 불러일으킬 수 있는 거래는 피해왔다. 사실, 미국의 입장에서 중국 기관들은 거의 문제가 되지 않았다. 그럼에도 불구하고, 중국의 은행은 USD 기반 거래의 위험을 인식하고 있다. 이는 프랑스 은행 BNP파리바(BNP Pribas)가 2014년 중반 US 제재를 위반한 클라이언트들을 도왔다는 명목으로 89억 USD의 벌금을 받은 사례가 있기 때문이기도 하다.

이미 미국의 제재 조치에 저촉되었거나, 혹은 그럴 가능성이 있다는 두려움 때문에 어느 순간 많은 세계적 기관들이 USD 기반 거래와 시스템을 저버리는 일도 영 불가능한 것은 아니다. 이런 경우의 결말은 당연히 RMB로의 전면적인 전환이 될 것이다.

세계 금융위기는 세계 금융 시스템에 결정적 갈림길이었다. 1944년 이래 세계 금융 시스템은 미국의 지도력, USD, 브레튼 우드 체제, 규제가 느슨한 개방적 구조를 기반으로 해왔다. 특히 신흥 시장에는 이것이 번영으로 향하는 최적의 길이라는 데 의심의 여지가 없었다. 그러나 세계를 뒤흔드는 위기의 여파로 기존 토대에 대한 회의가 깊어지고 근본적인 변화에 대한 요구가 커지고 있다.

이러한 경향은 US Fed와 금리를 두고 내재된 갈등에 대한 환멸이 커지면서 악화되었다. 미국이 1997년에서 1998년 사이 태국과 인도네시아, 2008년 중국에 스와프를 제공하는 데 실패하면서 이 기관에 대한 신뢰가 흔들렸다. 이것이 특히 문제가 되는 이유는 US Fed가 USD 기반 시스템의 주요한 기둥이었기 때문이다. US Fed가 아시아 금융위기에 대해 조치를 취하지 못했다는 사실은 Fed가 가진 태생적 문제를 강조한 셈이 되었다. 다시 말해, Fed는 사실상 세계의 중앙은행이지만 그 법적 요건은 미국의 고용과 재정 안정성에 집중되어 있고, 따라서 다른 경제에 심각한 피해를 입힐 수 있는 가능성을 간단히 무시할 수 있다.

아시아 국가들은 아시아 금융위기를 통해 이 점을 뼈저리게 인식하게 되었다.

US Fed가 세계 금융위기 이후에도 국내 금리를 낮게 유지하는 데 집중하면서 결국 신흥 경제국이 피해를 입자 내재되어 있던 갈등이 드러났다. 그 결과 돈은 더 높은 수익을 내는 곳으로 몰려갔고 이로 인해 신흥 경제국들은 주택 거품의 붕괴와 생필품 물가 인상 등의 문제와 고투를 벌여야 했다.

이렇게 보면 중국의 대체 기관 개발이 그토록 광범위하게 강력한 지지를 받는 것은 놀랄 일이 아니다. 이런 대안적 제도에는 AIIB, NDB, 실크로드펀드는 물론 위에서 언급한 CDB의 국제 경영, PBOC의 수많은 스와프 계약 등이 포함된다. 이들 모두가 IMF, 세계은행, 아시아개발은행(Asian Development Bank, ADB)과 같은 전통적인 미국 주도의 기관들보다 큰 개발 영향력을 가지고 있다.

AIIB에 대한 미국의 반대는 일본을 제외한 주요 우방의 지지를 받지 못했다. 이는 자기 잇속만 차리는 미국의 접근에 대한 세계의 불만을 반영하는 것이다. 낡은 제도에 대한 개혁이 절실히 필요한데도 미국은 이를 외면하고 있다. 게다가 새로운 제도를 좌절시키려 노력한다. 그러는 사이 지배적인 USD 기반 시스템을 자신에게 유리하고 다른 나라에 불리하게 활용하고 있다.

현재로서, 재정적, 지정학적 재앙을 막는 일에 있어서 USD가 점하고 있는 입지는 난공불락이다. 낡은 시스템은 타성에 젖어 있지만 USD만큼의 유동성을 제공할 수 있고, 손상되긴 했지만 US Fed만큼의 신뢰를 구축하고 있는 다른 대안은 없는 실정이다. RMB의 진입에도 불구하고 세계 무역의 80퍼센트는 USD로 표시되며 결제의 75퍼센트는 USD를 사용한다.

그럼에도 불구하고, 미국이 세계 금융 지배 구조에서 중국의 역할이 커지는 것에 계속 저항한다면 분열이 나타날 수 있다(그렇다고 해도 수년 내에는 일어날 가능성이 없지만). 그 사이에, (ⅰ) 브레튼 우드 체제의 개혁과 해외 금융위기를 진정시키기 위한 Fed의 스와프 사용에 대한 의회의 반대, (ⅱ) 아시아 금융위기 이후 미국이 뒷받침한 가혹한 IMF 정책에 대한 아시아의 광범위한 분노, (ⅲ) 세계 금융위기 이후 기존 시스템에 대한 환멸, (ⅳ) 미국의 금융 제재 확산, (ⅴ) Fed의 세계 금융위기 이후 정책에 대한 신흥 시장의 반발 등 미국의 여러 정책과 그것이 야기한 문제가 USD와 관련 기관에 대한 신뢰와 의존을 조금씩 갉아먹고 있다.

그렇긴 해도 한동안은 USD 기반 시스템에 대한 실행 가능한 대안이 나타나지 않을 것이고 장기적으로 보아도 분립은 기대하기 어렵다. 다른 국가의 적대감을 불러일으키는 미국의 정책들은 상당 부분이 의회의 지지를 받고 있는데 만약 의회의 구성이 변화하고 강력한 고위지도부가 들어선다면 상황이 뒤바뀔 수도 있다. 중국이 지금까지 걸어온 길은 통합적인 세계 금융 시스템의 질서 있는 확장과 궤를 같이한다.

한편, 준비통화로서의 역할 이외에 중국의 개혁 속도 말고는 다른 국가의 승인 등에 크게 의존하지 않는 RMB 세계화의 다른 측면들은 계속해서 빠른 속도로 진행되고 있다.

: 제2장 :

역사가 위안화에 주는 교훈

RMB의 부상은 세계 통화 시스템의 근본적인 전환을 알리는 신호탄이다. 사실, RMB의 국제화는 이러한 역사적 변화의 원인이자 결과이다.

국제적인 통화의 주요한 기준은 거래 결제, 외환 거래, 상품 가격 설정, 금융상품의 가치 평가, 가치 보관과 외환 보유 같은 목적으로 전 세계에서 많이 이용되는 것이다. RMB는 이러한 조건을 충족시키므로 이미 국제통화이다.

그렇지만 진정한 국제통화로 인정받으려면, 이러한 목적에서 주로 사용되는 통화에 속해야 한다. RMB는 아직 기축통화는 아니지만 그 과정을 잘 밟아나가고 있다.

RMB의 부상에 대한 논의 대부분이 RMB가 세계의 주요한 준비통화로서 USD와 겨루거나 USD를 대체할 수 있을까, 그럴 수 있다면 언제가 될까에 집중되어 있다. 제1장에서 말했듯이, 이것은 흥미로운 질문이지만 많은 사람들의 생각과 달리 그렇게 중요한 질문은 아니다. 겉보기에는 그리 '도발적'이지 않은 거래-결제 통화로서의 RMB가 경제가 실제로 작용하는 방법에 있어서는 훨씬 더 중요하다. 그리고 이미 RMB는 거래-결제 통화로 부각되고 있다. 그와 대조적으로, 판도를 완전히 뒤바꾸는 금융위기가 있지 않는 한 (물론 2008년에서 2009년의 세계 금융위기를 생각하면 그런 위기가 일어났다고 볼 수도 있다) RMB가 몇 십 년 안에 준비통화로 USD와 겨룰 가능성은 극히 낮다는 것이 우리 연구의 결과이다. 자세한 분석은 제8장을 참조하라.

한편, PBOC와 다른 중앙은행 간의 상호 통화 스와프는 현재 US Fed보다 규모가 크고 숫자도 많다. 이 상황은 상당한 의미를 가진다. 이들 스와프 협정이 준비통화가 가진 전통적인 위기 관리 역할을 보완하며 어느 정도는 대체하고 있기 때문이다.

더 중요한 것은 RMB의 부상이 진척 중인 세계 통화 시스템 전환의 주요한 측면이라는 점이다. USD가 여전히 지배적인 국제통화란 점에는 의심의 여지가 없지만 최소한 1990년대부터는 미국의 통화 리더십이 약화되고 있다. 세계 금융 지배구조의 격차가 커지면서 야기된 불만, 그리고 USD의 사용과 관련된 리스크가 대안의 개발을 자극하고 있으며 그 과정을 주도하는 곳이 베이징이다.

지금으로서는 시스템이 얼마나 빠르게 전환될지 명확치 않다. 세계적인 금융위기가 다시 발생한다면 그 과정이 가속될 수 있다. 마찬가지로, 경제적, 정치적 이유로 중국이 지금과 같은 급속한 개혁을 멈춘다면 체제 전환의 움직임이 불안해지거나 좌절될 수 있다. 그럼에도 불구하고 추세가 재편성의 방향을 향하고 있다는 것은 분명하다.

우리는 1세기 전 조지 산타야나(George Santayana)가 《이성의 삶(The Life of Reason)》에서 한 말, "과거를 기억하지 못하는 사람은 과거를 반복할 수밖에 없다"를 새기면서 과거의 전환에서 얻을 수 있는 주요한 가르침들을 검토하려 한다. 다음에 열거하는 것은 가장 중요한 여섯 가지 가르침이다. 이후 그들의 역사적 기반들을 상세히 다룰 것이다. (네 번째 가르침은 경제적 전환에 대해 제3장에서 다루기 때문에 여기에서는 제외한다.)

세계 통화 시스템의 전환은 대단히 파괴적이다. 어쩌면 대재앙의 성질을 가질 수도 있다. 이 점 때문에 주요 강대국이 RMB 국제화에 주의를 기울이며 신중하게 접근하는 것이다. 그렇지만 다섯 번째 가르침이 시사하듯이 혼란이 필요한 경우도 있다.

비교적 중요성이 낮은 통화도 놀랄 만큼 짧은 기간 안에 국제 경제에서 지배적인 역할을 맡을 수 있다.

통화가 국제적이라는 인정을 받으려면 다음의 두 가지 조건을 반드시 만족시켜야 한다.

- 역외 사용에 대한 상당한 수요가 있다.
- 발행국이 국내·외 기관에 권한을 부여하는 형태로 역외 사용을 지원한다.

개혁에는 순차적인 지원이 필수적이다. 우리는 이 사안을 제3장에서 자세히 검토할 것이다. 그렇지만 중국의 점진적인 개혁 전략(시범 적용,

면밀한 평가, 미조정, 그 후의 관점 위한 채택)은 바늘허리에 실을 꿸 수 없다는 것을 의미한다.

기존 시스템이 타성의 보호를 받고 있기 때문에 큰 규모의 변화를 촉발하기 위해서는 파괴적인 사건이 필요하다. 따라서 세계 금융위기가 RMB의 국제화를 부각시키는 데 도움이 되었다. 그렇지만 추가적인 충격이 미국이 주도하는 체제에 대한 신뢰를 결정적으로 훼손시키지 않는 한 앞으로도 몇 십 년은 USD가 지배적인 통화의 자리를 지킬 것이다.

국제통화와 유동성의 관계는 불명확하다. 역외 진출은 중앙정부의 통화 통제력을 약화시키며 유동성 변동의 위험을 안고 있다. 완화 정책을 구사하는 동안은 통화의 역외 진출이 빠르게 확대될 수 있으며 억제 정책하에서 급속하게 수축될 수 있다. 역외 RMB는 역사에서 그와 비슷한 사례를 찾을 수 없고 RMB 국제화가 가져오는 영향은 아직 감지되지 않고 있다.

: 국제통화 시스템 전환의 리스크 :

역사는 세계 통화 시스템의 전환이 대단히 파괴적이고 엄청나게 감당하기 힘든 일이 될 수 있다는 것을 너무나 확실하게 보여준다. RMB의 국제화는 순조롭게 진행되고 있는 듯하지만 잠재적 리스크를 생각하면 현재 상태에 안주할 수만은 없을 것이다.

이 부분은 그러한 리스크들이 어떻게 세상을 깜짝 놀라게 할 만한 위험이 될 수 있는지에 초점을 맞춘다. 이 부분은 잘못 관리된 통화 정책이 대공황, 2차 대전, 1970년대의 스태그플레이션, 세계 금융위기와 같은 재앙에 가까운 파괴적 사건을 유발하거나 악화시킬 수 있다는 경제사학자들의 논거를 근거로 한다. 우리는 이런 일들이 불가피하다거나 통화의 문제가 주요한 원인 제공자라고 말하는 것이 아니다. 우리의 목표는 통화의 국제화가 기업의 이윤 증가를 넘어서는 영향력을 가지고 있으며 세계적인 공익의 문제임을 강조하는 데 있다.

대공황

USD가 급부상해서 GBP를 제치고 지배적인 국제통화의 지위를 차지한 것은 초창기의 '사소한' 문제들 때문이다. 어떤 면에서 대공황을 야기하는 조건을 만든 것이 바로 이런 문제들이다. 이렇게 유발된 경제위기는 2차 대전을 이끈 요인들 중 하나이다. 통화주의자들은 통화 공급이 줄어든 것이 대공황을 유발했다고 주장한다(프리드먼(Friedman)과 슈와르츠(Schwartz), 1963). 케인스 경제학자들은 대공황을 총수요 급락의 결과로 본다. 두 가지 모두 타당성이 있다. 하지만 RMB의 국제화에서 의미가 있는 것은 통화주의자들의 관점뿐이다.

아이컨그린(Eichengreen)과 서스먼(Sussman)은 지난 1000년 동안의 세계 통화 시스템에 대한 연구(2006)를 통해 세계적인 금본위제는 주로 영국의 금 이용이 불러온 소위 네트워크 효과(network effect, 화폐 혹은 물품, 서비스 등의 수요가 많을수록 그 가치가 높아지는 현상으로 네트워크의 외부성(network externality)이라고도 함 – 옮긴이)의 결과라고 주장한다. 1800년대 후반 초창기 산업 국가이자 최대 무역국이었던 영국은 금본위제를 사용하지 않는 국가에 대한 투자를 위험하다고 여겼다. 그 결과, 다른 주요 경제국들은 금을 통화의 기반으로 채택하는 것이 유리하다는 점을 깨닫게 되었다. 독일이 1871년 포문을 열었고, 1879년 미국이 뒤따랐으며, 1890년에는 결국 러시아와 일본이 금본위제를 채택했다. 세계 금융과 결제의 중심인 런던이 택한 이 시스템은 1차 대전 때까지 굳건히 유지되었다. (중국은 금본위제를 채택한 적이 없다. 중국의 통화 시스템은 은본위제였다.) 미국은 전쟁 전 이미 세계 최대의 경제국이었으나 USD가 주요 국제통화로 GBP를 대체한 것은 통화 시스템과 관련된 혼란의 결과였다.

USD의 부상으로 세계 결제 시스템의 중심은 결국 뉴욕으로 옮겨졌다. 유동성과 은행업에 대한 규제도 1913년에야 설립된 US Fed로 인계되었다.

US Fed의 설립에 앞서 1908년 NMC(National Monetary Fund, 국가통화기금)는 US Fed에 '무역 인수 어음(trade acceptance)'의 구매를 금리 조정의 주된 도구로 이용하라고 권고했다. US Fed는 BoE(Bank of England, 잉글랜드은행)가 이 방법을 사용했다는 것을 근거로 국가통화기금의 권고를 따랐다. 그렇지만 이 방법이 효과적이려면 USD로 표시된 어음이 많이 공급되어야 했다. 1913년의 연방준비법(Federal Reserve Act)이 미국 은행의 역외 비즈니스를 승인한 주된 이유가 여기에 있다. 어떻게 USD가 선두적인 국제통화가 되었는가의 문제는 통화 국제화의 전제 조건들에 대해서 논의하면서 다시 언급하겠다. 지금으로서 중요한 것은 미국이 은행의 무역 금융을 권장했고, 은행들이 맹렬한 경쟁을 벌였다는 점이다. 우리는 세계 금융위기 이후 어떻게 무역 금융이 중국 쪽으로 크게 기울게 되었는지 검토할 것이다.

1차 대전 동안 기계 값과 식품 대금을 치러야 했기 때문에 자본은 주로 유럽에서 미국으로 흘러갔다. 전후, 미국 은행들이 재건 자금을 공급하기 위해 경쟁을 벌이면서 흐름은 역전되었다. 국제 금융 경험이 부족한 은행들은 미심쩍은 대출을 수없이 승인했다. 새로운 무역 관계의 정립을 통해 새로운 대출 기회가 계속 생길 것이라고 기대한 은행들은 일부 외국 채권을 미끼 상품으로 여겼을 것이다. 그렇지만 1920년대 말, 악성 부채의 차환이 불가능해지고 "미국 은행이 보증한 해외 채권 대다수는 지불 불능 상태에 빠졌다"(아이컨그린, 2011). (민츠 (Mintz, 1951)는 이 결과로 이어진 광란의 먹이 쟁탈전에 대해서 서술했다.) 이들 은행의 신용 붕괴는 자연히 예금 인출 사태로 연결되었다.

은행이나, US Fed나 미숙한 것은 마찬가지였다. 덕분에 상황은 악화되었다. US Fed가 권한을 얻은 지 20년도 채 되지 않은 때였다. 1차 대전의 여파로 금본위제로 돌아가기 위한 극단적인 통화 수축 시도들이 이어졌다. 다음 10년은 일련의 금융 쇼크로 얼룩졌다. 1931년, 유럽 최대 은행이었던 크레디트안슈탈트(Creditanstalt)가 무너졌다. 해협 건너에서는 GBP가 투자자들로부터 맹공을 받았고 이에 대응해 영국이 금본위제를 포기했다. 다른 나라들도 영국의 뒤를 따랐다. 하지만 경험이 없는 US Fed는 '[물가 안정]이 가장 중요했던 시점에(먼델(Mundell), 2000)' 금본위제를 지키기 위해서 물가 안정에 집중하던 방향을 포기하기로 결정했다. 유동성을 늘리는 대신 통화 공급을 억제해서 경제를 대공황으로 이끌고 간 것이다. 먼델은 세계 통화 시스템의 잘못된 이행이 어떤 끔찍한 대가를 치르게 했는지 명료하게 기록하고 있다.

"1920년대에 금 가격이 올랐거나, 주요 중앙은행들이 금본위제를 고수하는 대신 물가 안정 정책을 밀고나갔더라면 대공황도, 나치 독재도, 2차 대전도 없었을 것이다."

- 먼델, 2000

브렌트 우드 체제의 붕괴와 뒤 이은 스태그플레이션

더 끔찍한 것을 상상하기 어려운 대공황과 그 결과는 통화 시스템 전환이 가진 위험을 가감 없이 보여준다. 그러한 세계 재편성의 역사는 우리에게 통화 시스템의 전환에는 사려 깊고 신중한 관리가 반드시 필요하다는 가르침을 선사한다.

2차 대전 이후 국제통화 시스템은 환율을 금본위제에 묶어두는 브레튼 우드 협정으로 규정할 수 있다. 1950년대 경제가 상당히 회복되자 유럽과 일본은 다시 USD를 모으기 시작했다. 이렇게 해서 1960년에는 해외의 USD 보유액이 USA가 보유한 금 가치를 넘어서는 사태에 이르렀다. 아이컨그린은 이렇게 설명한다.

"시스템에는 명백한 결함이 있었다. 시스템의 운영이 두 개의 준비 자산, 금과 달러를 모두 고정 가격에 공급하는 미국에 달려 있었지만 한 자산은 공급이 탄력적인 반면 다른 자산은 탄력적이지 못했다."

- 아이컨그린, 2011

로버트 트리핀(Robert Triffin, 1960, 1978)은 자주 이러한 결함에 대해서 경고했다. 그는 미국이 USD의 공급을 중단하면 무역이 중단될 것이고, 공급을 계속하되 그것이 금준비(gold reserve, 金準備)에서 계속 나온다면 USD에 대한 신뢰가 무너질 것이라고 주장했다. 그는 이 때문에 결국 미국이 보유한 금에 대한 지불 쇄도 사태가 발생하면 USD는 금본위제에서 밀려날 것이라고 예견했다. 미국이 먼저 금본위제를 포기하지 않는다면 말이다.

그런데도 1971년 8월 15일에 이르러서야 USD의 금 태환이 중지되었다. 그날부터는 리처드 닉슨이 신경제프로그램(New Economic Program)의 일환으로 금 지급을 유예했고 그로써 사실상 브렌트 우드 체제는 막을 내렸다. 다른 통화들이 여전히 USD에 묶여 있었기 때문에 닉슨은 브렌트 우드 체제에서 비롯된 모든 통제를 제거했다. 그 외에 닉슨의 압력으로 US Fed가 1972년 통화 팽창 정책을 도입했다. 이 조치는 다음 해 USD의 인출 사태를 촉발했고 결국 고정환율 시스템의 붕괴로 이어졌다. 통제가 없는 통화 시스템은 본질적으로 인플레이션의 경향을 띤다. 그리고 1970년대에 그 결과는 끔찍한 스태그플레이션으로 나타났다(바스키(Barsky)와 킬리안(Kilian), 2000). 성장이 둔화되고, 실업이 늘어나고, 1970년대 말 금리는 약 20퍼센트까지 치솟았다.

인플레이션을 굴복시킨 것은 US Fed 의장 폴 볼커(Paul Volcker)의 단호한 통화 긴축이었다. 이것이 부유한 국가에서는 불황을, 나머지 대부분의 국가에는 외채 상환 조건 조정을 유발했다. 그 후 중앙은행은 인플레이션을 잡는 것을 목표로 세웠고(멀링(Mehrling), 2014), 이에 수십 년에 걸친 디스인플레이션의 막이 올랐다. 대규모 전환에 심각한 혼란이 동반된 사례가 또 한 번 등장하게 된 것이다.

: 세계 금융위기에서 유로달러의 역할 :

유로달러(eurodollar, EUR와는 전혀 다른 녀석)의 가공할 특질은 휴즈 먼즈(Hughes Mearns)의 시, '안티고니시(Antigonish)'에 등장하는 '거기에 없는 남자'를 생각나게 한다. 세계 금융위기 동안 많은 투자자들이 엄청난 대가를 치르면서 그들의 성격을 파악하게 되었다. 유로달러는 금융위기에서 상황을 악화시키는 역할을 맡았다. 이 상황을 보면 오프 유로달러와 국제통화 안정성 사이의 관계에 심각한 의문을 가지게 된다. 역외 RMB 규모가 급속한 증가를 보이고 있기 때문에 이 문제는 RMB 국제화와도 밀접한 관계가 있다. 이러한 영향들을 이해하기 위해서는 유로달러의 독특한 특성에 대한 논의가 필요하다. 그 뒤에야 역외 RMB의 독특한 성격이 불러오는 결과들을 이해하기가 쉬울 것이다.

유로달러의 가장 놀라운 변칙은 그들이 전적으로 신용 증권이라는 점이다. 유로달러는 어떤 정부 기관의 보증도 받지 않으며 미국 정부의 규제 권한 밖에서 발행된다. 미국 밖 자금보유자(대주, 貸主)의 대차대조표 상에는 오르지만 US Fed의 대차대조표에 그에 상응하는 어떤 것도 등재되지 않는다. 세계 금융위기가 시작되기 약 15년 전, 경제학자 밀턴 프리드먼(Milton Friedman)은 유로달러와 그와 관련된 미국 은행의 부채는 사실 "회계 장부 담당자의 펜"에서 나온다는 간결하면서도 신랄한 지적을 했다(프리드먼, 1971).

결과적으로 전체 유로달러 시장이 실제로 가진 USD의 보유액은 개별 유로달러 대주의 USD 보유액을 합친 것보다 작다. 많은 대주들이 다양한 유로달러를 준비금으로 보유하고 있으나 이 유로달러들이 US

Fed의 USD 계정에 전혀 상응하지 않기 때문이다. 시스템적 금융위기 동안, 세계 금융위기 동안 효과적으로 입증되었듯이 그러한 준비금은 안전성에 전혀 보탬이 되지 않는다.

유로달러 시장의 중요성을 과소평가해서는 안 된다. 유로달러는 '세계의 자금 시장(world's funding market)'이며 USD를 감독하는 기관들과는 다른 기관들에 의해 운영된다. 가장 중요한 것은 유로달러가 미국 내에서 '최대 고용, 안정적인 가격, 저렴한 장기 이자'를 옹호하는 행위만 할 수 있는 US Fed의 관할권에서 벗어나 있다는 점이다(연방준비제도이사회, 2014). 따라서 유로달러는 국내 자금 공급과 금리에만 신경을 쓴다. 은행권의 위험 감수도가 거의 0에 가까웠던 2008년에 유로달러 시장은 유동성을 공급할 곳이 전혀 없었다. 은행은 무담보 대출과 스와프에서 비롯된 유로달러를 내주지도, 받지도 않았다. 안전하다고 여겨졌던 자산이었으나 실은 그렇지 않다는 점이 들통 난 것이다. 놀라울 정도로 오랫동안 지속된 치명적 문제가 촉발한 결과였다.

ː 2008년, 새로운 국제통화 제도의 원년인가 ː

이미 말했듯이, 국제통화 시스템의 근본적인 전환이 진행되고 있다. 이 전환을 주도하는 것은 세계 경제의 중심 이동이다. 중국을 비롯한 개발도상국들의 생산성과 부는 점차 늘어나고 있는 한편으로 기존 질서는 점점 많은 약점을 드러내고 있다.

종반전이 어떻게 진행될지는 아직 예측할 수 없다. USD가 계속 주도적인 국제통화로 남으면서 RMB가 EUR와 동등한 국제통화로 2군에 합류하는 평형 상태가 만들어질 수도 있다. 혹은 RMB가 USD와 동등한 국제통화로 부상하고 EUR가 중요한 지역적 역할을 담당하는 그림이 나올 수도 있다.

RMB가 단독으로 국제통화가 되고 지역적으로는 USD와 EUR의 지원을 받는 상황도 상상해볼 수 있다. 결과가 어찌되든 분명히 전환이 있을 것이고 이러한 상황은 많은 사람들, 특히 워싱턴과 베이징에 있는 사람들의 대외강경론적인 발언과 행동을 부추길 것이다.

경제적 펀더멘털이 변화하면 지배적인 제도와 긴급한 경제적 니즈 사이에는 긴장이 조성된다. 제도는 안정성을 필요로 한다. 하지만 시대는 유연성을 요구한다. 국제적 문제에 영향을 미치는 통화 관리에 있어서는 특히 더 그렇다.

앞에서 강조했듯이, 과거 세계 통화 시스템에서 나타났던 변화는 경제적 혼란을 동반했다. 심지어는 전쟁을 불러오기도 했다. 하지만 이번에는 상황을 낙관할 수 있는 여러 조짐이 보인다. 미국 정부는 기본 체제를 대체하는 새로운 제도의 성립에 반대하고 있기는 하지만 미국 관리들은 RMB의 국제화 가능성을 시장의 문제로 편하게 받아들이자는 주장을 하고 있다(뒤에서 상세히 논의할 것이다). 한편 중국은 평화적 자세를 견지하면서 다른 나라들과의 협력을 통해 새로운 제도적 인프라 구축을 지원하고 있다. 그럼에도 불구하고 질서와 취지의 변화는 복잡하며 본질적으로 위험하다. 우리가 할 수 있는 것은 높아지고 있는 중국과 미국의 지정학적 긴장이 통화 문제로까지 확산되지 않기를 바라는 일뿐이다.

변화의 속도

통화 시스템에는 강력한 네트워크 효과가 제도적 타성을 만들어내는 특징이 있다. 쉽게 말하면 사람들은 다른 사람들이 많이 사용하는 통화를 사용하게 된다는 것이다. 그렇지만 최근의 연구는 적절한 환경이 조성될 경우 통화 시스템이 대단히 빨리 극적인 변화를 일으킬 수도 있다는 것을 보여준다. 예를 들어 USD는 역외에서 거의 사용되지 않는 통화였지만 불과 10년 만에 주도적인 국제통화의 자리에 올랐다(아이컨그린과 플랜드로(Flandreau), 2011). 이는 GBP가 2차 대전 이후까지 선두적인 국제통화의 자리를 지켰다는 통념적 견해와 배치된다. 실제로 진정한 국제통화라는 이름을 붙일 수 있는 것은 GBP와 USD뿐이다. 단 두 개의 사례만으로 일반적인 결론을 도출할 수는 없겠지만 앞으로의 전망을 위해서 이들의 역사를 검토해보기로 한다.

USD의 부상은 주로 1913년에서 1917년에 걸친 1차 세계 대전 동안 이루어졌다. 1872년, 미국은 생산량에 있어서 영국을 앞질렀지만 '깊고, 유동성이 있고, 신뢰할 수 있고, 개방적인' 금융시장이라는 측면에서는 여전히 부족했다. '프라이빗 뱅커(private banker)들의 은행'에 머물러 있던 뉴욕청산소(New York Clearing House)가 중앙은행의 역할을 하면서 민간 자금이 미국 내 돈의 계층에[1] 맨 위에 있는 상황이 연출되었다(멀링, 2014). 1913년 연방준비제도이사회가 설립되고 나서야 공적 자금이 계층의 최상위를 차지했다. 이러한 변화는 유동성의 원천이 민간 기업의 약속이 아닌 정부의 지급 보증이 되었다는 것을 의미한다.

1913년의 연방준비법이 시행될 때까지 USD는 미국 밖에서 거의 사용되지 않았다. 심지어는 미국 무역과 관련된 결제에서도 거의 쓰이지 않았다. 19세기 동안, 미국 이외에 USD를 사용하는 국가는 캐나다가 유일했다. (캐나다에는 1860년대 말까지 자국 통화가 없었다.)

연방준비법으로 대변되는 정책 변화는 미국 금융 시스템이 성숙하는 데 대단히 중요한 역할을 했다. 그 후 "미국이 영국을 비롯한 전쟁 당사국에 대한 대규모 전시 대출을 하면서 채권자—채무자 관계는 19세기와는 딴판이 되었고 달러는 강력한 통화로 자리 잡았다."(프랭클(Frankel), 2012). 그렇지만 금본위제로 인해서 민간 자금이 국제 자금 계층의 최상위에 남았다(멀링, 2014).

주로 국가통화위원회(National Monetary Commission)의 연구 결과를 기반으로 한 연방준비법은 몇 가지 중요한 의미를 가지고 있었다.

첫째, 연방준비법은 미국 은행 시스템의 깊이를 깊게 하고 은행 시스템이 국제화하는 데 도움을 주었다. 예를 들어 위원회는 새로운 US Fed에 금리를 조정하는 데 BoE가 쓰는 방법, 즉 무역 인수 어음의 구매를 이용하라고 권고했다. 그렇지만 그러한 전략에는 USD 무역 인수 어음이 필요하고, USD 무역 인수 어음이 있으려면 우선 무역 금융에 참여하고 있는 미국 은행이 있어야 한다. 따라서 연방준비법은 국내 은행에 100만 USD의 자금을 승인해서 은행들이 해외 지점을 설립하고 최소한 자기자본금의 절반에 해당하는 무역 인수 어음을 구매하도록 했다.

이러한 해외 진출과 채권 구매는 미국 은행업이 국제화되는 토대가 되었다. 또한 1차 대전은 미국 금융에 대한 수요를 창출했다.

미국의 지위가 채무국에서 채권국으로 뒤바뀌고 주요 순수출국이 되면서 USD가 무역 금융에서 가지는 중요성이 점차 증가했다. 반면 같은 시기 유럽 무역 금융의 발전은 전쟁으로 방해를 받았다(아이컨그린,

2011).

전쟁을 치르는 동안 GBP가 불안했던 것이 USD의 국제화를 도운 세 번째 요인이었다. 수출의 대금으로 금이 미국에 흘러들어오고 있었고 USD는 금에 고정되어 있었다. 따라서 안정적인 USD 무역 금융을 기꺼이 받아들이는 남아메리카와 아시아의 무역업자들이 늘어났다.

네 번째 요인은 미국 은행 지점의 해외 설립이 빠르게 늘어난 데 있다. 1920년 해외에서 영업하는 미국 은행 지점은 181개가 되었다. 이로써 지역 업자들은 런던의 계정을 이용하기보다는 USD 여신을 이용하게 되었다.

USD를 이용하는 시장이 커지고 유동성이 늘어나면서 금리는 하락했다. 1920년대 말의 무역업자들은 뉴욕에서 영국보다 1퍼센트나 낮은 이자로 자금을 구할 수 있었다. 미국이 전후 재건 금융의 원천으로 각광을 받으면서 뉴욕은 세계적인 금융 중심지로서의 입지를 한층 단단하게 다지게 되었다. (주요 대안은 국제연맹(League of Nations)이었다.)

아이컨그린이 관찰했듯이(2011) "1914년부터 발돋움을 시작한 달러는 1925년에는 이미 파운드를 추월했다".

이렇듯 20세기 초반 USD가 겪은 일을 현재의 RMB 국제화와 비교해보자. 이미 중국의 GDP는 구매력 평가(purchasing power parity, PPP) 기준으로 세계 최대이며 10년 안에 명목 GDP도 최대가 될 것으로 예상된다. 중국은 적극적으로 RMB 국제화를 추진하고 있으며 필요한 제도를 확립해왔다. GBP에서 USD로의 전환이 10년 만에 이루어졌다는 것(논란은 있지만)을 생각하면 RMB가 얼마나 빨리 USD의 라이벌이 될 수 있을지 가늠해보는 일이 꼭 필요할 것이다.

: 시장 수요와 제도적 지원 :

국제화를 위한 시장 수요의 토대가[2] 무엇인가의 문제는 통화 국제화에서 가장 폭넓은 연구가 이루어지는 측면이다. 특정 통화의 이용에 무엇이 영향을 미치는가에 대해서는 모호하기는 하지만 대체로 합의가 이루어져 있다. 대부분의 분석은 시장 수요가 존재하면 통화 사용이 가능해진다고 가정한다. 하지만 역사는 그렇지 않을 수 있다는 것을 보여준다.

통화가 국제화되려면 두 가지 중요한 조건이 반드시 충족되어야 한다.

1. 경제적 조건: 국경 너머에도 통화의 이용에 대한 시장 수요가 반드시 존재해야 한다.
2. 정치적 조건: 발행국의 정부가 국내·외의 지원 제도를 만들거나 뒷받침하면서 통화의 국제적 사용을 적극적으로 지원해야 한다.(캄파넬라(Campanella), 2014 참조)

프랭클은 역사적으로 정부가 통화를 국제화하기 위한 의도적 시도를 한 사례는 없었다고 말한다.

"통화 국제화를 국가 정책으로 추진하는 일은 역사적인 본보기에서 출발한 것이 아니다. 20세기에 있었던 통화 국제화의 세 경우 모두에서 대중은 자국의 통화가 국제적으로 인정을 받는 데 따르는 가상의 위신에 거의 관심을 두지 않았으며 사업가들은 통화가 가치가 높아져서 수출 경쟁력에 해가 될 것을 두려워했다. 마찬가지로 중국 역시 아직은 국내 금융시장을 개방하고 통화 가치가 절상되도록 놓아둘 준비를 완벽하게 하지 못했다. 따라서 RMB와 달러의 경쟁 구도가 나타나려면 상당히 긴 시간이 필요할 것이다."

―프랭클, 2012

통화 국제화에 대한 정부의 지원이 미미했다는 프랭클의 관찰은 대부분 정확하다. 하지만 국가가 성공적으로 국제통화를 만든 예외(미국과 영국)가 있다. 두 나라뿐이긴 하지만 말이다. US Fed는 미국 USD의 역외 사용을 촉진하기 위해 시장 조성자로 주도적인 역할을 했으며, 대영제국은 GBP의 국제화 초기에 중요 인자였다(아이컨그린과 플랜드로, 2011).

그와 정반대로, 독일과 일본은 오로지 시장 수요만으로는 한 나라의 통화가 국제적으로 일상적이고 믿을 만한 통화가 되는 데 충분치 못하다는 것을 확실히 증명하고 있다. 독일 마르크화는 국제통화가 된 적이 없다. 가장 큰 이유는 독일 정부의 정책이었다. 독일연방은행(Bundesbank)은 1920년 초 겪었던 인플레이션의 기억이 너무나 끔찍한 나머지 자본 유입의 조짐이 보이기만 하면 자본 통제에 나섰다. 2차 대전 후, 독일은 비교적 높은 금리를 유지해서 자본 유입이 유리한 상태였지만 정부의 자본 계정 통제 때문에 마르크는 투자하기 까다로운 통화로 인식되었다.

1970년대 말, 마르크는 USD의 주요 경쟁자로 여겨졌지만 독일의 경제는 미국에 비해 작은 규모를 유지했다. 정부의 균형 예산은 독일이 채권을 발행해서 해외 중앙은행과 위험 회피형 기관투자가들을 끌어들이는 일을 하지 않는다는 것을 의미했다. 더욱이 외국인에게 채권을 판매하려면 승인이 필요했고, 외국계 은행에는 높은 지급준비율이 적용되었다. 독일은 인플레이션에 대해서 극단적으로 강경한 입장이었고 많은 자금을 끌어들이려는 다른 국가의 시도를 차단했다. (이란은 미국과 긴장 관계에 있는 동안 독일의 자금을 끌어들이려 했으나 독일로부터 마르크에 접근하지 말라는 경고를 받았다.) 그 결과, 1980년대에 마르크 표시 통화가 외환보유고에서 차지한 비율은 15퍼센트를 넘지 못했다(아이컨그린, 2011).

JPY의 경험 역시 통화 국제화에 정부 역할이 중요하다는 것을 보여준다. JPY를 국제통화로 하자는 생각은 브레튼 우드 체제가 붕괴되고 1973년 변동환율제가 채택된 이후부터 등장했다. 기존 구조에 대한 믿음이 사라진 때였다. 특히, 미국이 세계 경제를 뒷받침할 수 있다는 신뢰감은 약해진 반면 일본과 독일은 상승세를 타고 있었다.

해외에서 JPY가 편리하게 사용되는 것이 국내 금융과 자본시장에 해가 된다는 것이 도쿄의 전통적인 입장이었다. 아시아 금융위기와 유럽통화동맹(European Monetary Union)의 창설 이후 1998년 5월에서야 당시 외무상 히카루 마즈나가(Hikaru Matsunaga)가 외환법(Foreign Exchange Law, 1998)의 시행과 자본 계정 자유화를 통해 의도적으로 "엔화의 국제적 역할을 신장"시키겠다고 선언했다. 이렇게 공식적 기조가 변화했을 뿐 의도적 자유화라는 개념은 여전히 생소했다. 무라세(Murase, 2000)는 "외무상이 주권 국가가 통화를 국제화하겠다는 계획을 공개적으로 발표하는 것은 … 전례가 없는 일이다"라고 말했다.

그렇지만 일본 정부가 국제화된 JPY라는 개념을 포용하는 데 긴 시간을 보내는 동안 일본 경제의 매력은 시들었다. 1989년 주식과 부동산 시장의 거품이 꺼진 후 일본은 경제에 새바람을 불어넣기 위해 고투해 왔다. 국제통화로서의 JPY에 대한 시장의 관심은 정부가 그것을 촉진하기 위한 어떤 조치를 취할 기회를 갖기도 전에 시들었다.

JPY는 쇠퇴했다. RMB가 얻어야 할 가르침은 이런 상세한 사항들에 있지 않다. 중요한 점은 국제화에는 시장 수요와 정부의 제도적 뒷받침, 양자가 반드시 존재해야 한다는 것이다. 이후 논의하겠지만 중국은 결제 센터와 같이 통화 국제화를 뒷받침하는 데 필요한 여러 제도를 마련하는 발 빠른 움직임을 보여왔다. 기업들 역시 열렬한 반응을 보였다. RMB를 이용한 거래로 돈을 절약할 수 있는 기회가 많았기 때문이다. 이렇게 두 조건이 만족되었다는 사실은 RMB가 JPY의 전례를 따르지 않을 것이며, 혹 JPY와 같이 국제화에 실패한다 해도 그와 같은 이유는 아닐 것이란 점을 시사한다.

RMB 국제화에 있어서 시장 수요와 제도적 역량이 꼭 필요한 또 다른 이유가 있다. 다른 국가들이 중국의 적극적인 접근이 국수주의나 경쟁 심에서 비롯되었다고 생각할 수 있기 때문이다. RMB에 관한 중국의 정책 이니셔티브에는 국제화에 이러한 노력들이 필요하다는 인식이 반드시 고려되어야 한다.

통화 국제화를 위한 시장 수요의 창출 요인
RMB의 중요성이 커지면서 통화 국제화의 결정 요인을 검토하는 연구들도 늘어나고 있다. 학자들은 전형적으로 경제적 비중, 거래의 편의, 리스크와 같은 요인들에 초점을 맞춘다.

예를 들어, 체케티(Cecchetti)와 숀홀츠(Schoenholtz, 2014)는 "안정적인 정치 시스템의 뒷받침을 받는, 신뢰할 수 있는 법 체계가 있어야 하며 이러한 정치 시스템에는 재산권을 보호하는 독립적인 사법부가 있어야 한다는 것"을 강조하는 한편 "경제의 규모만으로는 통화를 주도적 국제통화로 만들 수 없으며 새로운 국제통화의 부상을 위해서는 효과적인 금융시장과 제도는 물론 외부 환경의 도움이 있어야 한다"고 주장한다.

결국, 통화가 진정한 국제통화인가의 여부는 전 세계 사람들이 그 통화가 계속해서 거래의 최종 결제에 이용될 것이라고 믿고 있는가에 좌우된다. 그렇다면 '무엇이 그러한 깊고 폭넓은 신뢰를 구축할까?'라는 질문이 제기된다.

알리버(Aliber, 2001, ch. 7)는 통화를 "브랜드 명(brand name)"이라고 칭한다. 그는 GBP의 브랜드 가치를 손상시킨 요인으로 "1차 대전과 관련된 경제, 재정의 문제들"을 지적한다. 그에 반해, USD 브랜드가 더 매력적으로 보이게 된 것은 USD가 금에 비례하는 가치를 유지했으며 미국의 금융시장이 다른 곳에 비해 광범위하고 안정적이었기 때문이다. 알리버는 1925년부터 1950년 사이 USD 브랜드를 강화한 요소로, 첫째, 미국 경제의 규모, 둘째, 미국 금융시장의 안정성과 비교적 낮은 물가상승률, 셋째, 미국이 '군사적으로나 정치적으로 안전하다'는 인식을 꼽았다. 이 중 첫 번째 요소는 경제 지리학에 기반을 두며, 나머지 두 요소는 리스크에 기반을 둔다.

알리바의 말을 빌려 사람들이 특정 통화를 신뢰하는 이유를 설명하자면, 무엇이 강력한 통화 브랜드를 구축하는가를 설명할 때 일관적으로 등장하는 것이 이들 요소이다. 그러한 고려사항들은 USD와 RMB가 앞으로 어떻게 진화할 것인지 예측하는 데 있어서 순수한 경제적 계산만큼이나 중요하다. 세계 금융위기는 미국 중심의 경제·금융 관리 시스템에 대한 신뢰를 흔들었다. 이후 일부 국가들이 금융 관련 문제를 관리하는 방식에 약간 변화를 주기는 했지만 핵심은 여전히 그대로다. 기존 시스템은 근본적인 변화 없이 유지되고 있고 그에 대한 신뢰는 어떤 대안에 대한 신뢰보다 크다. 그러나 그럴듯한 대안이 있는 상태에서 금융위기가 닥친다면 그 여파는 이전과 상당히 다를 것이다.

사람들에게는 통화의 이용에 지장이 생기지 않을 것이라는 확신이 필요하다. 이러한 확신을 주기 위해서는 다양한 금융 자산들을 연결하는 깊고 유동성이 큰 시장이 필요하다. 그러한 시스템에서 중요한 가격 세 가지가 있다. 환율, 액면가(par, 통화의 측면에서 예치금의 가격, 보통 법에 의해서 1대1로 정해진다), 금리가 그것이다.

RMB 국제화를 논할 때는 중국의 높은 경제 성장률과 유럽과 미국의 낮은 경제 성장률 때문에 사람들이 RMB를 결제 수단으로 받아들이는 현상에 초점이 맞춰지곤 한다. 하지만 RMB가 진정한 국제통화가 되려면 경기가 침체될 때도 여전히 원활한 결제 수단이 될 것이라는 신뢰가 있어야 한다. 2015년 시장 붕괴 때 중국 정부가 내놓았던 정책들은 이 점에서 큰 의미를 갖는다. 중국은 거액의 투자자들이 주식을 매각하는 것을 막았기 때문이다. 마찬가지로 외환시장에서는 강력한 자본 통제 조치의 (재)시행으로 통화 거래를 제한했다.

RMB 국제화에는 여러 가지 잠재적 이익이 따른다. 이들은 RMB 국제화에 대한 수요를 낳고 주로 거래 결제가 주도하는 중국 밖에서 RMB의 수요를 창출한다. 현재는 중국과 외국 기업 사이의 거래와 투자에 관련된 모든 통화 리스크가 중국 쪽에게 돌아간다. 상대방에게 더 나은 리스크 관리 기법이 있거나, 상대방 쪽에서 예상되는 리스크 비용이 더 낮거나, 상대방의 리스크 기피 성향이 더 낮을 가능성이 있는데도 말이다(밸런타인(Ballantyn), 가너(Garner), 라이트 (Wright), 2013). 중국과 교역하는 오스트레일리아 기업들에 대한 조사를 통해 민간 부문에 RMB를 통한 거래 결제 수요가 생기는 배경이 밝혀졌다. RMB 결제의 이점으로 인식되고 있는 것은 다음 세 가지이다.

- 통화 리스크 감소로 인해 상대방과의 거래 조건이 개선된다.
- 외국 기업은 RMB 결제 서비스를 사용할 경우 중국의 수요를 보다 잘 충족시킬 수 있는 시장 우위를 얻는다.
- 기존 수출업자들 사이에서 통화 리스크의 헤징 가능성이 높아진다.(밸런타인, 가너, 라이트, 2013)

통화에 대한 국제적 시장 수요를 창출하려면 교역 구조도 중요하다.

예를 들어, 1980년대에 일본은 대체 상품이 거의 없는 대단히 차별성이 큰 상품을 수출하고 주로 식품과 원자재 같은 상품을 수입했다. 이러한 요소들 덕분에 일본 수출업자들은 통화 비용을 고객에게 떠넘길 수 있었고 이로써 경쟁 우위를 얻었다(타구치(Taguchi), 1922). 반면에 일본 수입업자들에게는 그러한 경쟁력이 없었다. 결국 수입에서는 JPY 결제가 이루어지는 경우가 적었다.

중국 무역에도 이런 식의 분석을 적용하면 더 깊이 있는 식견을 얻을 수 있을 것이다. 세계의 수많은 가치사슬에서 중국이 차지하는 위상이 강해질수록 거래에서 사용할 통화에 대한 협상력도 커질 것이다. 그렇지만 이 설명은 아직 가설에 불과하며 후속 연구가 진행 중이다.

: 제도적 타성과 와해성 사건 :

국제통화 시스템은 타성이 지탱하고 있다. 시스템이 경제 펀더멘털의 변화에 반응하려면 와해성 사건이 필요하다는 의미다. 2008년이 RMB 국제화의 원년이었고, 중국 경제가 이제는 미국 경제와 비슷하고(명목 GDP의 측면에서는 작지만 구매력의 면에서는 더 크다), 중국의 제도들이 발전을 거듭하면서 현재의 미숙한 상태를 벗어날 것이 예상되는데도 추가적인 쇼크가 미국의 제도에 대한 신뢰를 감소시키지 않는 한 USD는 주된 국제통화로 남을 것이고 앞으로 몇 십 년 동안은 RMB 사용이 USD의 사용을 앞지르지 못할 것이다.

역사를 살피면 세계 통화 시스템의 큰 변화가 위기에 의해 촉발되는 경우가 많았다는 것을 알 수 있다. 사실, 기존 시스템에 대한 신뢰에 심각한 손상이 있지 않고는 지배적인 통화를 몰아내기 힘들 것이다.

USD가 해외에서 사용되기 시작한 것은 미국이 45년 동안 세계 최대의 경제국의 위치에 있고난 후의 일이었다. 1913년의 연방준비법이 국내 은행이 국제 거래 금융에 관여하는 것을 허락하기 이전에도 미국은 이미 세계에서 연간 수출량이 가장 많은 국가였다. USD가 지금 당장 다른 통화로 대체될 가능성이 있을까? 아이컨그린은 현상에 만족하지 말라고 강력히 경고한다.

> "이러한 파수꾼이 변화하는 데에는 1차 대전이라는 이례적인 쇼크와 Fed의 시장 지배 노력이 필요했다. 하지만 오늘날에는 이와 비슷한 일을 상상할 수 없다. 전시의 격동이 파운드화에 부정적인 영향을 주었다면 달러에는 만성적인 미국의 재정 적자가 부정적인 영향을 미치고 있다. 뉴욕에 무역 인수 어음 시장을 만들기 위한 Fed의 노력이 있었다면 중국에는 상하이를 국제 금융의 중심으로 만들기 위한 노력이 있다. 어떤 사람도 기본적인 시나리오에 RMB의 USD 대체를 넣지는 않을 것이다. 하지만 가능성을 완전히 배제하기 전에 1920년대의 역사를 되돌아볼 필요는 있을 것이다."
>
> —아이컨그린, 2011

USD가 GBP를 앞지르기 위해서는 이례적인 쇼크가 필요했다는 점을 상기해야 한다. 세계 금융위기가 RMB 국제화의 자극제일 수도 있다. 기존 시스템에 대한 신뢰에 손상을 가한 것은 분명하니까 말이다. 일본은 자국 통화에 대한 신뢰가 부족했다. 유럽인들도 자신들의 통화에 대한 신뢰가 부족했다. 미국 역시 그랬다. 그럼에도 불구하고, 세계 금융위기의 여파는 USD의 사용을 감소시키지 않았다. 성공 가능성이 있는 대안적 통화가 자리를 잡은 후에 추가적인 위기가 나타나지 않는 한 짧은 시간 안에 USD가 대체될 가능성은 낮다.

: 오프쇼어 커런시와 국제 유동성 :

알리버는 오프쇼어 커런시(익스터널 커런시 시장(external currency market))를 "특정 도시의 은행 점포가 그 점포 소재국의 통화 이외의 통화로 표시된 예금을 만들어낼 때" 해당 예금의 표시 통화라고 설명한다 (알리버, 2011, p. 102). 유로달러는 익스터널 커런시 예금의 약칭이다. 유로달러라는 이름에 오해의 소지가 있기는 하지만 사실 예금이 만들어진 곳이 꼭 유럽일 필요도 없고 예금이 USD로 표시되어 있을 필요도 없다.

유로달러와 국제통화 시스템의 안정성 사이의 관계는 불확실하다. 유로달러는 중앙은행의 통제를 약화시킨다. 유로달러는 호황일 때 급속히 팽창하고 불황일 때에는 또 그만큼 빠르게 수축한다. RMB 국제화에서 유로달러에 대한 고려가 흥미롭고도 중요한 문제이기는 하지만 역외 RMB(CNH)는 역사 속의 어떤 통화와도 닮지 않은 독특한 산물이다. 따라서 CNH가 국제 유동성의 안정성에 끼치는 영향은 명확하지 않다.

유로달러와 CNH 사이의 중요한 차이는 중국이 공식적으로 승인한 역외 통화를 만들었으며 그것을 특정한 방식으로 국내 RMB(CNY)와 묶어 놓았다는 데 있다. 그러나 RQFII 할당과 일련의 중앙은행 스와프 계약을 통해 유동성을 공급받는 일련의 역외 청산소들과 연결된 중국 역내 통화와 CNH는 별개이다. RQFII 최대 할당액, 최대 스와프 계약, 2014년 11월17일부터 시행된 상하이-홍콩 교차 매매제도, 후강퉁 덕분에 홍콩은 주된 진입점으로 자리 잡았다. 이전에 홍콩 거주자의

HKD의 CNY 교환 한도는 하루 최대 2만 RMB였으나 상하이–홍콩 교차 매매 제도가 성립된 이후 한도는 없어졌다.

유로달러에서 얻을 수 있는 중요한 가르침은 유로달러가 통화 정책 메커니즘을 약화시킨다는 것이다. 유로달러는 본래 미국(혹은 해당 통화의 발행국) 밖 금융 서비스 기관의 대차대조표에서 발생한 존재인데 미국 내의 많은 은행들이 이렇게 USD 자산을 장부상에서 만들어내는 기관들로부터 USD를 빌린다. 이러한 거래는 단일한 다국적 기업의 다른 부문들 사이에서도 자주 발생한다.

유로달러는 통화 발행국 외부에 있는 관할권에 존재하지만 예금된 곳의 입장에서는 관할권 밖에 있는 통화로 표시되어 있기 때문에 최소한의 규제만 받는다. 예를 들어, 런던 은행의 USD 표시 예금은 미국의 관할권 밖에 있고 마찬가지로 홍콩 은행의 JPY 표시 예금은 일본의 관할권 밖에 있다. 이러한 경우, 영국이나 홍콩은 이들 외환을 규제하는 데 큰 관심을 기울이지 않는다(알리버, 2011, ch.6). 따라서 유로달러는 지급준비율과 같은 규제의 대부분을 피해간다.

중앙은행이 거의 영향력을 발휘할 수 없는 통화의 존재는 세계적 유동성의 안정과 지급 시스템의 원활한 기능에 큰 영향을 끼친다. 요컨대, 유로달러는 국내 통화(예를 들어, USD)와 유사해 보이지만 전혀 안전이 보장되지 않는 통화로 표시된 신용 시장을 형성한다. 결국, 유로달러는 어떤 국내 통화보다 탄력적이다. 유동성은 중앙은행의 경기 조정형 조치에 영향을 받지 않고 순전히 시장의 기능에 의해서 결정된다. 이 때문에 유로달러 시장은 변동성이 크고 불안정한 유동성의 원천이다. 안전이 보장되지 않는 하나의 통화가 존재하는 상황에 비해서 안전이 보장되지 않는 다수의 통화가 있는 것이 세계적으로 결제와 유동성의 안정성을 뒷받침하거나 약화시킬까? 명확한 답을 할 수 있는 문제는 아니다.

어쩔 수 없이 추정에 의한 대답을 내놓아야 한다. 주요 국가들 중 하나에서 발생한 경기 순환이나 재정적 문제에 대해서라면 두 개 이상의 역외 통화가 있는 편이 회복력이 더 클 수 있다. 하지만 양쪽 혹은 모든 국내 시장을 동시에 흔드는 문제에 관해서라면 회복력은 떨어진다. 우리는 이 문제에 대한 확실한 대답을 찾아야만 하는 상황이 오지 않기를 바란다. 하지만 결제와 국제 유동성의 순조로운 기능에 많은 영향을 주거나 혹은 이에 대한 책임을 지고 있는 기관들은 이러한 위험을 반드시 고려해야 한다. 1930년대에 이어 2007년에서 2008년 사이에 다시 목격된 '100년에 한 번' 일어날까 말까 한 유형의 사건이 다수의 역외 통화가 있는 상황에서 잦아질 가능성이 있는지는 전혀 명확하지 않다. 그러한 사건에 대한 대응이 더 어려워질지 여부도 알 수 없다. 중국, 러시아 등의 국가들은 USD에 덜 의존하는 다른 시스템으로의 전환을 독려하면서 세계 금융위기의 불안정성에 강력하게 대응해왔다. 그들의 반응도 이해는 간다. 하지만 다수 통화나 SDR의 폭넓은 사용에 기초한 대안적 시스템은 현재의 시스템이 최적이라는 반대 견해와 마찬가지로 아직 검증되지 않았고 강력한 논거에 의해 뒷받침되고 있지도 못하다.

돈을 이해하는 데 있어서 가장 핵심적인 식견 중 하나는 "통화 시스템은 언제 어디서나 계층적이다"라는 것이다(멀링, 2012). 이 말은 결제 시스템이 거의 언제나 신용 시스템이고, 실제로 대부분의 돈은 비축된 실제 돈이 뒷받침하는 신용의 한 형태라는 점을 생각하면 쉽게 이해할 수 있다. 한 나라의 통화가 국제화되면 돈의 계층에는 변화가 생긴다.

CNH가 돈의 국제적 계층 중 어디에 적합할지는 명확하지 않다. 이에 관련된 자료는 이후에 제시한다. 이 문제는 CNH와 CNY의 통합이 어떻게 진전되는가에 달려 있다.

이 물음에 대한 답을 구하기 위해서는 기본 원칙으로 돌아가야 한다. 국제통화가 의미하는 것이 무엇인가는 단순하지만 동시에 심오한 문제이다. 돈은 보통 교환의 매개물, 거래의 방편, 가치의 척도로 정의된다. 간단히 말해 국제통화는 국제적으로, 그리고 민간 부문과 공공 부문 모두에서 이 세 가지 기능을 수행하는 통화이다.

그러나 알레인 영(Allyn Young)은 돈을 기초적으로 해석한다.

> "돈의 가장 본질적인 특징은 소유자가 과도한 손실 없이 그것을 처리할 수 있어야 한다는 데 있다. 다른 물건들은 최종 소비자가 있으나 돈은 최종 목적지나 휴식처가 없다. 돈은 이 사람에게서 저 사람에게로 계속 옮겨간다. 결국 닳거나, 분실되거나, 녹여지거나, 더 이상 사용할 수 없게 될 때까지 말이다."
>
> —영, 1924

영에 따르면, 교환성이야말로 돈에 대한 가장 궁극적인 설명이다. 그렇다면 국제통화를 가장 잘 설명하는 말은 세계적인 교환성일 것이다. RMB 국제화의 중요한 의미 하나가 여기에서 바로 분명하게 드러난다. 바로 중국 금융 시스템과 여타 세계 금융 시스템의 통합이다. 중국의 세계무역기구(World Trade Organization, WTO) 가입과 세계 경제와의 거래 시스템 통합이 초래한 변화는 이 일의 마무리가 얼마나 중요한지를 보여준다.

세계 최대의 금융시장과 저축풀을 바깥 세계의 경제와 통합하는 일도 큰 의미가 있지만 국제 유동성 창조 역시 중요하다. 유동성의 변동은 '호황과 불황의 순환'이 통화만의 방식으로 표현되는 것이다. 세계적인 수준에서 유동성이 만들어지는 방법에 변화가 생기는 것은 위기나 경기 후퇴의 빈도나 강도와 직접적으로 연관된다.

멀링은 유동성을 통해 돈이 가진 다양한 특질들을 구별한다. 하지만 그는 다양한 통화를 얘기하는 것이 아니라 IOU, 은행 여신, 현금 예금, 준비금, 준비금의 지지를 받는 경화(硬貨)의 차이를 구분하는 것이다. 그는 이들의 차이가 금본위제 때문이라고 설명한다. 금본위제에서는 금만이 본원통화고 모든 다른 정산 형태는 금을 지급하겠다는 약속에서 파생된 것이다. 불환지폐 시스템도 근본은 동일하다. 다만 금이 통화로 대체되었을 뿐이다. 국제통화는 모든 수준의 세계 경제 시스템에서 정산으로 받아들여지는 통화이다. 아무도 국제통화를 통한 결제를 장래의 지급 약속이라고 생각하지 않는다. 그것은 실제 결제이다.

통화 시스템의 정점이 유동성 공급원이다. 본원통화는 어떤 사람의 채무도 아니다. 금본위제에서는 금의 공급이 유동성의 근원이었다. 금만이 국제 결제에 사용할 수 있는 믿을 만한 수단이었던 것이다. USD 본위제에서는 US Fed가 유동성의 근원이다. 국제 결제에서 믿고 사용할 수 있는 것은 Fed가 뒷받침하는 USD뿐이기 때문이다.

멀링은 통화 시스템의 역학을 유동성과 규율 사이의 균형, 즉 본원통화의 희소성과 파생 신용의 탄력성 사이에서 이루어지는 균형이라고 설명한다.

"희소성은 계층 내 어떤 특정한 수준에 있는 주체가 자신의 작용으로 자신보다 높은 수준에 있는 형태의 돈을 증가시킬 수 없다는 사실에서 비롯된다. 마찬가지로, 중앙은행은 금의 양을 늘릴 수 없고, 보통 은행은 중앙은행 통화의 양을 늘릴 수 없다. 시스템의 어떤 수준에서든, 그 수준 위에 있는 돈의 이용 가능성이 팽창을 막는 규율상의 제약으로 작용한다. 신용은 돈으로 지불해야 하지만 돈은 부족하다."

－멀링, 2012

유동성은 본원통화의 공급을 늘리거나 중앙은행, 민간 은행, 그림자 은행, 민간 부문과 가정 등 다양한 수준의 통화 시스템에서 신용을 늘리는 방식으로 만들 수 있다. 규율은 본원 통화의 공급을 줄이거나 신용의 공급을 줄임으로써 만들어진다. 명목 화폐 시스템에서 본원 통화의 공급은 정책 결정 사항이지만 신용의 공급은 시장 성과이다.

본원 통화와 파생 통화(혹은 돈과 신용) 사이의 차이에 대해서 생각해보면 본원 통화의 근원이 세계 금융의 안정성과 유동성에 얼마나 중요한지가 명확하게 드러난다.

"어떤 시기를 살피든지 계층의 팽창과 수축을 관찰할 수 있다. 팽창될 때는 계층의 폭이 줄어들고 신용과 돈 사이의 질적 차이가 약화된다. 하지만 시스템이 수축하면 계층은 다시 효력을 발휘한다."

－멀링, 2012

변동은 원인에 따라 두 가지로 나눌 수 있다. 신용 양(시스템 내의 총

레버리지 혹은 통화 승수)의 팽창과 수축, 그리고 신용이 가진 '화폐성 (moneyness)' 정도의 변동이 그것이다. CNH의 '화폐성'은 아직 불황기를 거쳐본 적이 없다. CNH 수신의 최종 대출자는 누가 될까? 어떤 관할권이 시장을 규제하는 지위를 얻을까? 유로달러 시장은 상당한 발전을 이루었지만 이런 중요한 문제들이 제기되지 않은 채 남아 있다. CNH 시장이 만들어지는 초기 단계에 이런 질문들을 던지고 그에 대한 해답을 구해내야 할 것이다.

전 세계의 사람들이 다양한 통화를 결제 수단으로 수용하는 세계 복수 통화 시스템은 독립적으로 통제되는 다수의 유동성 공급원을 가진다. 글로벌 유동성에 대한 결정 권한이 다수에게 분산되는 것이다. 과거에도 국제통화가 복수이던 때가 있었지만 주된 국제통화가 자유롭게 역내 버전으로 태환이 불가능했던 경우나 발행국의 주요 경제 제도의 질이 불확실한 경우는 없었다. 이후 우리는 태환성을 키우고 주요 금융 제도의 개발 속도를 높이는 중국의 발전에 대해서 설명한다.

: 위안화 부상에 대한 국제적 반응 :

RMB의 국제적 위상이 높아지는 데 대한 반응은 감정적인 측면과 규제 방안의 측면이 상당히 다르다. 세계 경제계는 주로 돈을 벌고, 비용을 낮추고, 중국과의 관계를 구축할 기회를 찾는 데 집중한다. 종합적인 조사가 없기 때문에 이 공동체 안에서 눈에 띄는 부정적 반응이 있다는 증거를 찾기는 힘들다. 규제나 정치적인 조치는 (다양한 감정 토로와는 구분되는) 협력적이거나 소극적으로 나타나고 있다.

RMB 국제화에서 비롯된 시장 기회에 대해서 유럽 국가들은 미국에 비해 빠른 반응을 보였다. 런던, 파리, 프랑크푸르트의 결제 센터는 이미 확실히 자리 잡았다. 런던은 RMB 기반 상품의 지원을 위한 외환 보유의 목적에서 RMB 채권을 발행하고 있기도 하다. 파리는 시장 기회에 대해서는 긍정적인 반응을 보였지만 프랑스 정치인들은 EUR의 경쟁자 등장에 분개하고 있다. 그러나 자신들이 할 수 있는 일이 거의 없다보니 분노는 점점 더 커지고 있다. 미국을 제외한 국가의 금융 센터들은 아직 RMB 수신이나 거래가 충분하지 않아 그들이 만들어내는 인프라를 지원하지 못하는 문제에 직면하고 있다. 단기적으로는 미국의 안주가 효과적이고 영국의 열의는 비경제적인 것처럼 보인다. 하지만 중국 경제의 위기나 스태그플레이션이 없는 한 결국 영국의 투자는 좋은 성과를 낼 것이다.

일본의 경제계는 넘쳐나는 기회에 주목하고 있다. RMB의 국제화를 심각한 문제가 딜레마를 유발하는 원인으로 받아들이지는 않고 있다. 정치인들 사이에서는 중국과의 지정학적 경쟁을 민감한 문제로 받아들이고 있지만 그 초점은 통화에 있지 않다. 일본의 관리들과 통화 문제에 대한 의식이 있는 시민들은 JPY의 국제화 실패가 외국의 경쟁 때문이 아니라 전적으로 국내의 결정과 문제 때문임을 잘 알고 있다. 정치계의 일부에서는 계속된 중국의 약진에 약간의 불안감을 보이고 있다. ADB를 주도하고 있는 일본은 AIIB 성립을 중국 주도 기관이 추가되는 것으로 여겨 중국이 주도하는 AIIB에 합류하는 것을 거절함으로써 이런 불편한 심기를 내보였다.

지금으로서 재정적 자립이 가능한 RMB 결제 센터는 홍콩의 결제 센터뿐이다. 다른 센터는 장래의 수익을 바라보고 들어오는 보조금으로 유지되고 있다.

미국의 시각

미국 관리들은 RMB의 점진적 국제화 그 자체에는 이의가 없다고 말한다. 하지만 중국의 기관과 중국의 역할이 부상하는 것이 그들은 세계 금융 시스템에 대한 미국의 지배력에 대한 도전이 될 수 있지 않을까 걱정하고 있다. 그들은 수요가 늘어날 경우 RMB 거래에 대한 미국 기반 결제 센터의 설립을 막을 규제적 장애가 없다는 것을 지적해왔다. 미국 기업과 미국의 규제 기관들은 다른 나라의 기업과 규제 기관에 비해 RMB의 등장을 덜 의식하는 것 같다. 미국의 규제 기관들은 통화 관련 문제에 대한 책임이 재무부에 있다고 말하고 있지만 기업들은 이 점에 대해서 잘 모르고 있으며 대개 US Fed에 지도를 구하고 있다.

미국의 규제 기관들은 대체로 RMB 국제화에 불만이 없다는 입장이다. 그들의 공식적 시각은 RMB의 국제화를 정치적인 경쟁이 아닌 시장 현상의 하나로 보고 있다. 그들은 균형의 이동이 순조롭게 이루어질 수 있으며 미국이나 다른 국가들이 그것을 두려워할 이유는 없다고 생각한다. 그들은 이 문제를 결정하는 것이 정치인이나 규제 기관이 아닌 시장이라는 명확한 입장을 견지하고 있다. 예를 들어, 제너럴일렉트릭(General Electric)은 거래에 대한 결제를 어떤 통화로 할 것인가의 문제를 오로지 수익에 따라 결정한다. 마찬가지로, 시카고 상품 거래소(Chicago Mercantile Exchange)는 파생상품을 RMB로 표시할 것인지를 시장의 수요와 잠재 수익을 기초로 결정한다. 미국의 규제 기관들은 역외 RMB 환율과 역내 RMB 환율이 수렴되고 있는 현상을 시장이 성숙하고 있는 징표로 보고 환영하는 입장이다. 런던은 민간 부문의 수요에 반응해 결제 센터를 만든 반면 미 재무부와 Fed는 그 사안을 대기업(그것도 외국의 대기업)에 맡겨두고 있다. 미국 당국은 토론토의 결제 센터 설립으로 시간대에 대한 니즈가 충족된 데 만족하고 있는 것 같다. (그렇지만 결국은 유동성을 보장하기 위해서 미국 스와프 협정이 필요하게 될 것이다.)

겉보기에는 이렇게 자신감이 넘치는 것 같지만 실제 미국은 세계 금융 시스템에 미치는 중국의 영향력이 커지는 상황을 꺼려하고 있다. 미국은 RMB의 국제화에 반대하지는 않지만 세계 지배구조에 더 관여하려는 중국의 지도를 지지하지도 않는다. 이후 상술하겠지만 이런 태도는 오히려 워싱턴의 희생으로 베이징의 영향력을 강화하는 결과를 낳았다.

훨씬 더 멀리 RMB가 언젠가 지배적인 국제통화의 자리를 두고 USD에 도전하게 될 가능성까지 내다본 미국 정치인들은 경쟁심을 불태우기 시작했다.

2009년 이래, 미국 의회는 IMF와 세계은행(브레튼 우드 기관들)의 자본 기반 확장을 꺼려왔으며 변화하는 세계 경제의 구조를 반영해 지배구조를 개혁하자는 제안도 거절했다. 그에 반해 미 행정부는 그러한 자세가 결국 그들 기관이 시대에 뒤떨어졌다는 선고를 받게 만든다는 점을 명확하게 인식하고 있다. 그럼에도 불구하고 미 행정부는 중국이 브레튼 우드 기관들을 대체하는 새로운 기관(AIIB, NDB, 실크로드펀드와 같은)을 만드는 데 반대하고 있다. 모두 종합해보면 미국은 밀물을 멈추려고 애쓰는 '카누트왕(King Canute)'과 다를 바가 없다. 이 정책들은 현재의 상황을 옹호하려고 지나치게 애를 쓰다가 결국은 기존 제도의 종말을 앞당기게 될 것이다. 예를 들어, CDB 때문에 세계은행은 이미 위축되고 있다.

미국의 여러 정책들이 의도치 않게 USD의 지배력이 덜 미치는 시스템의 출현을 앞당기고 있다. 위기 시에 기꺼이 유동성을 공급하는 US Fed와 재무부의 능력은 미국 자본시장 특유의 유동성과 더불어 USD 기반 시스템의 토대였다. 미국은 1994년 멕시코 외환위기에 개입해 큰 희생 없이 (재무부의 환 안정 기금(Exchange Stabilization Fund)을 이용) 성공적으로 위기를 마무리했다. 하지만 이후 미 의회는 행정부의 능력을 제한했다. 때문에 미국은 1997년에서 1998년 사이 태국이나 인도네시아를 합법적으로 도울 수가 없었다. 그 결과 이들 국가는 미국에 환멸을 느꼈고, 이후 IMF의 긴축 정책과 IMF를 보완할 수 있었을 일본 펀드 성립에 대한 반대는 이러한 반감을 심화시켰다. 동남아시아가 미국이 지배하는 기존 시스템에 가졌던 신뢰는 심각하게 위축되었다.

금융 제재의 지나친 남용(관할권에 구애받지 않고)으로 외국 은행들은 USD 거래를 피하고 법적 처벌 조치를 피하기 위해 청산소를 설립했다. 러시아나 이란의 은행뿐 아니라 프랑스를 비롯한 유럽 은행, 아시아 국가들도 마찬가지였다. 세계 금융 시스템이 아직은 주로 USD를 기반으로 하기 때문에 이런 상황은 USD의 대용물이지만 미국 기관을 통해 청산할 필요가 없는 HKD의 사용이 폭발적으로 늘어나는 결과를 빚었다. 지금까지는 이러한 반응이 시스템 변화의 임계점에 접근하지 못했다.

그렇지만 미국이 주도하는 제재와 세계 경제의 변화에 적응하기를 거부하는 미국의 태도가 결합된다면 USD 이외 통화를 기반으로 하는 하위 시스템의 등장이 전혀 불가능한 것은 아니다. 이러한 추세의 궤적은 미국 의회의 재촉으로 대규모 금융 제재의 광풍이 더 자주, 더 폭넓게 발생하는지, 아니면 반은행 정서가 진정됨에 따라서 줄어드느냐에 달려 있다.

가장 중요한 점은 세계 금융위기로 인해서 브레튼 우드와 USD 기반 시스템이 세계의 번영과 안정을 이루는 데 가장 좋은 수단이라는 믿음이 흔들렸다는 사실이다. 위기는 그들의 시스템에 이례적인 외부 충격을 가했고 국가의 성장과 안정을 대단히 위태롭게 했다. 서구의 통화 정책으로 돈의 쓰나미가 신흥 시장으로 밀려들어간 덕분에 상황은 더욱 악화되었다. 이렇게 유입된 돈은 이후에 빠져나가면서 안정을 한층 더 위협할 가능성이 있다.

: 위안화의 국제화 :

RMB 국제화는 2009년 세계 금융위기 때 중국 지도부가 보인 충격 반응에서 출발했다. 홍콩에 작은 역외 RMB 시장을 승인하고 5년이 흐른 시점이었다. 무역 금융의 붕괴로 중국은 큰 타격을 입었다. 이후 미국과 유럽의 수출 수요가 급격히 감소하면서 상황은 더 나빠졌다. 이 때문에 중국 지도부는 앞으로는 그러한 리스크를 어떻게 완화시킬 수 있을까 생각하게 되었다. 이러한 측면에서 고려할 사항이 세 가지 있다.

첫째, 전적으로 USD 중심인 국제통화 시스템이 큰 위험을 안고 있다는 것이다. 따라서 그들의 입장에서는 RMB가 가능한 IMF의 SDR에 편입해서 국제통화로 그 시스템에 참여해야 한다. 이를 달성하기 위해서는 RMB가 해외에서 널리 사용되는 통화가 되어야 한다.

둘째, 국제화가 외적 압력의 역할을 할 수 있다. 즉 국제화가 중국의 자본 계정 개방에 영향을 미치고 이로써 중국의 WTO 가입과 유사한 방식으로 국내 금융 자유화를 가속화시킬 수 있다는 것이다. 이러한 생각의 논거는 개방적인 자본 계정이 국내 금융 개혁을 가속시킨다는 데 있다. 이 점에 대해서는 중국 내에서도 논란이 많다. 많은 경제학자들과 정부 관료들은 이 관점이 아시아 금융위기가 주는 중요한 가르침, 즉 시장 개방은 국내 금리가 자유화되고 은행 시스템이 완전히 안정된 후에 이루어져야 한다는 가르침과 배치된다고 주장한다. 그러나 현실적으로는 자본 계정 개방이 국내 개혁보다 크게 앞서지 않는 한 이를 국내 개혁을 밀어붙이는 데 이용할 수 있다. 어느 경우든 RMB 국제화 자체가 자본 계정 자유화를 조장하고 개방을 한층 더 자극하는 것은 사실이다.

셋째, 중국은 외국에 대한 순채권 포지션과 왜곡된 대외 재무상태 때문에 외환의 순노출 규모가 엄청나다. 국제 자산의 대부분이 외화로 표시된 반면 대외 부채는 대부분이 RMB로 표시되어 있다. 이러한 외환 순노출은 GDP의 50퍼센트에 달한다. 그러한 불일치의 리스크는 더 많은 자산을 RMB로 표시함으로써 경감시켜야 하며 이를 위해서는 RMB가 세계적으로 폭넓게 통용되어야 한다. 따라서 RMB 국제화를 촉진하는 베이징의 노력이 요구되는 것이다(청(Cheung), 마(Ma), 매컬리(McCauley), 2011).

많은 중국 관리들은 RMB의 부상에 따라 세계 경제에서 중국이 맡는 역할도 그만큼 커지기를 바라고 있다.

이러한 동인들이 서로를 보완하고 강화하면서 RMB의 해외 사용을 자극하고 있다. 이는 세계 금융 시스템 안에서 지배적인 위치를 차지하겠다는 야망과는 전혀 다르다. 중국은 리스크를 나누고 이해당사자가 되려 하는 것이다.

속도는 다소 느려질지라도 중국의 경제적 성공이 계속된다면 RMB의 국제화가 세계 통화 시스템의 통합을 조장하고, 심지어는 시스템을 변화시키게 될 것이다. 우리가 지금까지 본 것은 RMB 국제화를 향한 앞으로 10년 동안의 '긴 행진(Long March)'에서 첫 번째 작은 걸음에 불과하다.

RMB 국제화에 동기를 부여한 것은 세계 금융위기였고, 국제화를 이렇게 빠르게 진척시킨 초기 추진력은 정책에서 나왔지만, 지금까지의 성공은 주로 RMB 국제화를 통해 기업들이 비용을 절감하고 수익을 올릴 수 있었던 데 기인한다. 앞으로 몇 개 장에 걸쳐 우리는 글로벌 기업이 RMB 국제화로부터 얻을 수 있는 광범위한 이점과 기회에 대해 이야기할 것이다.

: 결론 :

1800년대 중반부터 세계 금융의 중심은 런던이었고 돈은 궁극적으로 금을 지급하겠다는 약속이었다. 1차 대전으로 금융의 중심은 뉴욕으로 옮겨갔으나, 그러한 전환이 제대로 관리되지 않은 덕분에 대공황이 이어졌다. 1971년 미국은 일방적으로 금본위제를 포기했다. 기존의 계층적 통화 시스템은 곧 유동적인 국가 통화 중 하나로 대체되었다. 이번에도 전환에 대한 처리는 엉망이었다. 통화와 관련된 모든 규율이 무너지고 장기간에 걸친 스태그플레이션이 시작되어 주요 중앙은행들이 물가 안정 목표제를 채택한 1980년대 중반까지 계속되었다.

2007년에서 2008년의 세계 금융위기는 대규모의 통화 시스템 전환을 앞당기는 계기가 되었다. 금융위기의 충격으로 중국의 정책결정권자들은 RMB가 JPY의 전철을 밟지 않게 하기 위해 RMB의 국제적 사용을 지원하는 합법적 기관을 구축하는 데 적극적으로 나섰다. 그렇지만 역사를 살피면 어떤 전환이든 위험하지 않은 것은 없다. 혼란을 피하고 적응 비용을 낮게 유지하기 위해서는 신중한 관리와 지혜가 필요할 것이다. 새로운 시스템의 초기부터 경제적, 정치적 본질에 대해 주의 깊게 고려한다면 그러한 접근법을 찾을 가능성은 더 높아질 것이다.

기존 시스템을 흔든 지진의 진앙지는 중국이다. 따라서 통화 시스템에 어떤 조정이 요구되는지 확인하기 위해서는 특히 중국에서 RMB 국제화의 과정에서 무슨 일이 일어나고 있는지 이해하는 일이 반드시 필요하다. 제프리 프랭클(Jeffrey Frankel, 2012)은 "국제통화 서열의 핵심적인 결정 요인은 경제의 규모, 통화에 대한 신뢰, 금융시장의 깊이"라고 주장한다. 중국의 경제 규모는 변화를 압박하고 있다. 중국 정부는 국제통화를 관리할 제도적 역량을 키우고 있는 중이다. 다른 국가들이 중국의 정책 이니셔티브에 어떻게 반응하는지도 중요할 것이다. 초기 반응은 긍정적이다. 하지만 그들이 지지 입장을 유지하도록 하기 위해서는 중국의 노력이 필요할 것이다.

통화의 국제화는 평형 상태의 변화를 수반한다. 통화의 세계적 이용에 대한 수요의 변화, 통화의 국경 밖 공급에 대한 수요의 변화가 뒤따르는 것이다. 수요 변화는 RMB로 거래 결제를 하는 기업, RMB로 표시 금융 자산을 선택하는 투자자, RMB로 가격을 설정하는 기업 등의 시장 성과로 나타난다. 공급 변화는 중국의 자본 계정에 대한 제한 철폐, 중국 주식이나 기타 금융상품에 대한 해외 기업의 투자 허용, 사전 승인 없는 환전의 허용, 쉽게 접근할 수 있고 신뢰할 수 있는 실시간 결제 시스템의 정립과 같이 규제 측면의 성과이다. 역사 속에는 잘못 관리된 전환의 사례가 넘쳐난다. 이번 전환은 의식적이고, 시스템적이며, 리스크에 대한 인식과 함께 관리되는 전환이 될 수 있는 장점을 가지고 있다. 미국, 중국, 유럽의 관리들이 그런 의도를 가지고 그렇게 할 수 있다면 말이다.

: 제3장 :

위안화 부상의
경제적·제도적 기반

RMB 국제화의 규모와 성공은 중국 경제와 제도가 통화의 세계적 사용을 얼마나 촉진하는가에 달려 있다. 탄탄하고 개방적인 국내 경제를 만들려면 중국은 새로운 성장 모델로 변화해야 한다. 이를 위해 보다 빠른 경제 개혁과 금융 자유화가 필요하다. 자본시장의 확실한 개방은 RMB의 국제화를 돕는다. 중국이 세계 GDP에서 차지하는 비중은 2014년에 13퍼센트였던 것에 비해 2020년에는 18퍼센트로 증가할 것이다.

　장기적으로 국제통화의 자리를 지키기 위해서는 제도의 질 역시 중요하다. 이 책은 제도 구축의 핵심 요소들에 대해서 전반적으로 논의하고 특히 국제통화로서의 RMB를 뒷받침하는 데 필요한 주요 조건, 인플레이션, 환율, 금융 안정성, 개혁에 대한 중앙은행(PBOC)의 관리 능력을 집중적으로 탐구할 것이다.

: 경제적 기반 :

최근 중국에서 나타나고 있는 경제 둔화 현상은 RMB 국제화의 전망을 흐리게 하고 있다. 현재 문제들이 산적해 있지만 경제가 새로운 성장 모델로 이동할 수 있다면 중국은 성장을 이어가면서 완벽한 태환성을 뒷받침할 견고한 태도를 취할 수 있을 것이다. 규모가 크고, 지속가능하며, 개방된 국내 경제는 RMB 국제화에 필수적이다. '블랙 스완'과 같은 와해성 사건이 발생할 가능성도 무시해서는 안 된다. 일부 분석가들은 2015년 중반의 주식시장 붕괴가 '블랙 스완'이라고 믿고 있다.

중국 경제의 신기원

개혁의 초반 몇 십 년 동안 중국은 거의 전적으로 경제 성장에만 매달렸다. 낮은 위치에서 시작해서 선진국을 빨리 따라잡아야 하는 중국 입장에서는 당연한 일이었다. 집착에 가깝게 하나의 목표에 매달린 덕분에 중국은 필요한 기술과 관리 기법을 빠르게 획득할 수 있었다. 중국은 앞서 '아시아의 기적'을 이룬 경제 형태를 모방한 모델을 가지고 있었다. 인프라를 구축하고, 경제를 점진적으로 자유시장경제로 전환하면서 개방하고, 수출 의존도가 높은 전략이 동반되는 모델이었다. 증가하고 있는 젊은 노동 인구가 높아지고 있는 교육 수준의 뒷받침을 받아 급속한 생산성 증가를 가져왔다. 무엇보다 중국은 그들에게 유리한 국제화의 물결에 편승할 수 있었다.

그 결과는 놀라운 성장이었다. 1978년부터 30년 동안 중국은 한 해 평균 10퍼센트의 성장률을 기록했다. 그 과정에서 수억 명의 사람들이 가난에서 벗어났다. 그러나 앞으로 보게 될 것처럼 마지막 10년 동안의 수치에는 약간의 기만적인 요소가 있었다. 게다가 사회적 비용과 환경 비용이 엄청났다.

스트레스의 첫 징후는 '철밥통(iron rice bowl)'에 생긴 균열이었다. 철밥통이란 종신 고용이 보장되는 공산주의 공무원 사회를 표현하는 말이다. 효율 개선의 압력으로 국가 소유의 기업들이 1990년대 중반부터 대규모 해고를 시작했다. 이것은 당국자들에게 걱정을 안기고 이어 중국의 성장을 지연시키기까지 할 '이중고(double whammy, 二重苦)'의 시작이었다. 1994년에서 2003년 사이, 2,500만의 제조업 종사자를 비롯해 5,000만의 SOE 직원이 일자리를 잃었다. 그러나 이를 통해 효율적으로 변신한 중국 경제는 WTO에 가입할 수 있었다.

주룽지(Zhu Rongji) 총리하에서의 고통스런 구조 조정에 대중들은 개혁의 피로감을 심하게 느끼고 있었다. 다음 10년은 이미 얻은 것에 매달려서 시장과 정치 개혁이 중단되었다. 급속한 성장은 계속되었지만 중국은 이전의 고통스런 개혁에서 얻은 달콤한 열매에만 매달렸다. 새로운 도전에 대응하기 위한 지속가능한 새로운 성장 전략을 고안하거나 실행하는 일에서는 베이징의 발 빠른 움직임을 볼 수 없었다. SOE는 자본시장과 은행 대출을 통해서 자본에 쉽게 접근하는 혜택을 계속해서 누렸고 이는 결국 민간 부문의 SME들에 피해로 돌아갔다. 일자리와 성장의 주요 동력인 SME들이 도움을 받지 못한 채 방치되었다.

2008년 또 하나의 장애가 나타났다. 세계 금융위기라는 형태로 말이다. 이 위기에 대한 베이징의 대응은 4조 RMB 규모의 부양책이었다. 처음에는 급락하는 세계 경제를 안정화시키는 역할로 인해 큰 박수를 받았다. 그렇지만 비판론자들은 이 정책이 비효율적인 자원 배분을 늘리고, 자금을 생산성이 낮은 부문과 SOE로 잘못 보내고, 부채의 급속한 증가를 자극하고, 당과 국가 관료의 증가를 낳고, 반개혁주의자들의 이익을 늘리고, 이미 광범위하게 퍼져 있던 부패를 더욱 악화시켰다고 주장한다. 한편, 환경 악화와 경제적 불평등의 문제가 커지고 있었다.

차세대의 '충분히 빠른' 경제 성장 전략으로 무장한 시진핑(Xi Jinping) 행정부는 이러한 문제들과 맞붙기 시작했다. 중국의 성장 잠재력은 세계적인 기준에서 보자면 여전히 높았지만, 그럼에도 불구하고 중국의 성장률은 떨어지기 시작했다. 가장 보수적으로 계산해서 우리는 2015년에서 2020년 사이의 연평균 성장률을 6.5퍼센트로 예측하고 있다. 이것은 위에 언급된 것들을 우선적으로 고려하고 그 외 여러 가지 요소들을 조합해서 나온 결론이다. 거기에는 현재는 그다지 긍정적이지 못한 인구 통계, 경제 자유화에서 쉽게 얻을 수 있는 혜택(몇 가지에 불과하지만), 늘어난 부채(특히 지방 자치제의), 포화된 주택 시장, 경제 성장률의 저하, 심각한 환경 문제 등이 포함된다(마, 매컬리, 램(Lam), 2012). 언급한 대부분이 구조적인 문제임을 고려하면 성장 추세는 둔화될 것으로 예상된다.

수십 년간 이어진 한 자녀 정책으로 인한 노동인구의 감소와 인구의 노령화는 머지않아 노동 비용에 부정적인 영향을 미치고 자본수익률을 낮출 것이다. 세계은행과 국제연합이 예상하는 중국의 부양비율(노동자에 대한 비노동자 비율)은 현재의 35퍼센트에서 2050년에는 65퍼센트로 증가할 것이다(그림 3.1). 값싼 노동력이 풍부하던 시절은 끝났다. 대부분이 은퇴에 적절히 대비할 수 있는 저축을 해놓지 못한 노령 인구가 증

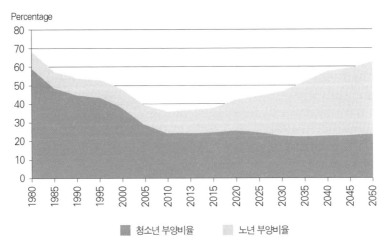

청소년 부양비율 ■ 노년 부양비율

· **주의** │ 청소년(노년) 부양비율은 15~64세의 노동 인구에 비교한 0~14세(65세 이상) 인구로 정의된다.

· **자료 출처** │ CEIC, SAFE(State Administration of Foreign Exchange, 국가외환관리국)

IIIIIIIIIIIIIIIIIIIIIIIIIIIIIIIIIIIIIIIIIIIIIIIIIIIIIIIIIIIIIIIIIIIIIIIIIIIIIIIIIIIIIIIIIIIIIIIIIIIIIIIIIIIIIIIIIIIIIII

IIIII 그림 3-2 **산업 총 산출량(Gross Industry Output, GIO)의 구성과 경상수지 흑자** IIIII

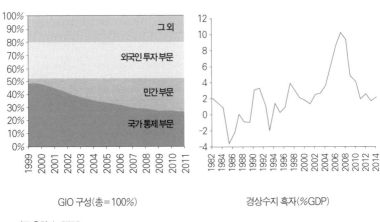

GIO 구성(총=100%) 　　　　　　경상수지 흑자(%GDP)

· **자료 출처** │ CEIC

IIIIIIIIIIIIIIIIIIIIIIIIIIIIIIIIIIIIIIIIIIIIIIIIIIIIIIIIIIIIIIIIIIIIIIIIIIIIIIIIIIIIIIIIIIIIIIIIIIIIIIIIIIIIIIIIIIIIIII

가하면서 사회보장 재원에 대한 부담이 증가할 것이다.

노동력 이동(농장에서 공장으로의, 그리고 SOE에서 SME으로의)으로 인한 효율성 개선효과는 감소했다(그림 3.2). 동시에 WTO 가입에 이은 대규모 구조 조정에서 비롯된 생산성 향상 역시 기득권 세력이 보다 견고하게 자리 잡으면서 점차 감소하고 있다. 이 기득권 세력에는 독점 국가 기업, 중앙정부와 지방정부의 관료, 그리고 군이 포함된다. 시장 개방과 자유화의 진척이 중단되면서 생산성 증가의 속도까지 둔화됐다.

세계 금융위기 이후 지방정부와 기업의 부채 부담이 늘어났다는 사실은 2008년에서 2010년 사이의 성장이 미래의 성장을 담보로 한 것이었다고 해석할 수 있다. 한층 더 확장된 대차대조표는 결국 성장을 늦출 것이다. 설상가상으로 늘어난 부채 부담은 기업의 약한 현금 흐름을 동반한다.

더욱이 주택 시장 호황이 20년간 이어졌다. 중국의 부동산 부문은 이미 정점을 지났고 더 이상은 경제를 이끄는 동인으로서의 역할을 기대하기 어렵다. 시멘트와 철강에서 백색가전과 가구에 이르는 상류 산업과 하류 산업 부문까지 이 분위기를 따라갈 가능성이 있다. 부동산 문제는 주의 깊게 다루지 않으면 은행권에 위협을 가할 수도 있다. 많은 투자 프로젝트의 자금이 부동산을 통해 조달되기 때문이다.

중국의 부채 문제는 심각하다. 스탠더드앤드푸어스(Standard & Poor's)는 최근 중국 성(省)의 약 절반이 정크 본드 범주에 들어갈 것이라고 경고했다. 그림자금융은 혼란을 가중시킬 잠재적 문제이다. 그림자금융은 과하게 통제되고 억눌린 은행권을 피해 엄청난 포지션을 쌓아 왔다. 그림자금융권 대출의 많은 부분은 경제에 좋은 영향을 준다.

하지만 그만큼 많은 부분은 위험하다는 평가를 받는다. 이들 기관은 규제를 거의 받지 않고 투명성도 부족한 경우가 많기 때문이다. 더 난처한 것은 많은 상업은행들이 그림자금융에 자금을 댔고 따라서 잠재적 문제에 노출되어 있다는 점이다(성(Sheng)과 잉(Ng), 2015). SOE들 역시 엄청난 빚을 지고 있다. 전체적으로 SOE는 수입이 자본 비용보다 적은 실정이다(라디(Lardy), 2014). 산업계의 부채 부담은 많은 업계의 심각한 생산 과잉으로 인해 악화되었다.

우리는 모든 유형(가정, 기업, 중앙정부, 지방정부)의 총 부채가 GDP의 250퍼센트에 이를 것으로 추정하고 있다. 다른 추정치들은 230퍼센트에서 282퍼센트 사이에 있다. 가장 보수적인 추정치를 택한다 해도 우려가 제기될 수밖에 없는 상황이다. 걱정스럽게도 부채 수준은 은행이 적절히 관리할 수 있는 것보다 더 빠른 속도로 증가하고 있다. 주식 구매를 위한 주식 담보 대출의 수준도 예사롭지 않다. 이는 주식 거품을 만든다. 이렇게 만들어진 주식 거품이 꺼지는 경우 심각한 피해가 생긴다.

중국의 부채 규모가 인도나 브라질과 같은 다른 주요 신흥 시장의 부채 규모보다 큰 상태이긴 하지만 그 가운데에서도 상황을 낙관하게 만드는 요인들이 있다. 첫째, 국채의 규모가 GDP의 15퍼센트 이하로 중앙정부의 금융 포지션이 유난히 강하다(채권시장에 대해서는 제4장 참조). 둘째, 지금은 성장이 둔화되었다고는 하나 지금의 수준으로도 일부 금융 문제를 충분히 완화시킬 수 있다. 셋째, 국내 저축률이 높기 때문에 채무 상환에 차관이나 인플레이션을 유발하는 대출이 필요치 않다. 넷째, 따라서 중국의 부채는 대부분 자국 통화로 이루어진 반면 다른 신흥

국들은 외화 부채가 많기 때문에 외환 변동성에서 비롯되는 추가적인 위험을 안고 있다.

또한, 중국 경제는 이전보다 더 바람직한 방향으로 움직이고 있다.

비효율적인 투자에 의해 주도되던 경제에서 소비에 대한 의존성이 큰 경제로 이동하고 있는 것이다. 다른 신흥 국가들이 소비 과다에서 투자 증가의 니즈로 이동하는 훨씬 힘든 역전환에 직면하고 있는 것과 대조된다. 더 고무적인 것은 베이징이 현실을 직시하고 문제를 극복하려는 움직임을 보이고 있다는 점이다. 중국 정부는 뿌리 깊은 기득권 세력에 정면으로 맞서는 광범위한 개혁 프로그램을 발표했으며 그러한 문제들을 정면 돌파하기 위해 지도부를 과감하게 개편했다(오버홀트(Overholt), 2014, 2015). 중국의 과도한 부채는 분명히 경제 성장의 속도를 늦출 것이다. 그러나 브라질과 같이 완전히 성장을 멈추게 하거나 금융위기로 이어질 것이라고 생각할 만한 근거는 없다.

IMF는 중국의 성장이 2020년 대략 5.5~6.3퍼센트 정도로 둔화될 것이라고 예상하는 반면 OECD는 2020년 개혁의 성공 여부에 따라 6.8퍼센트에서 7.1퍼센트가 될 것이라는 긍정적인 전망을 내놓고 있다. 세계은행은 2016년에서 2020년 사이 평균 7.0퍼센트의 성장을 예상하고 있다. 이 역시 우리가 보기에는 긍정적인 추정이다. 2015년에서 2020년 사이 6.5퍼센트 성장할 것이라는 우리의 예측조차 낙관일 가능성이 있다. 주식시장 폭락에 대한 정치적 반응이 시장 개혁을 늦출 경우에는 특히 더 그렇다.

개혁 프로그램이 효과적으로 시행된다면 '충분히 빠른' 성장이 계속될 것이라는 데에는 대부분 의견 일치를 보고 있다. 하지만 근래 들어 처음으로 중국의 GDP 팽창 속도가 인도에 뒤처지고 있다. 중국의 부채와 시스템 전환의 문제가 앞으로 수년간 GDP 증가에 부정적인 영향을 미칠 것이다. 그것만 아니라면 경제의 성장세는 국내 안정과 세계 경제에서 중국의 비중 확대를 뒷받침하기에 충분할 것이다.

네 가지 경제적 변화

중국 경제는 여러 문제들에도 불구하고 최근 (i) 느리지만 지속가능한 성장, (ii) 물가 상승률의 안정, (iii) 투자에 집중된 패턴의 탈피, (iv) 경상수지 흑자폭의 감소라는 네 가지 건전한 변화를 겪었다. 이 모두가 국제화된 RMB를 위한 경제적 토대를 강화하는 데 도움이 될 것이다.

첫째, 중국은 2008년까지 30년 동안 매년 평균 10퍼센트의 놀라운 성장을 이룬 덕분에 현재 세계에서 두 번째로 큰 경제국이 되었다. 이후 2009년에서 2014년까지 성장률은 8퍼센트로 둔화되었고 2015년에는 7퍼센트로 떨어질 것이라는 것이 시장의 공통된 의견이다. 그러나 중국의 1인당 소득은 2014년 7,500USD로 미국의 6분의 1에 불과해 앞으로 갈 길이 멀다.

둘째, 중국 경제는 1984년에서 2000년까지의 변동이 크고 높은 인플레이션의 시기를 지나 안정적인 물가의 시기로 전환했다. 보다 강력하고 개선된 통화 정책의 틀과 경제의 지속 성장을 고려할 때 인플레이션은 과거에 비해서나 다른 신흥 시장들에 비해서 비교적 낮게 유지될 것이다.

셋째, GDP에서 소비가 차지하는 비중이 안정적인 수준이고 심지어는 증가하고 있기 때문에 약 30퍼센트에서 시작한 저축률과 투자율 모두가 15년 동안 꾸준히 상승해 지난 2년 동안 약 50퍼센트를 기록하면서 정점을 찍었다(마와 왕(Wang), 2011). 2011년에서 2014년 사이 소비가 GDP 성장에 기여하는 정도가 투자를 추월했다. 우리는 이때를 기점으로 2020년까지 중국이 투자주도형 경제에서 벗어나게 될 것이라고 예상하고 있다. 늘어나고 있는 중산층이 소비자 중심적인 사회의 전조를 보이고 있기 때문이다.

넷째, 경상수지는 1980년대에서 1990년대까지 흑자와 적자를 오가다 2007년 흑자폭이 GDP의 10퍼센트에 이르렀다. 이후 흑자폭이 축소되어 현재는 약 2퍼센트이다. 2005년 이후 거래 상대국 통화 바스켓 대비 RMB의 가치는 50퍼센트 이상 올라갔다(인플레이션 격차 조정 후). 중국 경제는 현재 수출 지향적 성격이 훨씬 약화되었으며, 이로 인해 RMB는 경상수지보다는 자본 흐름의 영향을 더 많이 받게 될 것이다.

이러한 변화들은 지난 10년간 개혁이 지지부진했었고 저성장 시대를 앞두고 있는 상황에서도 미래를 긍정적으로 보게 한다. 중국 경제의 규모를 생각하면 이 네 가지 변화가 RMB 국제화에 큰 영향을 줄 것이 틀림없다. 과잉투자가 끝났다는 것은 새로운 경제 전략으로의 전환이 진행되고 있으며 '충분히 빠른' 성장이 지속되고 있음을 나타낸다. 인플레이션과 경상수지의 성공적인 관리는 안정적인 통화를 뒷받침할 것이다. 이런 긍정적인 상황이 계속 이어진다면 투자자들과 상인들은 상당한 신뢰를 가지고 RMB로 거래와 결제를 할 것이다. 그렇지만 부채 문제와 거기에 얽힌 많은 리스크가 해소되지 않는다면 자본 계정 자유화와 RMB의 완전한 국제화는 지연될 것이다.

중국의 경제 전망은 RMB가 역외에서 사용되는 정도에 영향을 미칠 것이다. 우리는 본질적인 불확실성을 고려해 국제화에 대한 우리의 논의에 대한 배경으로 세 가지 시나리오를 만들었다. 표 3.1은 2015년에서 2020년과 2021에서 2030에 걸친 시나리오를 요약해서 보여주고 있다. 우리의 기준 시나리오는 실질 GDP 증가율이 2015년에서 2020년 사이 연 평균 6.5퍼센트, 2021년에서 2030년 사이 5.0퍼센트일 것으로 예상한다. 명목 GDP 증가율(인플레이션 포함)은 2015년에서 2020년 사이 10퍼센트, 2021년에서 2030년 사이 6.5퍼센트일 것으로 예측된다.

우리는 2020년까지 RMB의 USD 대비 절상폭이 매년 1.5퍼센트이고 이후에는 가치가 유지될 것이라고 본다. 저렴한 노동력으로 인해 중국이 가졌던 우위는 사라졌고 증가 일로였던 경상수지 흑자의 시대도 끝났다. 해외로 유출되는 투자는 국내로 유입되는 외국인 투자와 대략 균형을 이루어야 한다. 자본 계정의 개방에 의한 민간 자본 순유출은 엄청난 규모의 공적 준비금을 줄임으로써 일부 상쇄시킬 가능성이 있다(홀리(Hooley), 2013; 마와 매컬리, 2014).

기본 시나리오는 가까운 과거보다 훨씬 낮은 성장을 예상하고 있다. 중국이 SOE와 지방정부가 안고 있는 많은 부채를 축소하고 부동산 거품을 관리해야 하기 때문이다. 이를 위해서는 정부가 일부 영역의 시장 부채는 축소하고 다른 영역의 부채는 자극하면서 균형을 찾아야 한다. 중국은 이전까지 균형을 잘 관리해왔으나 지금은 균형이 보다 미묘하고 중요성은 더 커졌다. 중국은 일부 부문이 가진 엄청난 생산 과잉의 문제를 해소해야 한다. 심각한 환경 문제도 해결해야 한다. 수출, 투자, SOE, 낮은 수준의 제조업을 기반으로 하는 성장으로부터 소비, 국내

||||||||||||||||||||||| 표 3-1 **GDP 증가 시나리오(2015~2020과 2021~2030)** |||||||||||||||||||||||

시나리오(확률)	실질 GDP (CAGR, %)		명목 GDP (CAGR, %)	
	2015~2020	2021~2030	2015~2020	2021~2030
고성장(10%)	7.5	6.0	11.0	8.0
기본 시나리오(60%)	6.5	5.0	10.0	6.5
저성장(30%)	5.0	3.5	7.5	5.0

·**자료 출처** | FGI 분석

수요, SME, 고부가가치 제조업과 서비스업에 보다 많이 의존하는 성장으로의 복잡한 전환을 잘 처리해야만 한다. 이러한 문제에도 불구하고 우리의 기본 시나리오는 합당한 개혁 속도, 능란한 거시 경제 관리, 안정적인 국내 정치, 안정적인 물가, 융통성 있는 외부 환경을 예상한다.

하나같이 너무나 힘든 조건이다. 이 모든 조건이 충족되지 않는다면 저성장이라는 결과가 따라올 것이다. 예를 들어, 공산당 관료들이 SOE나 지방정부 관리들과 결탁해서 개혁을 지연시킬 수도 있다. 경제에서 공평한 경쟁의 장을 만들고 자금을 보다 작은 규모의 좀 더 혁신적인 기업으로 돌리려는 노력은 우리가 기대하는 것보다 천천히 효력을 나타낼지도 모른다.

중동 위기가 원유 가격의 급등을 불러올 수도 있고, 유럽의 위기가 수출 수요를 감소시킬 수도 있다. 마찬가지로 대형 은행의 불량 채권이 우리가 생각한 것보다 더 심각한 것으로 밝혀질 수도 있고, 주택 거품이 우리가 추정하는 것보다 더 심각한 것으로 판명될 수 있다. 주식시장 붕괴는 급속한 개혁에 반대하는 사람들의 주장에 힘을 실어줄 수 있다. 정부가 부채 축소와 격려 사이의 미묘한 균형을 처리하는 과정에서 리스크를 잘못 판단할 수도 있다. 독점 금지와 사이버 보안 캠페인은 해외 투자의 심각한 감소로 이어질 수 있고 시장 개방과 결합된 반부패 캠페인은 자본 도피의 가속을 촉발할 수 있다.

이런 상황이 전부는 아닐지라도 몇 가지라도 발생하면 실질 GDP 평균 성장률이 2015년에서 2020년까지 5.0퍼센트, 2021년에서 2030년까지 3.5퍼센트로 떨어져 경제가 크게 둔화될 것으로 보인다. 그러한 저성장 시나리오의 발생 가능성은 기본 시나리오보다 낮지만 고성장 시나리오보다는 높다. 중국의 리스크는 현재 낙관할 수 없는 상황이다.

금융 자유화가 비교적 순조롭게 진행된다면 개혁의 첫 30년보다는 낮겠지만 비교적 높은 수준의 고성장 시나리오가 가능하다. 시장 중심적인 경제는 생산 과잉 상태에 있거나 레버지리가 과도한 부문으로부터 노동과 자본을 빠르게 빼낼 것이다. (그러한 빠른 전환은 미국 경제가 비교적 빠르게 회복된 반면 유럽의 회복은 훨씬 더 느렸던 이유이다.) 이것은 자금을 비교적 빠르게 SME와 민간 기업으로 이동시키고 비대한 SOE에 자금이 과다 분배되는 것을 줄일 것이다. 민첩한 거시경제 정책이 공급 부문의 구조 조정을 보완한다(마, 2015). 반부패 캠페인은 거래 비용을 전반적으로 낮출 수 있다. 미국과 유럽의 수출 고객은 점진적으로, 하지만 꾸준히 회복될 것이다. 그러나 물가, 특히 에너지

가격은 이전의 전성기 수준으로 반등하지 않을 것이다. 반독점 캠페인은 중국 기업과 외국 기업의 약탈적 행동을 감소시켜 기업에 대한 투자를 자유화하고 소비자 재량 지출을 늘릴 것이다. 그러한 긍정적 시나리오하에서는 실질 GDP 성장률이 2015년에서 2020년까지는 7.5퍼센트로 2014년의 수준을 유지하고, 2021년에서 2030년까지는 6.0퍼센트가 될 것이다.

높은 잠재 성장력은 끈기 있는 개혁과 구조 조정에 힘을 실어주어 금융 자유화를 용이하게 한다. 명목 소득의 적절한 증가는 부채 축소라는 까다롭지만 꼭 필요한 과제를 해결하는 데 도움을 준다. 강력하고 지속 가능한 경제 팽창은 자연히 중국 경제의 세계적 위상을 높여 RMB가 국제통화로 자리 잡는 데 의지할 수 있는 힘이 된다.

장기적으로는 경제적 영향력과 무역 비중이 중요하다. 세계은행은 중국의 PPP 기준 GDP가 2014년 이미 USA의 GDP와 호각세를 이룬 것으로 추정하고 있다. 많은 사람들이 중국의 경제가 2025년쯤 미국 경제(2014년 시장 환율)를 앞지를 것이라고 내다보고 있다. 기준 시나리오로 보자면, 세계 GDP에서 중국의 비중은 2014년 13퍼센트, 2020년에는 18퍼센트를 넘어 설 것이다. 간단히 말해, 중국은 최대 무역국, 세계 2위 경제 대국, 세계 3위의 순채권국으로서 RMB 국제화에 필요한 세계적 영향력을 얻었다.

: 뜻밖의 일 :

대안 시나리오들을 살펴보면 가능성은 적지만 가능한 진행 방향에는 어떤 것이 있는지 파악할 수 있다. 불확실한 사항을 광범위하게 고려할 수도 있고 정치 경제에 대해 보다 정확한, 혹은 최소한 숙고를 거친 예측을 내놓는 일도 가능하다. 우리는 위의 세 개 시나리오와 그에 따른 RMB 관련 성과가 개연성 있는 대부분의 방향들을 포괄하고 있다고 생각한다. 하지만 역사는 언제나 예기치 못했던 사건이 발생하며 그것이 중대한 의미를 가질 수 있다는 점을 명확하게 보여준다. 전통 문학에서는 이러한 이상치(異常値), 즉 발생 가능성은 낮지만 충격이 큰 사건을 '뜻밖의 일(surprise)'이라고 한다. 근래에는 바람직하지 않은 뜻밖의 일을 칭할 때 '블랙 스완'이라는 용어를 많이 사용한다. 세계 금융위기는 거대한 블랙 스완이라 할 수 있을 것이다. 이 장을 쓰고 있는 현재 나타나고 있는 오일 가격의 급락 현상도 뜻밖의 사건이다. 주식시장 붕괴 역시 블랙 스완이다. 우리의 시나리오도 분명 그러한 블랙 스완들과 만날 수 있다.

뜻밖의 일은 긍정적인 면에서도, 부정적인 면에서도 발생할 수 있다. 뜻밖의 긍정적인 사건은 고성장 시나리오의 예상보다 빨리 개혁이 자리 잡거나 질서 있게 부채 축소가 진행되는 등의 일이 될 것이다. 다음의 상황은 현재의 상태로는 가능성이 매우 낮지만 어쨌든 가능한 영역에 포함된다. (ⅰ) 개혁을 원하는 지도부가 이익 집단과 관료 사회의 저항에 맞서 빠르게 힘을 통합하는 일, (ⅱ) 반부패 캠페인이 빠르게 마무리되는 일, (ⅲ) 분열된 채권시장이 빠르게 통합되는 일, (ⅳ) 대부분의 지방정부가 과도한 부채를 청산하는 빠른 재정 개혁, (ⅴ) 그림자금융에 대한 빈틈없고 명확한 규제, (ⅵ) 부동산 시장의 빠른 안정. 역으로 해석하면, 고성장 시나리오의 가속 버전을 보게 될 가능성은 매우 낮다(엄청난 행운을 요한다). 그런 일이 일어날 경우, RMB는 고정환율제에서 벗어나고 자본 계정의 대부분이 대단히 빠르게 개방될 수 있을 것이다. RMB의 세계적 사용이 크게 늘어나고 준비금으로 사용되는 RMB가 우리의 예상보다 훨씬 많이 늘어날 것이다. 그러한 '초고속' 성과 역시 뜻밖의 일이다. 이는 정치권과 관료사회의 충돌을 유예시켜 둔 것과 같기 때문이다. 그러나 이러한 개혁을 빨리 수행하겠다는 새로운 중국 행정부의 투지를 보면 이러한 가능성을 최소한 고려는 해보는 것이 옳은 일이다.

마찬가지로, 뜻밖의 부정적인 일도 있을 수 있다. 여기에는 금융의 자유화와 SOE 개혁, 재정 개혁에 반대하는 이익 단체들이 승리를 거두는 일이 포함된다. 베이징은 자신의 어젠다, 특히 반부패 캠페인을 밀고나가겠다는 의지를 보여주었다. 그렇지만 개혁은 SOE, 대형 은행, 중앙관료, 지방정부와 군 등 영향력이 큰 집단들에게 피해를 주기 때문에 이들 세력이 맹렬하게 저항할 가능성이 있다. 이러한 기득권 세력들은 주식시장 붕괴를 기회로 삼아 정부가 시장에 대한 통제를 계속해야 한다고 주장할 것이다(그리고 순진한 시장 참가자들에게 상궤를 벗어난 미수 거래를 부추겨 거품을 유발시킨 것이 정부 기관이라는 점을 무시할 것이다).

그들이 개혁을 중단시킬 수 있다면 성장은 1~2년간 높게 유지되겠지만 이후에는 침체될 것이다. 결과적으로, 중국의 국제적 위상은 떨어질 것이고 중국의 통화는 매력을 잃을 것이다. 일본은 이미 그러한 운명을 경험했다. 더욱이 소득 침체는 정치적 불안을 조장해서 경제로 불안이 확대되고 RMB의 국제화를 무산시키는 악순환을 유발할 것이다.

심각한 금융위기는 직접적인 영향력을 가진 뜻밖의 부정적 사건이 될 것이다. 심각한 금융위기는 다음의 요인들이 조합되어 나타난다. (ⅰ) 규제를 받지 않는 그림자금융시장의 디폴트, (ⅱ) 심각한 생산 과잉 업계의 예상보다 급속한 붕괴, (ⅲ) 지방정부의 부채 위기(쉥과 잉, 2015). 이들은 서로 밀접한 연관이 있기 때문에 결합되었을 때 갑작스런 붕괴로 연결될 수 있다. 예를 들어 그림자금융은 부동산 담보에 의존하고 있고, 지방정부에 많은 대출을 하며, 지방정부 역시 부동산 자산을 통한 소득에 의존하고 있다. 동시에 대형 은행의 자산도 이 세 가지에 매여 있다. 그러한 위기가 발생하면 중국은 최소한 몇 년 동안 경제 성장을 기대하기 어려울 것이고 RMB의 국제화는 지연될 것이다.

마찬가지로, 대규모 지정학적 충돌 역시 중국의 금융 문제를 심각하게 악화시킬 수 있다. 다음과 같은 사건 중 어떤 것이라도 발생한다면, 특히 그런 사건이 몇 년 안에 일어난다면, 금융이 취약한 시점에 중국의 발목을 잡을 수 있다. (ⅰ) 일본이나 동남아시아 국가들과 동중국해나 남중국해 열도의 영유권을 두고 벌이는 심각한 무력 충돌, (ⅱ) 심각한 장기적 사이버 전쟁, (ⅲ) 미국이나 유럽 시장에 대한 접근 기회의 상당한 상실.

마지막 예로 들 뜻밖의 사건은 광범위한 경제 문제가 아니고 RMB와 관련된 일이다. 이것은 긍정적인 면이나 부정적인 면을 떠나서 USD가 수십 년 동안 선도적인 국제통화의 자리를 지킬 것이라는 우리의 예측을 뒤엎을 것이다. 중국이 계속 시장을 개방해 나간다면 RMB는 2025

년 이후에는 대단히 중요한 통화가 될 것이다. 미국이 제재를 지나치게 사용할 경우 많은 은행들이 USD 기반 거래를 피하는 상황이 빚어질 수 있다. 이후 미국 기반의 또 다른 세계 금융위기가 발생한다면 RMB가 지배적인 국제통화의 자리를 두고 USD에 도전하는 시기는 빨라질 것이다.

제시한 뜻밖의 사건들은 모두가 발생할 가능성이 있다. 지금 판단하기에는 가능성이 높은 일이 없지만 말이다. 하지만 세계 금융위기가 발생할 가능성이 높은 일이라고 생각한 사람도 없었다.

: 새로운 성장 엔진 :

중국의 경제 전망과 RMB 국제화에 대한 우리의 예상은 새로운 성장 엔진으로 전환할 수 있는 중국의 능력에 달려 있다. 경제는 만만치 않은 변화를 필요로 한다. 중국이 지난 30년 동안 일구어온 성장은 주로 값싼 노동력으로 생산한 수출품에서 나온 것이다. 그렇지만 중국은 현재 노동력 과잉에서 노동력 부족 상태로 돌아섰고 중국의 노동력은 더 이상 싸지 않다. 인프라 투자를 기반으로 한 성장을 대단히 생산적이었다고 평가할 수 있었던 것은 인프라 투자가 베이징에서 상하이에 이르는 고속철 건설을 의미한다는 전제에서였다. 하지만 현재는 인프라 투자가 작은 도시에 초대형 정부-행정 센터를 건설하는 것을 의미하는 때가 많다. 그러한 인프라 건설은 SOE에 큰 이익이 되는 경우가 많다. 그렇지만 현재 이 대규모 SOE들의 소득은 자본 비용보다 낮다.

성장의 새로운 시대는 기술 향상, 생산성 높은 고숙련 활동의 증가, 고숙련 노동인구의 증가, 공급 측면에서는 보다 강력한 서비스 부문과 보다 큰 혁신, 수요 측면에서는 소비의 확대에서 비롯되어야 한다. 즉, 고속도로나 공항과 같은 대규모 건설 프로젝트에 대한 의존도가 낮아져야 한다. 중국의 수출품은 가치사슬에서 더 높은 쪽으로 이동해야 한다. 이를 위해서는 한시 바삐 성장 모델을 포괄적으로 점검해야 한다.

장래의 성장 엔진으로 가능성을 가진 것들 중에서 우리는 두 가지 주요 범주에 주목하고 있다. 이 두 범주는 RMB 국제화를 뒷받침하는 데 필요한 시장 지향적인 개혁과 관련이 있다. 첫 번째는 교육, 연구, 개발, 기술에 대한 투자의 증가이다. 이것은 경쟁력 감소, 노동 인구 증가 속도의 둔화, 인구 노령화의 영향에 맞서기 위해 필요하다. 과학 분야의 세계적 협력 증가, 재산권 제도의 개선, 세계 경제에 대한 개방의 확대 역시 이 문제에 많은 영향을 미친다. RMB 국제화를 위해서는 이 모든 것이 중요하다. 이러한 투자가 가능하려면 1인당 소득이 높아야 한다.

RMB의 국제화는 두 번째 성장 지향 개혁을 통해, 즉 규제와 구조적 장애를 줄여 SOE의 비효율과 독점력을 감소시킴으로써 보다 쉽게 이루어질 수 있다. 특히 시장과 금융의 자유화는 자원의 효율적인 사용에 꼭 필요하다. 이러한 목표를 위해서 중국의 최신 5개년 계획(Five-Year Plan, 2016~2020)은 다음 세 가지 영역에 역점을 두고 있다.

- 투자 효율을 개선시킴으로써 경제 발전의 방향을 투자에서 소비와 서비스로 전환하는 데 박차를 가한다.

- 가난한 사람들의 생활수준을 높이고, 환경을 보호하며, 혁신에 힘을 쏟고, 정보기술을 업그레이드한다.
- 광범위한 요소와 제품(특히 금융 자유화의 측면에서)의 깊이 있는 시장화를 꾀한다.

중국 경제가 가진 문제의 핵심은 자본의 부적절한 분배에 있다. 따라서 이 분야의 효율 증대야말로 성공적인 변혁의 열쇠다. 수십 년 동안, 자본의 분배는 국영 은행을 통해 정치적으로 SOE에 유리하게 진행되어왔다. 경제의 니즈가 단순할 때, 즉 길과 항만, 전기 통신, 기초 중공업 기반을 구축하고 수출을 장려하는 정책을 채택해서 성장을 달성해야 할 때는 당의 결정이 도움이 되었다. 하지만 지금의 경제는 이전보다 훨씬 더 복잡하다. 거대한 관료 사회와 몸집이 커진 산업계는 자본을 경제가 가장 필요로 하는 곳에 분배하기보다는 자신과 서로의 이익만을 추구하는 이익 집단으로 진화했다. 2013년 중국공산당 3중전회가 역사상 가장 포괄적이고 급진적인 정책 변화를 발표한 이유도 여기에 있다. 이후로 자원을 배분하는 일은 시장이 주도하게 된 것이다.

시장에게 책임을 맡기게 되면 은행권과 산업 부문의 전면적이고 포괄적인 개혁이 뒤따른다. 이로써 13번째 5개년 계획이 금융 자유화에 초점을 맞춘 이유도 설명된다. 금융 개혁 프로그램은 (ⅰ) 금리 규제의 완화, (ⅱ) 변동 환율, (ⅲ) 시장 진입에 대한 장벽 완화, (ⅳ) 규제 체계와 인프라의 강화, (ⅴ) 자본 계정 자유화의 다섯 가지 핵심 요소를 특징으로 한다. RMB 국제화는 이 까다로운 과정에 없어서는 안 될 부분이다.

SOE의 변화, 경쟁 정책, 재정 관리는 금융시장 개혁의 필수적 부분이다. 엄청난 부채를 안고 있는데다 자본 조달 비용보다 수익이 낮은 SOE를 생각하면, 이들 SOE에 자금을 대주는 실질 경제와 은행권의 건전성은 개혁에 의해 좌우된다 할 것이다. 경제 효율을 높이기 위해서 정부는 새로운 부문들을 경쟁에 개방시킴으로써 경쟁을 촉진하고 있다. 또한 정부는 금지 목록에 있지 않은 모든 부문의 투자를 허용하는 '네거티브 리스트 시스템(negative list system)'을 도입하고, 독점을 일부 철폐하고, 여러 가지 반경쟁적 행위를 엄중 단속하고 있다.

개혁은 중국의 새로운 성장 엔진을 자극하기 위해서도 필요하지만 RMB 국제화의 성공 가능성을 높이는 역할도 할 것이다. 중국의 지도부는 성장 지향 개혁에 대한 의지가 굳기 때문에 개혁에 유리한 여건이 조성될 것으로 예상된다.

⋮ 자본 계정 자유화 ⋮

지속적인 경제 성장만으로는 세계적으로 RMB의 사용 조건이 충족되지 않는다. 중국의 경제가 세계적으로 완전한 통합을 이루어야 한다. 무역 통합에는 이미 상당한 성과가 있었다. 여기에 자본 계정 개방이 가세해서 RMB가 전 세계 금융과 무역에서 더욱 활발히 사용되는 것이 이 측면에서의 핵심적인 경제 개혁이다.

중국의 자본 계정은 강력한 통제의 대상이었으나 점차 개방되기 시작했다. 국가 간 쌍방 자본 흐름은 외환 통제, 중국 거주자의 해외 차입과 해외 투자, 비거주자의 국내 금융시장 접근의 측면에서 광범위한 규제를 받았다. 자본 통제는 아시아 금융위기 동안 대단히 엄격하게 이루어졌다. 이는 베이징이 많은 아시아 근린국의 경쟁적 평가 절하의 와중에서 달러 고정환율제를 사수했기 때문이다. RMB의 역외 사용은 내내 금지되었다가 2004년에야 중화인민공화국(People's Republic of China, PRC) 역사상 최초로 홍콩에서의 RMB 예금이 허용되었다.

자본 계정에 대한 엄격한 규제는 RMB의 해외 사용을 촉진하는 초기 접근법에 큰 영향을 미쳤다. 결국 자본 계정이 개방되지 않은 상황 아래 역외 시장에서 통화를 거래하게 된 것이다(제7장 참조).

주요 국제통화란 통화 발행국 국민이 아닌 사람들이 국제 무역과 금융 거래에 자유롭게 사용하는 통화를 말한다. 국제통화는 국내·외에 유동성을 제공해서 통화 시장에서 광범위하게 거래되고 자국 금융시장을 자유롭게 드나들 수 있어야 한다. 이런 이유로 RMB 유동성을 위해서는 깊은 국내 자본시장, 역외 시장의 확장, 국내외 시장을 연결하는 개방된 자본 계정이 꼭 필요하다.

최근 들어, 중국의 자본 계정은 침투할 여지가 많아졌지만 인도에 비교하면 경제의 개방성은 낮은 수준이다(마와 매컬리, 2013, 2014). 2009년부터 증가한 RMB의 국가 간 흐름 증가 역시 자본 계정 개방에 효과적이었다.

그러나 지나치게 빠른 개방은 위험할 수 있다. 1997년에서 1998년의 아시아 금융위기가 발생한 데에는 그 지역의 일부 국가들이 해외 펀드의 흐름에 자본 계정을 너무 조급하게 개방한 탓도 있었다(BIS, 2003). 빌려온 해외 자금으로 지방 부채, 주식, 채권, 부동산 시장에 거품이 생겼다. 이후 상황이 변하고 펀드가 빠져나가자 시장은 붕괴했다. 오스트레일리아 역시 1980년대 말(해외 자본에 접근할 수 있고 신용에 대한 제한이 없던 때) 부적절한 규제와 은행 간의 지나친 경쟁으로 은행들의 리스크 관리는 형편없이 악화되었다. 그 결과 부동산 가격이 급등했다가 거품이 꺼지는 사태가 발생했다(로(Lowe), 2014).

특히 일본의 경험은 중국의 현재 상황과 관련이 깊다. 1983년, 도쿄는 역외 유로엔 시장(offshore euroyen market, 현재의 역외 RMB, 즉 CHN 시장과 유사하다)의 개발을 장려했고 이에 따라 역외 유로엔 시장의 규모는 대단히 커졌다. 1986년, 역외 자본시장도 만들어졌다. 이것이 일본 통화(JPY) 국제화의 1회전이었다. 역외 시장과 국내 금리의 자유화는 지체되는 상황이 결합되자 대재앙이라는 결과가 드러났다. 금리가 엄격한 규제를 받는 상황이었기 때문에 신용 상승과 인플레이션을 통제하기 위해서 당국이 주로 의지한 수단은 은행 여신의 '창구 규제(window guidance)'였다. (중국도 비슷한 기법을 사용했다. 규제기관이 지급준비율을 높이 책정해 여신의 총량을 규제하면서 특정 부문으로 여신을 유도한 것이다.) 그렇지만 은행이 역외 시장에서 유로엔 자금을 모아 홍콩 지점으로 보낸 뒤 엄청난 양의 자금을 국내로 들여오면 얼마든지 물가 상승을 부추기고 거품을 부풀릴 수 있었다. 금리가 완전히 자유화되어 있었다면 BoJ(Bank of Japan, 일본은행)는 공개 시장 조작을 통해서 통화량을 조절할 수 있었을 것이다. 하지만 금리 자유화는 너무나 느렸고, 그 결과 인플레이션과 거품은 통제 범위를 벗어났다. 결국 거품 경제는 무너졌다.

지금의 경제 정책에 대한 글이라면 어디에서나 쉽게 찾아볼 수 있는 교훈이 있다. 이 교훈을 가장 강력한 형태로 이야기하자면 자본 개정을

表 3-2 **자본시장 개방**

연도	
1994	국내 유입 FDI(Foreign Direct Investment, 외국인 직접 투자)에 대한 대부분의 제한 철폐
2003	QFII – 적격 외국 기관이 중국 증권을 매수할 수 있는 할당량을 얻음
2004	홍콩의 개인이 RMB 계정을 가질 수 있고, 일일 2만 RMB를 환전할 수 있음
2006	QDII – 국내 기관투자가들이 해외 증권을 구매할 수 있음
2007	첫 '딤섬' 채권
2008	첫 통화 스와프
2009	RMB를 통한 거래 결제
2012	RQFII – 적격 외국 기관이 역외 RMB를 사용하여 중국 증권을 매수할 수 있음
2013	첸하이 주식 거래 센터(Qianhai Equity Trading Center)가 첸하이 기업들을 위해 홍콩에서 RMB 자금을 조성함.
2014	후강퉁–상하이-홍콩 교차 매매 협정 RQDII – 국내 투자자가 역외 RMB 상품을 구매할 수 있음
2015	중국-홍콩 간 상호 펀드 인정 QDII2 – 고액 순자산을 보유한 중국인이 해외에 투자할 수 있음 선전-홍콩 협정(예상)

개방하기 전에 국내 금리를 반드시 자유화해야 한다는 것이 될 것이다. 보다 포괄적으로 이야기하자면, 금융 개혁에는 순서가 중요하다. 자본 계정 개방은 국내 금리 자유화보다 지나치게 앞서면 안 된다.

중국은 교훈의 좀 더 약한 형태를 선택하고 있다. 중국은 자본 통제와 금리 통제의 자유화를 RMB에 대한 관리·감독의 완화와 함께 점진적으로 병행해나간다는 전략을 가지고 있다. 자본 통제에 몇 개의 숨구멍을 만들고(표 3.2), 결과를 모니터한 후 계획을 진전시켜나가는 전략을 사용하는 것이다. 시도와 관찰을 통해 점진적인 개혁을 달성해나가는 중국의 역량에 따라서 결과는 달라진다. 체계적이고, 질서 있고, 시기적절한 상호적 방법은 유동적인 시장을 만들 수 있다. 일례로, 1980년대의 거품이 꺼진 후 오스트레일리아는 우선 헤징 시장을 개발함으로써 통화 신축성과 시장 안정성을 동시에 높이는 점진적인 자율화를 진행했다. 오스트레일리아는 이후 단계적인 자본 개방을 계속 진행했다(로, 2014).

중국 당국은 지금까지 많은 분야에서 동시에 반보씩 금융 자유화를 추진하는 접근법을 채택해왔다. 대부분의 지역 금리는 자유화되었고 은행예금 금리에 대한 규제도 상당히 완화되었다. 외환시장에 대한 개입도 크게 줄어 RMB의 일간 거래 제한폭이 확대되었다. 또한 많은 민간 은행이 허가를 받았다. 예금 보험 제도도 시행될 예정이다. 이 제도는 소액 예금자를 보호할 뿐 아니라 예금자들에게 무제한의 긴급 구제를 기대할 수 없다는 것을 명확하게 알린다. 이로써 투자자들은 자금을 투자할 때 높은 금리만 찾는 것이 아니라 자금을 투자하는 곳에 주의를 기울이게 될 것으로 보인다. 동시에 중국 정부는 SOE를 비롯한 일부 채권의 디폴트를 허용해 채권과 그림자금융이 이전과 달리 시장 환경에 기반을 두도록 만들려 하고 있다.

이렇게 상당한 진전이 있기는 했지만 금융 자유화라는 과제의 복잡성을 생각하면 자본 개방의 속도에는 주의 깊은 관리가 필요하다. 특히, 자본 계정 개방이 금리 규제 완화보다 지나치게 앞서가서는 안 된다는 교훈을 잊지 말아야 한다.

국내 금리는 대부분 자율화되었지만 대다수 지방정부와 SOE가 시장 금리에 적절하게 대응하지 못한다면 금리 자유화의 효과를 감소시킬 수 있다. 오히려 그런 환경에서 새로운 왜곡과 리스크가 나타나기도 한다. 예를 들어, 자유화가 금리의 인상으로 이어질 경우(초기에는 금리 인상이 나타날 것이 거의 확실하다), 기업과 지방정부는 기한이 도래한 부채의 상환은 연장해야 하지만 높은 금리는 감당할 수 없는 상황에 부딪힐 것이다. 이 문제는 1980년대 초반 미국에 심각한 위기를 초래했다. 금리가 자율화되자 많은 주택 소유자들이 이자를 지불할 수 없게 되었고 그 결과, 여러 대형 은행이 무너졌다. 베이징은 SOE와 지방정부의 재정 운영 책임을 강화하는 재정 개혁을 계획하고 있지만 상당한 시간이 필요할 것이다.

통화 신축성이 커지고 헤징 시장이 깊어질 때도 비슷한 문제가 발생한다. 환율 신축성이 충분히 높지 않고 외환 파생상품 시장이 활발하게 돌아가지 않는 상황에서 변동성이 큰 국가 간 자금 흐름이 늘어나면 과도한 정부 개입이나 통화 변동성 심화라는 결과로 이어질 수 있다(로, 2014). 자본 계정이 지나치게 빨리 개방되어서 나타나는 결과는 어떤 것이든 중국의 금융 시스템에 심각한 피해를 줄 것이다.

국경 간 자본 흐름의 변동성이 지나치게 심해지는 것을 피하기 위해서 자본 계정 자유화 이전에 혹은 그 과정에서 반드시 해소되어야만 하는 문제가 또 있다. 예를 들어, 재산권 체계가 완벽하지 못한 경우, 특히 부적절하게 취득한 자산을 쉽게 해외로 빼돌릴 수 있는 경우에는 자본 계정 자유화가 관리들과 기업 경영자들의 재산 도피를 자극하는 셈이 된다.

자본 계정이 개방된 상태에서 지속적으로 반부패 캠페인을 벌인다면 재산 도피가 줄을 이을 것이다. 돈이 많은 관리와 기업 경영자들이 자산을 재빨리 해외로 이동시킬 테니 말이다. 이런 일이 실제 일어나고 있다. 이런 경우 RMB 가치의 급격한 저하로 중국 기업 부문과 금융 시스템이 부담을 안게 된다.

정반대로, 순자본 유입의 급증은 RMB의 뚜렷한 가치 상승을 불러와 국내 자산 거품을 부채질하고 제조 부문에 타격을 입힌다. 어느 쪽이든 자본 계정의 완전 개방을 서두르는 것은 위험하다.

자본 계정 자유화를 추진하는 과정에서 반드시 해결되어야 하는 이 문제들은 하나같이 어렵고 시간도 많이 걸린다. 해법을 찾는 데만도 수년이 걸릴 것이다. 가장 낙관적 입장을 취해도, 앞으로 10년 안에 문제들이 완전히 해결되기를 기대하는 것은 무리이다. RMB 국제화의 요소들과 같은 자본 개방의 일부 측면은 빠르게 진척될 수 있지만 장래를 예측할 때는 정책 결정권자들이 마주하게 될 장애들을 모두 고려해야 한다. 우리의 기본 시나리오대로라면 2020년은 되어야 중국 당국이 주요 OECD 국가에 비견되는 높은 수준의 자유화를 실현할 수 있을 것이다.

지난 몇 년 동안 중국의 자본 개방은 꾸준하지만 조심스럽고, 점진적이지만 그 속도가 빨라지고 있었다. 이를 주도한 것은 포트폴리오 투자에 대한 다양한 관리 확장 정책과[1] 상하이, 광둥, 톈진, 푸젠의 네 개 자유무역지대, 그리고 상하이-홍콩 교차 매매 협정과 지금 이 장을 쓰고 있는 시점에 출범을 앞두고 있는 선강퉁(深港通, 선전-홍콩 교차 매매 협정)이었다. 더욱이 중국 국민들은 현재 아무런 조건 없이 연간 1인당 5만 USD를 해외로 송금할 수 있으며 곧 마련될 적격 국내 기관투자가

2(Qualified Domestic Institutional Investor, QDII2) 제도하에서는 순자산이 100만 RMB(16만 USD)가 넘는 경우 순자산의 절반을 역외 채권, 주식, 부동산, 그림에 자유롭게 투자할 수 있다.

RMB의 국제화를 위한 많은 방법들이 중국 자본 계정의 벽에 틈을 만들고 있다. 특히 중요한 것은 국가 간 RMB 무역 결제, 국가 간 RMB 캐시풀링, 역내 은행 간 채권시장에 대한 해외 투자자의 접근권 확대이다. 여러 방면에서 이루어지고 있는 수많은 자유화 조치들은 점진적이지만 의미 있는 자본 개방으로의 전환이라는 큰 그림의 조각이다.

우리는 점진적인 자본 계정 개방의 강력한 추진력이 다음 몇 년간 계속 이어지고 강화될 것이라고 본다. 2015년 주식시장 붕괴가 자유화를 반대하는 사람들에게 힘을 실어준다면 앞서의 시나리오는 지나친 낙관에 그칠 것이다. 우리는 중국의 자본 계정이 2020년까지 '기본적으로 태환성이 있는' 상태가 되고 2015년에서 2020년 사이 금융 개방에서 변화 가능성을 반영하는 요약적 지표를 제시할 것이라고 생각한다. 예를 들어 중국의 자본 계정 태환성이 홍콩(우리가 '완벽한' 자본 이동성의 현실적 표본으로 삼는)의 절반에 불과하다면 우리의 기본 시나리오는 2020년까지 중국의 금융 개방이 홍콩의 80퍼센트에 이를 것이라고 예상한다. 이것은 저우샤오촨(Zhou Xiaochaun, 周小川)이 만들어낸 '관리형 자본 계정 태환성(managed Capital Account convertibility)'이라는 개념과도 일치한다. 인도를 기준으로 이용해 중국의 금융 개방을 비교 분석한 자료를 기반으로 하는 이러한 예상은 2015년에서 2020년 사이 자본 개방이 상당히 공격적이지만 합리적인 속도로 이루어질 것이라고 추정한다(마와 매컬리, 2013, 2014).

RMB 국제화, 국내 금융 자유화, 자본 계정 개방은 2인3각 경주를 하는 사람들처럼 점진적으로 진전되고 있다. (2인3각 경주에서는 두 명으로 이루어진 한 팀이 서로 한 발을 묶고 달린다.) RMB 국제화는 결국 국내 금융시장에 대한 외국인의 접근(즉, 자본 계정 개방)을 필요로 하며 이는 보다 개방적인 국내 금융시장 없이는 위험하다. 또 다른 문제는 정책 목표에서 소위 '불가능한 삼위일체(Impossible Trinity)[2]로 불리는 세 가지, 즉 자본 계정 개방, 고정환율, 독립적인 국가 통화 정책을 동시에 달성할 수 없다는 점이다. 때문에 자본 계정 개방 이전에 통화의 신축성이 보장되어야 하는 것이다. 중국과 같이 규모가 큰 경제의 경우는 특히 더 그렇다(제6장 참조).

요컨대 국가가 이렇게 서로 연결된 세 가지 문제를 관리하는 방법은 세 가지가 있다. 하나는 모두를 동시에 자유화하는 것이다. 그러한 접근법은 동유럽에서 '충격 요법(shock therapy)'이 유발한 것과 같은 경제적 재앙을 각오해야 한다. 두 번째는 전제 조건의 측면에서 생각하는 것이다. 예를 들어, 통화는 국내 금융 부문의 대부분이 자유화되고 환율이 변동하는 개방적 자본 계정하에서만 태환성을 가질 수 있다. 하지만 순서에 따라 하나의 과정을 완성하고 다음 과정에 착수할 경우 긴 시간이 필요한데다 여러 가지 장애와 부딪힐 수 있다. 중국은 세 번째 방법을 선택했다. 개혁의 전반적 과정과 일치하는 방법을 택한 것이다. 중국은 이 세 영역에서 동시에 일련의 점진적이고, 연쇄적이며, 신중한 시험을 거친 조치를 취하고 있다.

중국의 점진주의는 현장 실험을 거쳐 단계적으로 과정을 밟는다는 것을 의미할 뿐 느리다는 뜻은 아니다. 실제로 다방면에서 동시에 진행되는 중국의 자유화 과정은 상당히 빠른 진척을 보이고 있다. RMB 국제화는 자본 계정 개방과 밀접하게 연관된 혜택과 위험을 동반하는 중국 금융 자유화 과정의 필수적인 부분이다.

: 제도의 질 :

제도의 질은 국제적 통화에 장기적으로 대단히 중요하다. 제도의 질을 지탱하는 지주에는 법의 지배에서 국내 법 체계와 정치 체계의 신뢰성과 투명성, 기업 지배구조, 효과적인 정책 결정, 위기관리 능력, 발전하는 국제통화 시스템의 이해 관계자 이력까지 다양하다.

제도의 질에 대한 포괄적 논의는 이 책의 범위를 넘지만 가장 관계가 깊은 요소는 통화를 발행하는 중앙은행의 이력과 중앙은행에 대한 신뢰이다. 중앙은행이 국제통화에 요구하는 기준은 지역 통화에 대한 기준에 비해 훨씬 높다.

US Fed는 비록 아시아 금융위기 동안 태국과 인도네시아를 돕지 못했고 세계 금융위기 이후 저금리 정책으로 신흥 경제국에 달러 쓰나미를 선사해 세계적 신뢰를 잃기는 했지만 검증된 이력을 가지고 있다. ECB(European Central Bank, 유럽 중앙은행)는 위기 시에 자신의 과단성과 세계적 신뢰에 제한을 가하는 내적 문제에 직면하고 있다. PBOC는 세계 무대에서는 새로운 기관이다. PBOC는 국내 인플레이션을 통제하고 통화 가치를 안정화시킨 덕분에 향상된 이력을 갖추게 되었지만 아직은 경험이 부족하고 통화 정책의 틀을 개선해야 하는 과제를 안고 있다.

PBOC 제도의 질은 RMB 국제화에 대단히 중요하다. 중요한 두 번째 제도는 제대로 기능하는 채권시장이다. 국제통화를 뒷받침하기 위해서는 국내 채권시장이 규모가 크고, 유동성이 크고, 일관적이며, 시장 지향적이고, 안정적이어야 한다. 중국의 채권시장은 빠르게 성장하고 있기는 하지만 규모 면에서 그리 크지 않고 여러 면에서 발전을 위해 애를 쓰고 있는 상황이다. 또한 시장의 여러 측면을 정부 규제 기관들(PBOC, 재무부, 중국 국가 발전 개혁 위원회(National Development and Reform Commission), 중국 은행업 감독 관리 위원회(China Banking Regulatory Commission) 등)이 주도하고 있어 시장 효율에 불리한 영향을 주고 있다 (제4장 참조).

회사채의 대량 발행은 시장의 기준이 아닌 규제 기관의 결정에 따르며 지방채 발행은 시작 단계에 있다. 대부분의 대형 SOE는 회사채 시장에서 하나같이 아주 높은 평가를 받는다. 모든 사람들이 평균을 넘는 미국 소설《워비곤 호수(Lake Wobegon)》에 나오는 가상의 마을처럼 말이다. 이런 것들은 성격적 결함이 아니며 개발 과정에서 일반적으로 발생하는 문제다. 중국 자본시장은 늦게 시작했지만 다른 신흥 시장들에 비해 훨씬 더 빠르게 성숙하고 있다. RMB 국제화의 의미를 분석할 때는 남아 있는 개발상의 중요 문제, 중국 개혁의 속도, 완전한 현대화에 필요한 상당한 시간, 모순되는 여러 규제 시스템을 일관적인 시장으로 녹여내는 데 필요한 정치적 의지 등 다양한 각도의 관점을 유지하는 것이 중요하다.

주식시장 역시 기초가 거의 없는 상태에서 시작해서 최근 급속한 발전을 이루었다. 상하이와 선전에 공식 시장이 문을 연 것은 1990년대 초였다. 오랫동안 시장은 외국인을 받아들이지 않았고 상장된 기업은 CSRC(China Securities Regulatory Commission, 중국 증권감독관리위원회)가 비시장적 기반에서 선택한 대형 SOE가 대부분이었다(독점은 아니지만). 제5장에서 논의하겠지만 규제 기관의 목표는 국가의 입장에서 가장 가치가 있는 기업들을 상장하고 상장을 제한해서 주가를 높게 유지하는 것이었다. 지도부의 관심은 손실만 내고 있는 SOE를 어떻게 존속시킬까에 집중되어 있었다. 주식시장 초기에 중국 정부는 엄청난 사회보장 비용을 감당해야 하는 상황에서 국가 자산의 가격을 높이고 SOE의 시장 접근에 특혜를 주는 것이 주식시장의 발전을 관리하는 정부 정책이라고 생각했다.

점진적으로 외국인들의 국내 주식에 대한 투자와 중국인들의 해외 증권 투자가 허용되었다. 상하이와 홍콩 사이를 잇는 파이프라인이 만들어지고 더 많은 파이프라인이 준비되면서 개방이 가속화되고 있다. 시장이 민간 기업에게 개방되는 속도는 더 느렸다. 중국 당국은 면허 시스템(규제 기관이 회사를 주의 깊게 선정하는)에서 등록 시스템(기업이 기본적인 시장 기준을 충족하기만 하면 되는)으로의 전환을 준비하고 있다. 고질적인 과대평가의 문제는 2014년까지 대부분 사라진 것으로 보인다. 그렇지만 2014년에서 2015년 초까지 당국은 마진 파이낸싱이 지나치게 확대되고 있는 상황을 묵인했고 시장은 명백히 지속 불가능한 수준에 이르렀다. 당국이 마진 파이낸싱에 대한 통제를 시작하자 시장은 무너졌다. 이후 당국은 시장 안정화를 위해 개입의 수위를 이례적인 수준으로 높였다(제5장).

많은 신흥 경제국이 그렇듯이 중국의 주식시장 역시 개인투자자와 기관이 주도했다. 주식시장을 움직이는 것은 성장과 이윤의 기본 원칙이 아니었다. 하지만 이제는 괜찮은 분석가들이 많아졌다. 이런 분석가들이 주도하는 연금, 보험, 뮤추얼펀드를 통해서 점차 시장 가격이 비즈니스 현실에 뿌리를 내리게 될 것이다. 모든 주식시장이 이런 식으로 발전한다. 중국의 경우 출발은 인도네시아나 필리핀보다도 늦었지만 훨씬 더 빠른 발전을 이루었다. 다만 2015년의 시장 붕괴를 막을 정도로 빠르지는 못했다. (여기에서 언급하고 넘어갈 것이 있다. 현재는 세계에서 가장 잘 조정된 시장의 하나인 홍콩 주식시장 역시 발전 과정에서 이와 비슷한 단계를 밟았다. 홍콩 주식시장은 한 차례 이상 50퍼센트의 폭락을 보였고 90퍼센트까지 하락한 적도 있다. 중국 시장이 경험한 35퍼센트보다 훨씬 큰 폭의 하락이었다.) PBOC와 정부 채권시장 외에도 국제통화의 출현에 가장 중요한 제도는 법 체계이다. 국제통화는 수조 달러의 거래에 사용되며 그중에는 큰 규모의 거래가 대단히 많다. 엄청난 분쟁과 논란이 불가피한 것이다. 분쟁이 발생하면 투자자들은 명확한 법과 투명한 절차, 객관적인(즉 정치적인 영향이 없는) 판단에 기초한 해결을 원한다. 이것은 RMB 국제화에 있어서 가장 큰 약점이자 가장 어려운 문제이다.

중국의 법 체계는 큰 발전을 이루었다. 개혁 이전 중국에서는 주로 법적 지식이 전혀 없는 은퇴한 군 장교가 판사가 되어 개인의 도덕적 판단과 정치적 정당성을 기초로 판결을 내렸다. 중국은 정규 법 체계를 성문화하고, 법률가 양성 체제를 개선하고, 판사의 수준을 높이고, 변호사 선임권과 같은 권리를 도입하는 데 엄청난 노력을 기울였다. 2014년 4중전회에 따라 판사의 중앙 임명을 핵심으로 하는 새로운 법률 개혁의 물결이 시작되었다. 이 개혁이 있기까지는 지방의 당 서기가 SOE를 책임졌고 지방 판사를 임명했다. 다른 도시나 다른 국가에 기반을 둔 기업과 지방 SOE 간에 분쟁이 생겼을 경우 지방 판사들이 자신의 자리를 걸고 지역 기업에 불리한 판결을 할 가능성은 대단히 낮았다.

상하이 시스템의 분쟁 해결 기능은 그곳에서 대규모 영업을 하고 있는 〈포춘〉 500대 기업의 필요에 부응하고 있다. 대기업들은 이 시스템이 잘 돌아가고 상하이가 국제적인 허브 도시가 된 이유는 상하이 시장(市長) 등이 공정한 도시라는 평판을 유지하는 데 큰 관심을 두고 있기 때문이라고 말한다. 이 책의 저자 중 한 명(오버홀트)이 2003년 진행한 인터뷰에서 대기업들은 한결같이 상하이 시스템에 호의를 표현했다. 홍콩의 영국식 법률 체계는 전형적인 서구의 법률 체계가 그렇듯이 비용과 시간을 많이 요하는 반면 상하이에서는 시장(市長)이 전반적으로 공정하고 빠른 결정을 내린다.

시스템에 대한 개혁이 이루어지고 있으며 시스템에 나름의 장점이 있다는 것을 인정하더라도 아직은 주요 국제통화를 뒷받침하기에 부족함이 많다. 불가피하게 많은 분쟁이 발생한다는 것은 분쟁의 대부분이 시장(市長) 사무실이 아닌 일반 법원을 거쳐야 한다는 것을 의미한다. (지금도 작은 기업들은 홍콩을 주소지로 하는 것을 선호한다. 상하이의 시장(市長)은 규모가 작은 기업들의 문제에까지 시간을 내주지 않을 것이기 때문이다.) 중국에서는 아직 재산권의 체계가 확립되어 있지 않다. 무엇보다 어떤 소송 사건이든 최종 판결은 독립 재판부가 아닌 공산당 위원회의 손에 달려 있다.

이러한 문제를 해결하기 위해 중국 사법 시스템의 전체 구조를 포기해야 하는 것은 아니다. 재산권 체계는 점차 확립되고 있다. 이론상으로는 주요 금융 사건이나 기업 사건을 심리하는 별개의 법원을 만들거나 중국이 광범위한 소송 사건을 홍콩 사법 체계에 위임하는 방법 등을 생각해볼 수 있다. 하지만 아직은 그러한 변화에 대해서 논의가 시작되지는 않았다. 그러므로 USD와 같은 주요 국제통화를 뒷받침하기에 부족한 법 체계가 상당히 오랜 시간 지속될 것이다.

또 다른 주요 제도로 회계 시스템을 들 수 있다. 중국의 회계사들은 이미 오래전부터 신흥 시장이 기대하는 대단히 높은 기준을 충족시켜 왔다. 어떤 회사에 대해서도 내부적 일관성을 갖춘 3~4세트의 장부를 만들고 그러한 회계 상황을 다른 회사들과의 가상 거래 내역에 대한 방대한 양의 영수증으로 뒷받침할 수 있을 정도였다. 다른 분야에서와 마찬가지로 중국은 이 분야에서도 다른 개발도상국들보다 빠른 발전을 보였다.

초기부터 해외 상장을 원하는 기업들은 국제 회계 기준을 충족시키고 일류 국제 회계 법인을 감사로 이용해야 했다. 인도네시아와 같이 훨씬 연혁이 오랜 시장들도 회계 시스템은 중국에 비해 뒤처진다. 초기에는 질이 높았던 회계 감사가 회계 기준과 기업성과의 급속한 악화로 이어지는 경우가 너무나 많았다. 시노포리스트(Sino Forest, 嘉漢林業國際), 차이나메탈리사이클링(China Metal Recycling)과 같은 일부 기업은 현실의 시험에서 빠져나갔다. 중국 기업들이 국제 회계 감사업체를 이용한 최근까지도 감사관이 서류를 중국 밖에 공개하는 것이 금지되었다. 때문에 외국 투자자들과 규제 기관은 정상적인 조사를 진행할 수 없었다.

중국 시장은 불만이 많은 기존 투자자들에게는 아주 느리게 보이겠지만 여타 신흥 시장들보다 훨씬 더 빠르게 성숙해지고 있다.

채권시장에서와 마찬가지로, 이러한 것들은 문화적 약점이 아닌 개발의 성장통이다. 그럼에도 불구하고 중국 시장이 런던, 뉴욕, 홍콩이 달성한 정도의 신뢰를 얻기까지는 긴 시간이 필요할 것이다. (엔론(Enron)의 투자자들이라면 증언할 수 있겠지만 성장통에 완치란 없다. 세계 금융위기를 겪은 서구 시장은 겸손한 자세를 가져야 마땅하다.)

중국의 시장은 현재 발전이 가속화되는 시기에 들어서고 있다. 엄격한 규칙, 투명성, 기관투자가들의 급속한 등장, 등록 중심 상장, 부패 척결, 외국인에 대한 개방 확대가 결합되어서 중국 시장이 돌아가는 방식을 바꾸고 있다. 2020년이면 중국 시장은 알아볼 수 없을 정도로 개선된 수준에 도달할 것이다. 완벽하게 성숙한 시장은 아니더라도 현재보다는 훨씬 발전된 시장으로서 말이다.

그러한 제도적 발전은 중국이 통화를 국제화하는 과정의 기저이다. 통화의 앞날을 내다보는 데 가장 중요한 기관은 중앙은행이다. 이 부분에서 중국은 이미 상당히 성숙한 수준에 도달했다.

중앙은행의 신용: 국제적 관점

주요 통화의 유동성에서 중요한 측면 중 하나는 중앙은행에 대한 신뢰. 필요한 경우 시장을 보호하고 시장에 개입하며 상대국이 이례적인 유동성의 변동을 처리하는 데 도움을 주는 중앙은행의 자발성과 역량에 대한 신뢰 말이다. 주요 상대국의 시각에서 US Fed와 재무부는 위기 시에 빠르게 개입하고 유동성을 공급하는 데 있어서 최고의 명성을 가지고 있다. 이러한 명성은 타의 추종을 불허하지만 흠이 없이 완전 무결하지는 못하다. 1994년의 멕시코 금융위기 때는 적절하고 효과적인 미국의 개입(재무부의 외환 안정 기금(Exchange Stabilization Fund)을 이용한)이 재정적 파국을 막았다. 하지만 그 이후 미 의회는 더 이상 그러한 조치를 금지했다. 이 때문에 미국은 1997년에서 1998년의 아시아 금융위기 동안 태국과 인도네시아에 도움을 주지 못했다. 이렇게 개입이 불가능해지자 특히 아시아에서는 USD 기반의 시스템에 의존하는 것을 두고 회의론이 일었다. 이는 Fed가 세계 금융위기 동안 스와프 라인을 제공하지 못하면서 악화되었다. (중국은 엄청난 규모의 외화 준비금을 보유하고 있었지만 USD 무역 금융이 거의 말라붙고 역외 시장은 헤지 펀드의 공격에 취약했다. 때문에 스와프 라인이 도움이 될 수 있었을 것이다.)

본래 US Fed가 통화 정책에 대해 가지는 법적 권한은 국내 문제로 한정되기 때문에 US Fed의 양적 완화와 최종적인 출구 전략의 영향에 대해서도 논란이 계속되고 있다. 다른 나라들은 USD가 지배적인 위치를 차지하고 있기 때문에 Fed가 세계 금융 시스템의 관리자 역할을 맡게 되는 것이라고 생각한다. Fed의 저금리 정책이 미국의 경제 성장을 확보하는 데 필수적이며, 즉 전 세계가 불황의 늪에 다시 빠지는 것을 막는다는 주장도 있다. 하지만 다른 나라들이 Fed의 정책을 판단할 때는 미국 정부/ USD 주도 시스템에 큰 문제가 있는지 여부가 관심의 초점이 된다. 워싱턴의 정치적 견해가 달랐다면 재정 부양책을 사용하고 극단적인 통화 정책에 대한 요구를 무시할 수도 있지 않았을까?

세계 시장이 Fed에 대해 가지는 신뢰의 정도는 양적 완화에서 이어진 최종적인 출구 전략의 결과로부터 큰 영향을 받을 것이다. FRB와 일본과 유로존의 중앙은행들은 세상을 값싼 돈으로 넘치게 해서 자산 가격을 높이고 거품을 부추겼다. 과도한 레버리지와 기초식품 가격의 인상이라는 문제도 뒤따랐다. 신흥 시장에서 양적 완화에서 이어진 출구 전략이 점진적이어서 특별한 파란을 일으키지 않는다면 세계의 신뢰는 높게 유지될 것이다. 반대로 신흥 시장의 광범위한 혼란이 뒤따른다면 새로운 국제통화 시스템에 대한 요구는 크게 높아질 것이다. 어떤 경우든 현재는 Fed가 향유하는 정도의 높은 신뢰를 받는 라이벌이 존재하지 않으며 한동안은 유망한 라이벌이 등장하지 못할 것이다.

ECB는 그런 평판을 쌓을 만한 시간이 없었다. ECB 외 중앙은행들은 너무나 복잡한 의사결정 절차 때문에 ECB가 큰 규모의 해외 위기에 빠르고 결정적인 대처를 할 능력이 떨어진다고 생각한다. (고도의 정치화와 길고 복잡한 의사결정 제도에도 불구하고 지금까지 EUR의 내부 위기에 대한 ECB의 대응은 비교적 효과적이었다.) 국가 이익이 상충될 때는 상황이 더 복잡해진다. 정부와 민간의 부채를 대규모로 매입하는 일과 같이 통화와 재정 정책이 뒤섞이는 경우, 통합된 통화 시스템과 각국 재무부 사이의 충돌이 표면화된다(제4장 참조). 2008년 유럽의 국채 위기 이후, 유로 지역 내부의 긴장과 싸워온 ECB는 당분간 국제적 역할을 맡지 않을 것이다.

국제 무대에서의 신뢰에 대해서라면 PBOC는 현재 한참 뒤처져 있다. 세계 시장의 신뢰를 얻으려면 수십 년의 시간이 필요할 것이다. 하지만 ECB를 느리게 움직일 수밖에 없도록 만드는 의사결정의 복잡성은 한 주권 국가의 중앙은행인 PBOC에 문제가 되지 않는다. 따라서 유럽의 정치 구도에 어떤 극적인 변화가 있지 않는 한 결단력에 있어서만큼은 중국이 상당 기간 동안 우위를 점할 수 있다. 그렇더라도 신뢰를 구축하는 과정은 이제 막 시작 단계에 있을 뿐이다. 뒤에서 더 자세히 살펴보겠지만 PBOC는 물가와 RMB를 안정시키는 일에서 좋은 성과를 냈지만 아직 중앙은행을 신뢰하는 데 필수적인 독립성, 법적 토대, 성숙도가 부족하다고 보는 투자자들이 많다.

PBOC의 이력

PBOC는 RMB 국제화를 위해 싸운 투사였다. 이러한 PBOC 덕분에 신뢰의 문제는 더 큰 의미를 갖게 되었다. RMB가 국제통화가 되는 길을 뒷받침하는 중앙은행으로서 PBOC가 가진 제도적 특성은 무엇일까? PBOC는 2003년에야 법적 지위와 권한을 얻게 되었다. 논란은 있겠지만 세계 금융 무대에서 중요한 역할을 한 이력은 그보다 더 짧다고 볼 수 있다. 그렇지만 우리가 보기에 PBOC는 꽤 건실하고 신뢰할 만한 토대를 다져왔다.

PBOC는 아직 독립성의 정도가 그리 높지 않다는 것이 일반적인 견해이다. 중요한 통화 정책 결정의 일부가 중국의 내각인 국무원의 합의와 승인을 필요로 하기 때문이다. 따라서 그 부분에서 PBOC가 가진 재량은 세계의 다른 중앙은행에 비해 제한적이다. PBOC는 상충하는 여러 목표를 관리할 때 다양한 정책 도구를 이용하며 정치적 제약하에서 움직이는 경우도 많다(마, 얀(Yan), 류(Liu), 2013). 이러한 면이 시장의 눈으로 보는 PBOC의 신뢰성에 흠집을 낸다.

독립성 부족이 PBOC의 신뢰성을 떨어뜨리는 요소라는 것은 대부분의 사람들이 인정하는 사항이다. 하지만 PBOC의 총재 저우샤오촨은 PBOC가 정부의 일부이기 때문에 폭넓은 정책 논의와 의사결정에 보다 효과적으로 참여할 수 있다고 주장한다. PBOC가 단순히 또 하나의 '독립적인' 정부 기구일 때 더 큰 영향력을 행사할 수 있다는 것이다. 세계 금융위기 이후 주요 중앙은행들은 전형을 벗어난 통화 정책을 펼쳤다. 어쩌면 심각한 재분배의 문제를 낳을 수 있는 정책들이었다. 그 뒤부터 중앙은행의 독립성에 대해 더 엄격한 잣대가 적용되는 것 같다. 결국, 중앙은행 독립성과 정책 결정 기구들의 협력 사이에 우열이 가려지려면 많은 시간이 필요할 듯하다.

RMB 국제화의 측면에서 중앙은행의 독립성을 논의하려면 SDR의 주요 통화국 중앙은행을 기준으로 삼는 것이 유용할 것이다. 연방준비제도이사회 전 의장 벤 버냉키(Ben Bernanke)는 그의 후임자인 재닛 옐런(Janet Yellen)에게 Fed는 미 의회의 의견에 귀를 기울여야 하는 입장이라는 것을 상기시켰다. 더구나 ECB의 독립은 주로 통화 동맹에 속한 주권국들의 상충되는 요구에 의해 규정되고 그에 의해 제한되는 경우도 많다. 달리 표현하면, 서구에서조차 중앙은행의 독립이 상대적이고 불완전하다는 것이다.

뿐만 아니라 1997년의 일본은행법도 중앙은행이 정부에 협력해야 한다고 명시하고 있다. BoJ는 독립성을 보장받기 위해 치열한 싸움을 벌였다. 이 싸움은 인플레에 맞설 자격을 확고히 하는 것이었지만 당시 일본의 가장 큰 문제가 지속적인 디플레이션이었다. 현 일본 총리 아베 신조(Abe Shinzo, 安倍晋三)는 BoJ의 통화 정책을 바꾸겠다는 공약을 내걸고 그곳의 지도부를 그가 원하는 변화를 일으키는 사람들로 교체했다.

그림 3-3 **중국의 인플레이션과 환율 이력**

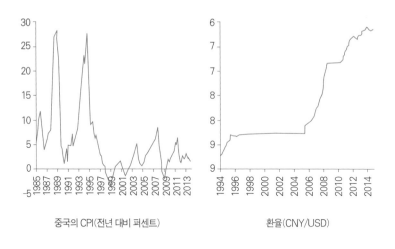

중국의 CPI(전년 대비 퍼센트)　　　　　환율(CNY/USD)

마지막으로 1997년에야 높은 정도의 독립성을 얻은 BoE도 영국 재무부가 설정한 명시적 인플레이션 목표를 좇고 있다.

　RMB의 내부적 가치와 외부적 가치를 유지하는 측면에서 어떤 성과를 냈는지, 달리 말해서 국내 인플레이션과 환율을 어떻게 관리했는지에 대한 이력에 집중하는 것도 PBOC의 신뢰나 제도적 질을 파악하는 좋은 방법이다. PBOC의 이력을 살피는 데 가장 좋은 요약 지표는 RMB의 실질실효환율(Real Effective Exchange Rate, REER, 자국과 여러 교역 상대국 통화 간의 통화가치 변동을 가중 평균하여 산출한 환율. 소비자 물가 지수(Consumer Price Index, CPI)에 인플레이션 격차에 따른 조정이 반영된 것 – 옮긴이)이다. 우선 PBOC 인플레이션 이력과 통화성과에 대해 논의하기로 하자.

그림 3.3의 왼쪽 구획은 2000년 전후로 중국의 인플레이션 역학에 뚜렷한 체제 변화가 있었을 수 있다는 것을 보여준다(암스타(Amstad), 후안(Huan), 마, 2014; 지라르댕(Girardin), 룬벤(Lunven), 마, 2014). 2001년 이전에는 중국의 물가상승률이 훨씬 높고 변동성이 커 고점에서는 20퍼센트 이상 오르다가 명백한 디플레이션이라고 할 수 있는 저점까지 하락했다. 1987년에서 2000년 사이 전년 대비 월간 인플레이션의 평균과 표준 편차는 각각 8.8퍼센트와 8.7퍼센트에 달했다. 그러나 2001년에서 2014년까지는 수치가 크게 하락해 2.5퍼센트와 2.4퍼센트를 기록했다. 요컨대, 지난 15년 동안 PBOC는 공식적인 인플레이션 목표를 정하는 주체가 아니었음에도 불구하고 이렇게 개선된 기록을 유지하고 있다.

지난 20년의 거의 대부분 동안 RMB의 가치는 USD에 비해 높게 평가되었다(그림 3.3). 더 중요한 것은, 아시아 금융위기와 세계 금융위기를 겪는 동안 대부분의 신흥 시장의 통화 가치가 급락한 반면 RMB의 USD 대비 환율은 변함이 없었다는 점이다. 베이징이 "평가 절하는 없다"는 입장을 고수한 덕분에 1998년 중국 경제는 잔혹한 디플레이션 쇼크를 겪었고 자본 통제는 강화되었다. 이로써 중국 행정부는 전 세계에서 찬사를 받았지만 RMB는 보다 경직된 통화가 되었다.

PBOC는 금융 스트레스를 받는 동안 경쟁적인 평가절하에 저항함으로써 견고한 이력을 만들었다. 심지어 PBOC는 세계 금융위기 동안 BoK(Bank of Korea, 한국은행)와 양자 간 통화 스와프 협정을 맺었고 이로써 많은 신흥 시장 중앙은행들의 신뢰를 얻었다.

그렇게 어렵게 얻은 명성의 대가는 달갑지 않은 'PBOC 풋(PBOC

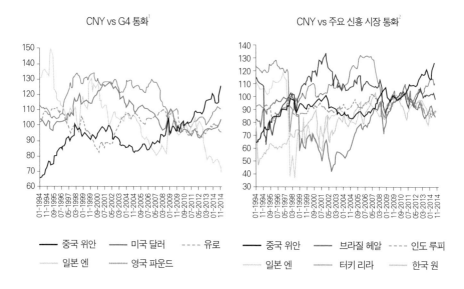

그림 3-4 **실질 실효 환율, 2010=100**

CNY vs G4 통화[1]

CNY vs 주요 신흥 시장 통화[2]

── 중국 위안　── 미국 달러　---- 유로　　── 중국 위안　── 브라질 헤알　---- 인도 루피

── 일본 엔　── 영국 파운드　　　　　　── 일본 엔　── 터키 리라　── 한국 원

·**주의** │ 통화[1]는 CNY=중국 위안, USD=미국 달러, EUR=유로, JPY=일본 엔, GBP=영국 파운드.
통화[2]는 BRL=브라질 헤알, INR=인도 루피, KRW=한국 원, MXN=멕시코 페소, TRY=터
키 리라.

·**자료 출처** │ BIS

put)[3]'이었다. PBOC 풋은 RMB 환율에 대한 시장의 기대를 높였다. 신
뢰는 상당한 기간에 걸친 실적을 기반으로 한다. PBOC의 실적과 신용
을 가늠하는 유용한 방법 중 하나는 RMB의 PEER를 관찰하고 그것을
다른 주요 신흥 시장의 통화와 비교하는 것이다. 상승은 실질적인, 그
리고 광범위한 통화의 평가 절상을 나타내는 반면 하락은 평가 절하를
나타낸다. 그림 3.4는 RMB의 강세를 보여주고 있다. 주요 신흥 시장

|||||||||||||||||||||||||| 표 3-3 **REER 변화에 대한 NEER와 CPI의 기여 비율** ||||||||||||||||||||||||||

	중국	브라질	인도	인도네시아	한국	멕시코	터키
1994년 1월과 2014년 12월							
REER	65.6	2.0	-3.7	-19.9	-11.0	-20.9	13.0
NEER	50.2	-264.8	-59.4	-175.8	-23.1	-150.5	-493.6
CPI	15.3	266.8	55.6	155.9	12.0	129.6	506.6
2005년 3월과 2014년 12월							
REER	42.6	33.7	-2.8	13.5	-10.1	-9.7	2.9
NEER	36.9	16.3	-35.9	-31.4	-11.0	-27.1	-49.8
CPI	5.7	17.4	33.0	44.9	0.9	17.3	52.7

· **주의** ｜ REER과 NEER의 자연 로그. 양(음)수는 평가 절상(평가 절하)을 나타낸다. CPI의 기여는
　　　　　 REER의 자연 로그에서 NEER의 자연 로그를 뺀 것으로 계산된다.
· **자료 출처** ｜ BIS와 저자의 평가치

통화와 비교해서는 물론이고 SDR 바스켓을 구성하고 있는 G4 통화와
비교해도 그렇다.

　표 3.3에서 세 가지 메시지가 더 드러난다(마, 2015). 첫째, RMB의 실
질 실효 환율은 60퍼센트 이상 절상되었다. 이것은 주요 신흥 시장 통
화 중에 가장 좋은 실적이다. 둘째, 지난 20년 동안 이 같은 60퍼센트
이상의 REER 평가 절상에서 4분의 3은 명목실효환율(Nominal Effective
Exchange Rate, NEER) 평가 절상에서 비롯되었다. 셋째, 상대적 인플레
이션은 RMB의 REER 평가 절상에서 부차적이고 작긴 하지만 보강적
역할을 했다. 중국의 경우, 상대적 인플레이션이 REER 평가 절상에 기

여한 바는 그림에 등장한 주요 신흥 시장 통화 중에서 가장 적었다. 달리 말해, 중국의 인플레이션은 평균적으로 선진 무역 상대국의 인플레이션보다 약간 높았지만 주요 신흥 경제국들보다는 상당히 낮았다.

이 세 가지 관찰값을 보면 중국과 6개의 주요 신흥 시장 사이의 가장 중요한 차이가 눈에 띈다. RMB의 경우 NEER와 무역 가중 CPI 격차 두 가지가 서로 보완해서 실질 실효 환율의 절상의 적응 부담을 나누었다. 그에 반해 대부분의 주요 신흥 시장 통화의 경우 물가 훨씬 높았기 때문에 통화가 평가 절하되었고 그 결과 현저한 실질 실효 환율 절하나 약간의 실질 실효 환율 절상이 나타났다. 인플레이션과 통화 양쪽 모두 PBOC의 이력은 대단히 좋다.

PBOC의 질을 평가하는 또 다른 방법은 금융위기를 막거나 금융위기에 대응하는 역량을 검토하는 것이다. 예를 들어, 중국 은행들의 부실 채무를 정리하고, 상업은행의 자본 구성을 재편하고, 2000년대 중반부터 증권 시장에서 주요 국영 은행 대부분의 상장을 지원하는 데에는 PBOC의 역할이 컸다(마, 2007; 오카자키(Okazaki), 2007). PBOC는 중국의 금융 자유화와 규제 개혁에 앞장섰고 역내 은행 간 금융시장, 채권시장, 외환시장 개발에 뜻을 두어왔다. 근간에는 지방정부의 과다한 레버리지를 억누르기 위해 고투했다. 또한 실크로드펀드와 같이 (제7장 참조) RMB 국제화를 지원하는 제도 구축의 선봉에 섰다. 따라서 PBOC는 자유화와 금융 안정성에 있어서 썩 괜찮은 기록을 갖고 있다. PBOC가 금융위기의 가능성을 차단하지 못했던 것은 PBOC의 고위관리들이 2014년에서 2015년 사이 주식시장의 과도한 상승을 부추겼고 마진 파이낸싱이 이례적으로 증가해 거품을 만드는 것을 막을 예방 조치를 취하지 못했기 때문이다. 모든 면을 감안할 때, 주식시장의 붕괴가 지속적인 금융 개혁을 약화시키지 않는 한 PBOC의 전반적인 기록은 비교적 견실하게 유지될 것이다. OECD 국가들조차 주식시장 붕괴를 피하지 못했던데다 신흥 시장과 비교하면 중국의 실적이 뛰어나기 때문이다.

PBOC는 국제 금융계에서도 책임감 있는 행동을 했다. PBOC는 경쟁적인 평가 절하에 저항했고 IMF, BIS 치앙마이 이니셔티브(Chiang Mai Initiative)와 같은 국제금융제도와 지역의 금융제도들을 지원했다. RMB의 역외 사용을 촉진하기 위한 PBOC의 노력은 중국의 금융 자유화 어젠다를 보완한다. 중국이 다른 나라들과 맺은 많은 수의 스와프 협정은 상거래를 뒷받침할 뿐 아니라 시장이 격동할 때 통화와 금융의 안정성을 높인다. 이러한 새로운 스와프 협정들은 어떤 의미에서 1997년에서 1998년의 위기 이후 많은 아시아 경제국들의 합의하에 이루어진 상호지원 시스템, 치앙마이 이니셔티브의 파생물이다. 이들 스와프 협정은 대규모의 위기에 대응하기에는 아직 충분치 못한 규모이지만 비상시에는 중국이 이웃 나라들에게 완충제와 도움을 제공하는 새로운 메커니즘을 마련하고 PBOC가 세계적으로 훨씬 큰 역할을 맡을 수 있다는 신뢰를 구축하는 데 도움을 줄 것이다.

즉, PBOC는 발생 초기부터 통화 안정성, 지속적인 낮은 인플레이션, 금융 안정성, 최근의 국제적 위기를 안정시키는 건설적인 역할 등의 건실한 이력을 통해 좋은 평판을 얻고 있다고 요약할 수 있겠다.

그럼에도 불구하고 국제통화를 발행하는 중앙은행이 되려면 PBOC에게는 보다 강력한 정책 결정 권한, 학습 곡선을 밟아나갈 시간, 다른 나라와 세계 투자자들로부터 신뢰를 얻기 위한 많은 노력이 요구된다. 세계 금융위기 이후 대단히 책임 있는 자세를 보여준 PBOC에게도 이들 요소는 꼭 필요하다. 베이징은 통화 정책 결정과 실행에 있어서 PBOC에 더 큰 독립성을 허용해야 한다.

PBOC가 FRB, ECB, BoJ, BoE와 같은 다른 주요 중앙은행들과 어깨를 나란히 하려면 아직 갈 길이 멀다. 목표를 낮게 잡을 여유가 없다.

국제통화를 발행하는 은행으로서의 신임과 신뢰를 더하기 위해 PBOC가 해야 할 일 세 가지를 살펴보자.

첫째, PBOC는 자유화된 금융 환경에 적합하고 OECD 주요 회원국에 필적하는 새로운 통화 정책의 틀을 지향해야 한다. 그러한 체제에서는 낮고 안정적인 물가를 핵심 임무로 삼고 금리를 주된 운영 목표로 한다. 실물 경제에 대한 통화 정책의 전환은 관료의 신용 할당이 아닌 금융시장과 은행 시스템을 통해 이루어져야 한다.

중국의 통화 정책 체제는 양과 가격에 기반을 둔 혼성체에 머물러 있으며 재정 증권, 은행 예금의 지급준비율(Reserve Requirement Ratio, RRR), 대출 할당과 창구 규제와 같은 다양한 방법을 사용한다(마 등, 2013). 하지만 PBOC가 최근 도입한 새로운 정책 도구들은 가격 지향적이고 시장 중심적이다. 중국이 이전에 취하고 있던 통화 정책 체제는 수출 시장이 최종 소비에서 많은 비중을 차지하는, 규모가 작지만 성장 중인 경제에 적합한 것으로 국제통화를 발행하는 대규모 경제에는 적합지 않다. 신생 체제가 실제 성능에 대한 시험을 거치고 국내외의 투자자들이 그에 대해 알게 되려면 시간이 걸릴 것이다.

둘째, PBOC는 국내외의 투자자들에게 통화 정책에 있어 PBOC가 어떤 입장에 있는지 명확한 메시지를 전달해야 한다. 국제통화를 발행하는 중앙은행으로서 PBOC는 자신의 입장과 의도에 대해서 적극적으로 알리는 태도를 취해야만 한다. 의도와 입장을 파악하기 어려운 주요 중앙은행을 달갑게 생각하는 시장이나 투자자는 없다.

PBOC가 분기별 통화 정책 실행 보고서(Quarterly Monetary Policy Implementation Report, PBOC, 2014)를 통해서 견해를 피력하는 큰 진전을 보이기는 했으나 아직은 가야 할 길이 멀다. 바클레이(Barclay)의 최근 연구(2014)에 따르면 PBOC가 금융시장이나 대중과 가지는 커뮤니케이션의 정도는 검토한 14개국 중 끝에서 세 번째였다. 터키와 러시아의 중앙은행만을 간신히 따돌린 정도다.

셋째, PBOC는 국제적인 금융 모니터링 이니셔티브에 참여하는 것을 주저하지 말고 다양한 범위의 통화, 은행, 금융시장 통계를 제시해 시장 기능과 가격 발견을 촉진하는 데 협조해야 할 것이다. 금융시장은 사용할 수 있는 정보가 충분하고 신뢰할 수 있을 때 가장 효율적으로 기능한다. 시장 자료를 선택적으로 발표하는 행태는 투자자의 자신감과 중앙은행의 신용을 손상시킨다. 비상시에는 특히 더 그렇다.

PBOC는 불과 얼마 전 IMF의 자료 공표 특별 기준(Special Data Dissemination Standard, SDDS)에 공식적으로 서명하면서 국제 관행을 준수하는 방향으로 또 한 발을 떼었다. PBOC는 선진국과 신흥 경제국의 40개 이상 중앙은행이 하듯이 BIS의 국제 통계와 국가 간 통계 제작에도 참여해야만 한다. 이것은 국제통화를 발행하는 중앙은행의 기본적이고 필수적인 의무다.

: 결론 :

주요 국제통화는 상거래와 금융에서의 국제적 사용을 촉진하는 강력한 경제 펀더멘털과 우수한 제도를 필요로 한다. 경제가 큰 위험과 복잡한 전환에 직면해 있는데도 불구하고 성장, 개혁, 자유화를 추진하는 측면에서 중국의 경제적 펀더멘털은 RMB 국제화에 유리한 토대를 제공하고 있다. 자본 계정의 태환성이 높은 수준에 오르면 RMB의 세계적 사용은 자연히 늘어날 것이다. 자본시장과 같은 제도들이 아직 개발의 중간 단계에 있기는 하지만 중국은 국내외적으로 견실하고 체계적인 방식으로 주요한 제도를 구축해나가고 있다. 특히 중국의 가장 중요한 통화 기관인 PBOC는 이미 비교적 높은 수준의 성숙도를 달성했다.

: 제4장 :

중국 채권시장은 위안화의 국제화를 뒷받침할 수 있는가

RMB가 세계적으로 거래되기 위해서는 폭이 넓고, 규모가 크고, 깊이가 깊은 금융시장이라는 토대가 있어야 한다. 통화가 가장 큰 금융시장을 만들기는 하지만 거래는 보통 채권의 매수와 매도를 수반한다. 따라서 유동성이 크고 활발하게 거래되는 통화는 규모와 유동성이 큰 채권시장이 뒷받침하고 있는 것이 보통이다.

지방채와 회사채 시장, 주식시장은 통화 유동성의 중요한 측면 중 하나이지만 재무부 증권과 정책금융채도 많은 부분을 차지한다. 중국의 채권시장은 모자이크식 규제, 도덕적 해이, 비교적 좁은 투자자 기반, 아직은 낮은 외국인 소유권 등 발전을 저해하는 큰 문제들과 직면하고 있다.

대담한 정책 이니셔티브가 적용된다면 이러한 걸림돌을 극복하고 분열된 공공 부문 채권시장을 통합함으로써 빠른 시간 안에 CGB 시장의 규모를 두 배로 만들 수 있다. 이로써 CGB는 세계 국채시장에서 3위에 오르게 될 것이다. 시장 규모의 확장과 외국인 소유권의 확대가 합쳐지면 지금부터 2020년까지 CGB의 외국인 보유를 10배까지 늘려 2조 3,000억 RMB에 이르도록 할 수 있다. 이 정도 규모의 외국인 CGB 보유는 네덜란드의 국채시장 전체 규모와 비견되며 역외 RMB 표시 채권의 예상 규모보다 두 배 이상 크다.

이 장은 중국의 국내 채권시장을 발행자와 투자자의 측면과 해외 시장과 비교한 규모의 측면에서 살필 것이다. 우리는 채권시장이 RMB의 국제화를 가능하게 할 수 있는지에 대해 질문을 던지고, CGB 시장과 그 세계적 위상을 집중적으로 논의하며, 공공 부문 채권시장의 통합이 시장의 규모를 하루아침에 두 배로 만들 수 있는지 살펴볼 것이다. 또 정책금융채 시장에 대해서도 이야기할 것이다.

: 중국 채권시장 :

RMB가 진정한 국제통화가 되려면, 즉 SDR를 구성하는 통화가 되거나 세계에서 가장 많이 거래되는 5대 통화 안에 들려면 자본시장, 특히 채권(fixed-income security) 시장의 발전이 꼭 필요하다. 현재 중국의 채권시장은 그 규모로 6대 채권시장의 위치에 있다. 중국 채권시장의 규모는 미국 채권시장의 약 10분의 1이며 주요 유로 회원국의 평균적인 채권시장 규모와 비슷하다(그림 4.1).

그림 4-1 세계 10대 채권시장, 2014

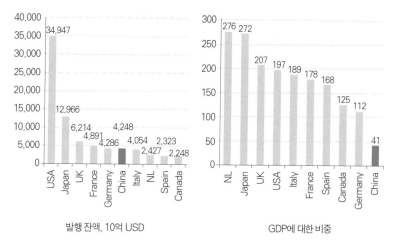

발행 잔액, 10억 USD GDP에 대한 비중

· **주의** │ 2014년 6월의 발행 잔액 자료; 2014년 GDP. 이 장에서는 경제의 채권시장 전체 규모를 측
정하는 데 광범위한 정의가 사용되었다. NL=네덜란드.

· **자료 출처** │ BIS

국내 채권 발행 총액이 GDP에서 차지하는 비중은 중국이 10대 시장
중 가장 낮다. 이러한 면에서 중국 채권은 아직 기준에 부합하지 못
한다.

그럼에도 불구하고 중국의 정부, 비금융 기업, 가정의 전체 레버리지
는 GDP의 250퍼센트로 국제적인 기준에서 보면 대단히 높다. 이러한
격차는 채무 증권 시장이 국내 신용 시장에서 차지하는 비중이 작고 은
행 부문이 금융을 지배하고 있는 상황을 반영한다(표 4.1). 2013년 은행
여신은 전체 국내 금융의 60퍼센트 이상을 차지한 반면 채무 증권과 주
식은 20퍼센트에 못 미쳤다. 이것은 다른 아시아 경제국들과 극명하게

||||||||||||| 표 4-1 **국내 금융 구성(전체 국내 금융에서의 비중, 2013년 12월)** |||||||||||||

	중국	홍콩	인도	일본	한국	말레이시아	필리핀	싱가포르	태국
Credit	63.3	14.9	39.1	47.5	36.2	34.2	28.5	22.0	34.5
Bonds	18.7	5.0	12.6	40.4	36.6	27.1	21.6	18.1	25.2
Equity	18.1	80.0	48.4	12.1	27.2	38.7	49.9	59.9	40.3

· **주의** ｜ 한국과 태국은 2013년 3사분기, 중국은 2013년 6월 자.

· **자료 출처** ｜ 아시아채권온라인(Asian Bonds Online).

　　　　　http://asianbondsonline.adb.org/regional/data.php

대비되는 상황이다(표 4.1).

　때문에 중국은 계속해서 차입 자본을 이용한 투자를 늘리지는 못할 것이다. 대신 채권 부문을 훨씬 더 확대하고 상당한, 하지만 점진적인 금융 탈중개화(즉, 금융기관, 특히 은행들로부터 자금을 회수해 자본시장에 직접 투자하는 것)를 진행해야 할 것이다. 이렇게 채권시장이 성장하면 은행 여신이 국내 금융에서 자치하는 비중이 줄어들 것이다. 우리는 다음의 네 가지 발전이 탈중개화 과정을 추진할 것으로 본다.

- CBRC(China Banking Regulatory Commission, 중국 은행관리감독위원회)가 곧 완전히 받아들이게 될 새로운 바젤 Ⅲ(Basel Ⅲ, 은행자본 건전화 방안)는 중국의 상업은행에 엄격한 자본 요구 조건을 부과해 대차대조표 팽창을 억누를 것이다. 그 결과로 중국의 채무 증권 시장은 2015년에서 2020년의 은행 여신 증가를 앞지르는 성장세를 보일 것이 예상된다.

- 지방정부 투자 기관(Local-Government Financing Vehicle, LGFV)에 대한 은행 여신을 억제하는 정책 방안이 채택되면서 만기가 도래한 은행 여신과 그림자은행 여신을 대체하는 지방채 발행이 크게 증가할 것이다. 새로운 예산법이 지방정부의 채권 발행을 허용하고 중국 국무원이 그 절차에 대한 상세한 법률을 공포하였다. 이들은 LGFV 은행과 그림자은행 여신을 지방채로 교체하는 새로운 계획까지 포괄할 것이다.
- 규제의 틀이 충분히 개선되면 자산 유동화 시장의 발전을 자극해 은행들이 투자자들에게 채권의 형태로 신용을 판매할 수 있게 만들 것이다. 그렇게 위험을 떠넘긴 은행은 새로운 위험을 안고 더 많은 대출을 할 수 있게 된다. 자산 유동화 증권은 지난 2년 동안 8배 증가했다. 이것은 시작에 불과하다.
- 금융 규제 완화 때문에 상업은행들은 순이자 수익을 유지하기 위해 SME에 좀 더 관심을 갖게 될 것이다. 그 결과 성장성이 높은 기업들은 채무 증권 시장을 더 많이 이용하게 될 것이다. 투자 적격 분야 확대로 수익률이 높아지는 부문은 더 강화되겠지만 침체도 상당할 것이다.

따라서 깊이 있고 유동성이 큰 채권시장이 은행 여신의 대체물로 각광받게 될 것이다. 자금 조달의 '스페어타이어(spare tire)'가 되는 것이다(그린스펀(Greenspan), 1999). 이로써 신용 시장이 보다 다각화되고 그에 따라 금융 안정성도 강화될 것이다. 2020년이면 채무 증권 시장과 주식 시장의 역할이 커지고 은행의 역할이 약화되면서 중국의 국내 금융 상황도 이런 경제 상황을 반영하리라 예상된다. 금융 자유화의 속도에 따라(그리고 최근 일본의 경험에 비추어), 우리는 은행 여신이 국내 금융에서 차지하는 비중이 2013년의 63퍼센트에서 2020년에는 55퍼센트로 감소하는 반면 채권과 지분 증권 금융은 20퍼센트 미만에서 22퍼센트까지 증가할 것으로 예상한다(표 4.1).

중국의 국내 채권시장은 지난 10년 동안 7배 커졌다. 그렇지만 우리는 최근 눈에 띄는 제도적 특징에 초점을 맞추려 한다(표 4.2와 표 4.3). 첫째, 발행자와 투자자 양쪽 모두에서 국내 은행이 압도적으로 시장을 지배하고 있다(후앙(Huang)과 주(Zhu), 2007). 아직 외국인에게 개방되지 않은 발행 시장에서 국채를 제외하고는 은행이 최대 채권 인수자이기도 하다.

둘째, 대부분의 채권 인수자들이 정부와 연관되어 도덕적 해이의 가능성을 안고 있다. 이러한 채권(MoF가 발행한 CGB, 정부 지원 채권, 인민은행채, 정책금융채와 지방채)이 발행 총액의 70퍼센트 이상을 차지하는 때도 있었다(스탠더드앤드푸어스, 2009). 다른 부문의 채권(회사채와 상업은행채) 역시 대부분 SOE와 LGFV에 의해 발행되는 경우가 많다. 중국의 국내 채권시장이 2015년에야 SOE 발행자의 첫 디폴트를 경험했다는 것은 채권시장에 상당한 도덕적 해이가 남아 있다는 것을 의미한다.

정부 관련 채권은 다양한 부문에 걸쳐 분포하며 규제 기관도 다르다. 이것이 유동성을 희석시키고 시장을 얕아지게 만든다. 어떤 것이든 그 하나만으로는 중요한 글로벌 자산 집단이 될 수 없다. 유동성 풀이 두 개의 동등한 세분 시장으로 나뉠 경우 각 시장의 유동성은 80퍼센트 이상 대폭 감소한다.

표 4-2 **중국 국내 채권시장 발행자(10억 RMB, 연말)**

	2010	전체에 대한 퍼센트	2014	전체에 대한 퍼센트	2015–2020 CAGR 퍼센트	2020e
CGB	5,963	29.6	8,553	29.8	10	15,152
인민은행채	4,091	20.3	428	1.5	n.a	0
지방	400	2.0	1,162	4.0	35	7,034
금융	5,827	28.9	11,256	39.2	11	21,420
- 정책 은행	5,160	25.6	9,957	34.7	12	19,653
- CDB 채권	3,680	18.2	6,266	21.8	12	12,368
정부 지원	109	0.5	1,103	3.8	10	1,954
비금융	2,810	13.9	5,005	17.4	8	7,942
자산 유동화	18	0.0	269	0.9	35	1,628
기타	975	4.8	954	3.3	9	1,600
총계	20,175	100	28,730	100	12	56,731

· 주의 ｜ e는 추정치를 의미하며 n.a.는 해당 없음을 뜻한다. MoF가 발행한 저축 채권은 CGB가 아 닌 기타에 포함된다. 저축 채권은 장부상 국채와 다르다. 규모가 훨씬 작고, 유동성이 없으 며, 소매 채권 투자자만을 위한 것이기 때문이다. CDB= 중국 국가개발은행.

· 자료 출처 ｜ 차이나본드닷컴(ChinaBond.com)과 CEIC

셋째, 채권 투자자 중에 상업은행과 특수 기관(주로 PBOC, MoF, 정책 은행)이 국내 공모채의 70퍼센트를 보유하고 있다(표 4.3). 2014년, 은행 이 아닌 금융기관(보다 활발하게 거래되는 연금 기금, 채권 기금과 보험사를 포 함해[뮤(Mu), 2006])이 보유한 채권의 비율은 23퍼센트에 불과했다. 보험 사와 연금기금이 영국 국채의 3분의 2를 보유한 것과 비교되는 수치다.

||||||||||||||||||||||| 표 4-3 **중국 국내 채권시장 투자자(10억 RMB, 연말)** |||||||||||||||||||||||

	2010	전체에 대한 퍼센트	2013	전체에 대한 퍼센트	2014	전체에 대한 퍼센트
상업은행	14,087.0	69.8	16,682	64.4	18,101	63.0
특수 기관	1,753.3	8.7	1,701	6.6	1,710	6.0
비은행 금융	3,820.1	18.9	5,827	22.5	6,460	22.5
비금융	43.7	0.2	15	0.1	12	0
해외	n.a.	n.a.	400	1.5	672	2.3
- CGB*	n.a.	n.a.	136	1.7	222	2.6
- CDB	n.a.	n.a.	44	0.8	92	1.5
기타	470.8	2.3	1,286	5.0	1,774	6.2
총계	20,174.8	100	25,911	100	28,729	100

· **주의** │ 이용할 수 있는 자료가 제한되어 있어 지방채와 그 외 채권을 포함시키지 못했다. 특수 기관
에는 PBOC, MoF, 정책은행이 포함된다.
CGB(CDB 채권)의 해외 보유액 비율은 해외 CGB(CDB) 보유액을 역내 CGB(CDB) 총액
으로 나눈 값이다.
· **자료 출처** │ 중국 중앙 예탁·청산 유한 회사(China Central Depository & Clearing Co., Ltd)와
PBOC

이렇게 편협한 투자자 기반으로는 시장 유동성을 키우기 힘들다. 그렇
지만 문제 자체가 앞으로 나아가야 할 방향을 알려주고 있다.

2014년 외국인의 역내 RMB 채권 보유액은 6,720억 RMB로 발행
총액의 2퍼센트였다. 다른 아시아 시장에 비해 훨씬 적은 규모지만(표
4.6), 소위 말하는 '딤섬 채권(RMB로 표시되어 있으나 역외에서 발행되는 채
권)'의 세계 발행 총액을 훌쩍 넘어선다.

넷째, 국내 채권시장은 상품과 거래 플랫폼에 대한 규제 체제의 측면에서 심하게 분열된 상태이다. 두 개의 거래소와 은행 간 채권 거래 플랫폼에서 거래되는 다양한 공채를 감독하는 기관이 최소 다섯 개(MoF, PBOC, CSRC, CBRC, 국가발전개혁위원회(National Development and Reform Commission, NDRC))이다. 예를 들어 만기가 1년 미만인 CGB의 경우 PBOC가 기준 수익률 곡선을 감독한다. 하지만 1년 이상일 경우에는 MoF의 감독권 안에 들어가게 된다. 이러한 분열은 채권시장의 발전에 도움이 되지 않는다. 유동성을 약화시킬 뿐 아니라 규제 차익, 비효율, 높은 금융 비용의 문제를 야기하기 때문이다(바이(Bai), 플레밍(Fleming), 호란(Horan), 2013).

다음 5년 동안 2020년 중국의 국내 채권시장의 모습을 형성하는 데 도움을 줄 네 가지 상황이 펼쳐질 것이다.

첫째, 위에서 언급했듯이 점진적인 탈중개화가 채무 증권 시장, 특히 지방채와 유동화를 지원할 것이다. 2015년의 스와프계약(이를 통해 글을 쓰고 있는 현재 1조 RMB의 표준화 지방채가 발행되었다)이 은행과 그림자금융 부문을 기반으로 하는 LGFV 차입금을 대체할 것이다.

둘째, 지속적인 금융 자유화와 시장 발전이 보다 효율적인 수익률 곡선을 만들고 파생상품 시장을 넓힐 것이다. 금리 규제 완화는 최종 단계에 진입했다. 이미 대부분의 금리가 사실상 자유화되었다. CGB의 첫 기준 수익률 곡선이 2014년 11월 공식적으로 발표되었다. 최근 국채 선물 상품도 다시 선보였다(매컬리와 마, 2015). 더 많은 고정 수익 파생상품이 출시될 수 있을 것이다.

셋째, 우리는 채권 투자자 기반이 보다 더 다각화될 것으로 기대하고 있다. 연금 기금과 채권 기금이 높은 비중을 차지할 것이고 보험사도 포함될 것이다. 꾸준한 자본 계정 개방으로 국내 채권시장에 대한 외국인의 참여가 상당히 높아질 것이다. 2015년 5월, 32개 QFII에 대해서 은행 간 채권시장의 진입이 허용되었다. 이로써 국내 RMB 채권의 외국인 보유액은 몇 달 만에 두 배가 되었다. 투자자 기반이 다각화되면 거래가 늘어나고, 거래가 늘어나면 시장 유동성이 확대된다.

넷째, 통합된 규제 제도와 보완 정책도 채권시장에 유리하게 작용할 것이다. 특히, 좀 더 강력하고 좀 더 투명한 예산 제도와 공채 관리 제도는 지방채 발행을 크게 증가시킨다. 한참 전에 이루어졌어야 할 라이벌 정부 기관 간의 규제 통합도 향후 몇 년 안에 이루어질 것으로 보인다.

표 4.2는 2015년에서 2020년까지 채권시장을 이루는 주요 요소들에 대한 우리의 기본 전망을 요약해서 보여준다. 우리는 국내 채권시장이 연 12퍼센트씩 성장할 것으로 예상한다. 우리의 기본 시나리오에서 10퍼센트로 예상한 명목 GDP 성장률보다 빠른 속도이다. 이는 자본시장의 깊이가 깊어지고 경제에서 직접 금융의 역할이 강화되었다는 반증이다. 이러한 상황은 주로 지속적인 CGB 시장의 성장, 정책금융채 발행의 확대, 지방채와 자산 유동화 증권의 도약에 의해 주도된다.

우리의 기본 시나리오에서는 2015년에서 2020년까지 명목 GDP가 최근의 속도와 비슷하게 증가할 것으로 보고 있다. CGB 시장은 명목 GDP와 유기적으로 연결되어 성장할 것으로 보인다. 정책금융채는 연평균 12퍼센트 정도의 속도로 확대되어 정부의 우선 과제인 적절한 가격의 주택 공급과 빈민가 재건축 프로젝트에 자금을 조달할 것이다. 지방채와 자산 유동화 증권이 폭발적인 성장을 보일 것이다. 이 부문에서

2015년에서 2020년까지 연간 35퍼센트의 성장을 예측하는 데에는 여러 가지 이유가 있다.

첫째, 새로운 예산법이 지방정부에 채권 발행 권한을 부여하고 있다. 둘째, 베이징이 만기가 도래한 엄청난 LGFV 부채(주로 그림자금융에서 나오고 단기인 경우가 많으며 금리가 높다)와 지방채의 스와프를 권장하고 있다. 셋째, 지속적인 도시화 과정에서 지방정부가 도시 이주민에게 서비스를 제공하는 데 필요한 자금이 늘어남에 따라 계속해서 자금 조달 부족 현상이 발생하고 있다. 넷째, 보다 지원적인 정책과 규정이 은행 자본에 대한 압박을 완화하기 위한 시도로 유동화를 촉진하고 있다.

우리는 통화 정책의 틀이 변화하고, 통화 개입이 줄어들고, 순자본 유입(어쩌면 유출 역시)의 속도가 느려지면서, 인민은행채 대부분이 2020년까지는 단계적으로 폐지될 것이라고 본다. 또, 비금융 회사채 부문이 상당히 느리게 성장할 것이다. 비금융 회사채 부문에서는 LGFV 발행이 큰 부분을 차지했으나 이 부분이 축소되거나 지방채로 대체되기 때문이다.

그럼에도 불구하고 암묵적인 정부 보증으로 인한 도덕적 해이의 위험이 감소하면서 회사채 부문이 진정한 신용 대출 시장에 가깝게 기능하면서 보다 효율적인 신용 가격 설정을 촉진할 것이다(마, 레몰로나(Remolona), 헤(He), 2006). 2015년 첫 4개월 동안 있었던 네 차례의 회사채 디폴트는 앞으로 회사채 시장이 느리지만 건전하게 성장할 것임을 암시한다.

: 국제적 관점에서 본 중국 국채시장 :

우리는 RMB 세계화의 관점에서 중국 채권시장 중 가장 핵심이 되는 부문을 깊이 파고들려 한다. MoF가 발행하고 역내 은행 간 단기 자금 시장, 혹은 환시장에서 주로 기관투자가들이 거래하는 CGB에 대해서 말이다.

첫째, 정책 결정권자들에게 시간이 흐르면 RMB가 보다 국제화된 통화가 될 것인가는 그리 중요한 문제가 아니다. 더 중요한 문제는 RMB가 의미 있는 국제통화의 지위를 획득할 수 있는지, 만약 그렇다면 그 방법은 무엇일지이다. 그러한 통화에는 세계적인 자산 집단(asset class)의 뒷받침이 있어야 한다. 보통 중앙정부나 연방 정부의 채권은 핵심적인 자산 집단을 이룬다. 국제통화인 RMB의 뒤에 작은 CGB 시장이 있다는 것은 상상하기 힘든 일이다.

둘째, 국채시장의 규모와 유동성은 밀접한 관련이 있다(매컬리, 레모놀나, 2000; 매컬리, 2003). 시장의 규모가 크다는 것만으로 유동성을 보장할 수는 없지만 큰 자산 풀 없이는 유동성을 논할 수 없다. 유동성이 크더라도 규모가 작은 CGB 시장은 의미 있는 글로벌 자산 집단이 되지 못한다. 더구나 규모가 큰 CGB 시장은 여러 규제 기관과 거래 플랫폼이 통합되도록 더 큰 압력을 행사할 수 있다.

셋째, 중국의 시장이 더 개방되어서 CGB 시장이 유동성이 크고 깊이가 깊은 시장이 되면 국가 간 자금 흐름의 변동에서 유발될 수 있는 충격을 더 잘 흡수할 수 있다. 이렇게 되면 당국은 국내와 해외 참가자들에게 1차, 2차 CGB 시장을 한층 더 개방해서 보다 다각화된 투자자와 시장 조성자 기반을 만들고 경쟁을 강화하게 된다. 그리고 이는 다시 유동성을 북돋우는 역할을 한다. 더욱이 역내 CGB 시장의 크기가 커지면 역외 '딤섬' 시장의 발전에도 도움이 된다. 전체 시장의 규모가 충분히 커지면 국내외 RMB 채권시장의 국가 간 부문은 큰 영향을 미치지 않을 것이다. 시장 분화는 관세와 건전성 규제에 차이가 있고 자본이 통제될 때 나타난다. 간단히 말해 규모와 유동성이 큰 국채시장은 RMB의 태환성을 높여서 결국 RMB의 세계적 위상까지 높여준다.

넷째, CGB 시장이 효율적으로 기능하면 수익률 곡선이 보다 탄탄해지고 회사채 시장과 지방채 시장을 지원할 수 있는 헤징 상품이 증가한다(세계금융시스템위원회(Committee on the Global Financial System), 1999a, b). 크고 동질적인 CGB 시장은 수익률 곡선과 신용 스프레드에 효율적이고 믿을 만한 기준을 제공하고 채권 파생상품의 가격을 결정함으로써 장기적으로 정부의 차입 비용을 낮추는 데 도움을 줄 것이다. 또한 효율적이고 믿을 만한 기준을 제공하고 불필요한 금융 비용을 제거함으로써 납세자의 부담을 경감시키고 전체적인 채권시장의 발전을 촉진할 것이다(BIS, 2002).

다섯째, 국채는 세계 펀드매니저들이 인정하는 최고의 자산 집단이며 중앙은행의 준비 자산 관리자가 가장 먼저 선택하는 자산이다. 대부분의 중앙은행은 우선 국채를 보유하고 그 위에 다른 채권 상품으로 신용 스펙트럼을 넓힌다. 기준 삼아 미국의 예를 들면, 외국인들은 미국 주식의 25퍼센트, 회사채의 30퍼센트, 국채의 60퍼센트를 보유하고 있다. 따라서 RMB가 장기적으로 중요한 준비통화가 되기 위해서는 크고 탄탄한 CGB 시장이 꼭 필요하다.

단순하게 표현하면, 크기가 다는 아니지만 장기적으로는 특히 중요하다고 말할 수 있겠다. 큰 CGB 시장은 다각화된 투자자 기반, 강한 경쟁, 질 높은 거래 인프라, 개방적인 시장, 큰 유동성에 필수적인 플랫폼을 제공하면서 RMB가 잠재적 국제통화로서 기능하는 구조를 지지하는 중심 기둥의 역할을 한다.

중국의 국채시장은 세계 7위다. 크기는 미국 국채시장의 약 10분의 1이며 스페인, 캐나다, 네덜란드보다 약간 크다(그림 4.2). 캐나다 달러(CAD)와 같이 대단히 국제화된 '작은 통화'가 되는 것은 적극적으로 RMB 사용 촉진에 나선 베이징이 바라는 그림이 아니다. 그런 그림을 상상한다면 세계적 상업은행이 RMB 비즈니스 기회를 찾기 위해서 자원을 쏟아붓지도 않을 것이다.

중국 채권시장을 국제적인 관점에서 보기 위해 우리가 기준으로 삼는 것은 SDR를 구성하는 네 개 통화로 표시된 국채시장들이다. 우선 미국 국채시장은 지난 20년 동안 규모와 깊이, 폭에 있어서 계속 우세한 위치를 유지했다. 이를 근거로 하면 USD가 가지고 있는 지배적인 국제통화로서의 위치는 앞으로 상당 기간 흔들리지 않을 것으로 보인다. 따라서 우리의 비교 연구는 SDR의 2군에 있는 통화로 표시된 시장, 즉 유로 국채, 일본 국채(JGB), 영국 국채시장에 좀 더 주목할 것이다.

유로존은 회원국 국채시장 총액이 8조 USD에 이르는 세계 2위의 경제 체제이자 거래자다. 이는 12조5,000억 USD인 미국 국채시장 규모에는 크게 못 미치지만 7조3,000억의 일본 국채시장보다는 조금 앞서는 크기다. 사실 10대 국채시장 중 다섯 개는 유로 회원국의 것이다(그림 4.2).

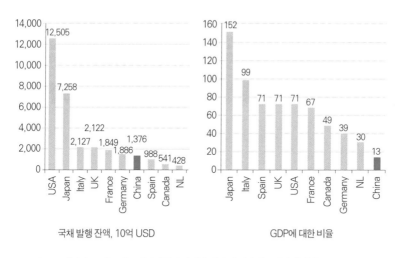

그림 4-2 **세계 10대 국채시장, 2014**

국채 발행 잔액, 10억 USD

GDP에 대한 비율

· **주의** | NL=네덜란드, 자료에는 중앙정부가 발행한 채무 증권만이 포함되어 있다.
· **자료 출처** | SIFMA, 일본 재무성, 영국 부채관리청, 캐나다 은행, 독일 연방은행, 세계은행, 차이나본드닷컴

그럼에도 불구하고 가까운 장래에 EUR이 USD의 우위에 도전할 가능성은 없어 보인다. 통화 동맹을 뒷받침하는 재정 통합이 제한적이라는 점이 주된 이유다. 전체 유로존에 존재하는 재정 협정은 단 몇 개에 불과하다. 1999년부터 안정성장협약(The Stability and Growth Pact)이 발효 중이지만 이 협약은 물론 다른 규정도 상시 시행되지는 않는다. 유럽연합(European Union, EU)의 예산 시스템을 통한 재정의 중앙집중화 역시 제한적이다. 19개의 다양한 정부 기관을 결속시키는 것은 유로존 재무장관들의 관리하에 있는 이런 허약한 조치들과 새로운 유럽 안정화기구(European Stability Mechanism, ESM)가 전부다. 이렇게 유로 국채

그림 4-3 주요 유로 국채시장, 2014

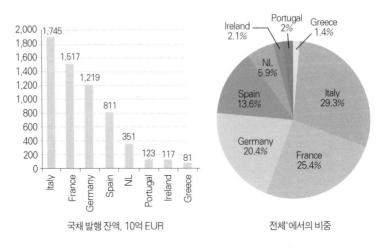

국채 발행 잔액, 10억 EUR

전체*에서의 비중

· **주의** | NL=네덜란드

    * 전체는 왼쪽 구획에 나열된 국채의 총합이다. 수치에는 중앙정부의 국채만 포함되어 있다.

· **자료 출처** | 독일 연방은행

시장은 분열된 상태를 유지하고 있다.

  공통의 중앙은행이 존재하더라도 깊이 있고 영구적인 재정 통합이 없다면 유로존 국채시장은 분열된 개개 국채시장을 조합해놓은 것에 불과하다. 그림 4.3은 8개 주요 유로 국채시장의 구성 비율을 보여준다. 유로존 전역의 신용 리스크에 상당한 차이가 있다보니 유로존 국채시장은 신용과 유동성 프리미엄이 제각각이고 변동이 심하며 비상시에는 이러한 성향이 더 두드러진다. 때문에 지방채 시장들을 모아놓은 것같이 보인다(그림 4.4).

  정치적 통합이 제한적이라는 것을 생각할 때 이러한 상황은 상당 기

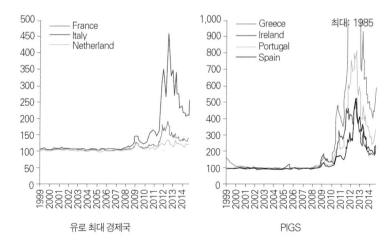

|||||||||||||||||||||||||||||| 그림 4-4 **10년 만기 국채 수익 스프레드(bps)** ||||||||||||||||||||||||||||||

유로 최대 경제국

PIGS

· **주의** | PIGS= 포르투갈, 아일랜드, 그리스, 스페인

· **자료 출처** | 데이터스트림(Datastream)

간 계속될 듯하다. 그리스 부채 위기는 문제를 두드러지게 만들었다. 막강한 독일 국채를 제외하면 유로존 국채시장의 깊이와 유동성에는 그리 신뢰가 가지 않는다. 여기에서 도출되는 결론은 EUR를 뒷받침하는 것이 통화 연맹 전체에 걸친 19개의 대단히 독립적인 국채로 구성된 이질적인 국채시장의 조합이라는 사실이다. 이는 공동 통화를 뒷받침하는 데 필요한 유동성을 심각하게 제한한다.

JGB 시장은 중앙은행 채권시장으로 미국 국채시장에 이어 세계에서 두 번째로 크다. 그렇지만 외국인이 보유한 JGB는 전체의 10분의 1에도 못 미친다. 국내의 민간 저축이 아직까지는 정부의 부(負)의 저축을 감당할 수 있기 때문이다. 더구나 몇 차례에 걸친 양적·질적 금융완화(Quantitative and Qualitative Easing, QQE) 덕분에 전체 JGB의 약 5분의 1을 BoJ가 보유하고 있다. 모든 정부 기관의 보유액을 합치면 전체 JGB의 약 3분의 1에 달한다. 이런 상황이 장기화된다면 시장 조성과 거래 모두를 침체시킬 수 있다. 극단적인 경우에는 시장 붕괴로 이어질 가능성도 있다. 또다시 대규모 QQE 프로그램이 시행된다면 JGB 시장의 유동성 유출이 심화될 것이다.

게다가 소위 '아베노믹스(Abenomics)'가 성공한다면 금리가 상당히 상승할 것이고 극단적으로 높은 JGB/GDP 비율을 고려할 때 채무 상환 역학에 부정적인 영향을 미칠 것이다. 일본의 경상수지 흑자가 계속 줄어들거나 적자로 돌아선다면 이자 비용이 더 상승할 수 있다. 그 결과, JGB 시장이 글로벌 자산 집단으로서 가지는 매력이 떨어질 것이다. 일본 정부가 힘을 미치는 범위가 커지면서 해외 기관들은 시장이 위험하다고 판단할 것이고 심지어는 외화 준비금의 주요 부분으로 신흥 시장의 채권이 JGB가 낫다고 생각하게 될 수도 있다.

마지막으로, 영국 채권시장은 무척이나 발전되어 있지만 그 규모는 미국 국채시장의 7분의 1에 불과하다. 또한 영국의 많은 부채와 상환 부담을 생각할 때 성장의 여지가 많지 않아 보인다. 또한 장기적으로 스코틀랜드 독립 움직임이 영국 채권시장에 계속해서 그림자를 드리울 것이다.

따라서 다음 10년 동안 중국이 해야 할 일은 여러 규제 기관이 공통의 기준을 채택하게 만드는 것이다. 이로써 보다 통합된, 보다 크고, 보다 효율적인 국내 채권시장이 형성된다면 CGB 부문의 유동성이 유로존의 국채시장이나 JGB 시장의 유동성과 대등해질 수 있을 것이다. 중국의 지도부는 향후 몇 년 동안 여러 정책 결정 기관과 규제 기관을 통합하는 일을 최우선 목표로 해야 할 것이다.

RMB 국제화의 측면에서 가장 중요한 문제는 CGB 시장이 2020년까지 세계적 수준의 국채시장에 도달할 수 있느냐 여부다. 2014년 10대 국채시장을 토대로 한 예측은 이 질문에 대한 실마리를 제공해줄 것이다.

중국을 제외한 10대 시장의 국채 발행 잔액(2014년 현재)은 2015년에서 2020년까지 연 5퍼센트씩 성장하는 것으로 가정한다. 이 단순한 추정은 대단히 공격적이며, 그 주된 목적은 실례를 보여주는 데 있다. 앞서 논의했듯이 우리는 CGB 발행 잔액이 같은 기간 동안 연 10퍼센트씩 증가할 것으로 가정한다.

CGB 시장이 연 10퍼센트씩 성장하고 USD 대비 RMB가 매년 1.5퍼센트씩 평가 절상된다는 우리의 기준 시나리오에 따르면 중국 국채의 발행액은 2015년에서 2020년 사이에 두 배가 될 것이다. 두 배가 증가하더라도 중국 국채시장의 규모는 미국 국채시장의 약 16퍼센트, JGB 시장의 27퍼센트에 불과하다(그림 4.5). 영국 국채시장의 규모와 비슷하고 프랑스 국채시장 규모를 약간 앞지르겠지만 세계 5위 이상으로는 오르지 못할 것이다. 합리적 추정에 따르면 2030년에도 CGB 시장은 미국 국채시장의 5분의 1에 불과할 것이다. CGB 시장이 진보를 계속하면서 지금의 추세를 지속시키는 것만으로는 CGB 시장을 세계 1위로 끌어올릴 수 없다. 따라서 2020년까지 CGB 시장이 RMB가 3대 글로벌 통화로 자리 잡을 만큼 큰 자산 집단이 되기는 힘들 것으로 보인다.

|||||||||||||||||||||||||| 그림 4-5 **10대 국채시장: 2014 vs. 2020(10억 USD)** ||||||||||||||||||||||||||

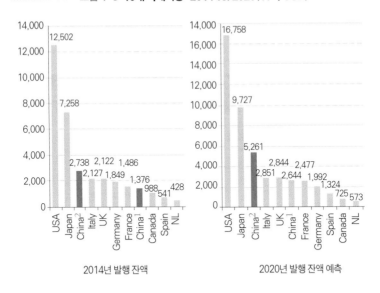

2014년 발행 잔액   2020년 발행 잔액 예측

· **주의** │ 중국[1]은 공공 부문 부채가 통합된 시나리오를 나타내고 중국[2]은 통합되지 않은 시나리오를
　　　　나타낸다. 2015년에서 2020년 사이 연 평균 성장률은 10퍼센트이고, 연간 1.5퍼센트의 평
　　　　가절상이 있을 것으로 가정한다.
· **자료 출처** │ SIFMA, 일본 재무성, 영국 부채 관리청, 캐나다 은행, 독일 연방은행, 차이나본드닷
　　　　컴, 저자의 계산.

그밖에도 CGB 시장은 미국 재무부 증권, 일본 국채, 영국 국채시장에
비해 유동성도 크게 떨어지고 분열되어 있으며 부분적으로 외국인 투
자가 제한되어 있다(표 4.4).

　우리의 기준 시나리오에 따르면 2020년까지 CGB 시장은 입지가 강
화되겠지만 유로존의 몇몇 핵심 채권시장이나 영국 채권시장과 대등해
지는 정도에 그칠 것이다. 따라서 SDR 회원국 통화로 표시된 국채시장
들보다 적은 규모로 남을 것이다(그림 4.5의 중국 각주 참조). 2020년까지

|||||||||||||||||||||||||||||||||||||||||||| 표 4-4 **주요 국채시장의 회전율** ||||||||||||||||||||||||||||||||||||||

	UST	길트 (Gilts)	JGB	CGB	선물 포함 CGB	중국 정책 은행	CDB 채권	인민 은행채
2004	29.7	29.7	9.1	5.4	0.2	0.2	0.9	1.5
2005	30.2	9.1	5.1	0.4	0.4	1.0	1.0	1.8
2006	26.7	8.5	6.6	0.5	0.5	1.3	1.2	1.7
2007	28.5	8.1	8.8	0.6	0.6	1.2	1.0	2.7
2008	24.4	7.6	8.2	0.8	0.8	2.3	1.6	5.9
2009	14.6	6.0	6.1	0.8	0.8	4.4	3.0	3.2
2010	15.3	5.3	5.1	1.4	1.4	4.6	3.9	4.3
2011	14.3	6.5	5.1	1.4	1.4	3.4	2.9	4.0
2012	11.8	5.2	5.5	1.4	1.4	3.2	2.6	4.8
2013	11.4	n.a.	5.4	0.7	0.8	1.6	1.5	1.1
2014	10.0	n.a.	5.9	0.7	0.8	1.7	1.9	0.3

· **주의** ｜ JGB= 일본 국채, 길트= 영국 국채, UST=미국 국채, CGB= 중국 국채, CDB= 중국 국가개발은행. n.a.는 해당 없음을 나타낸다. 회전율은 연간 총 회전수를 연초와 연말의 평균 발행 잔액으로 나누어서 계산한다.

· **자료 출처** ｜ SIFMA, UK DMO, 일본증권업협회, 차이나본드닷컴

중요한 국제통화로서의 RMB를 뒷받침할 수 있으려면 CGB 시장은 그림 4.5의 중국2와 같이 세계 3대 국채시장 안에 들어야 한다. 그러기 위해서는 과연 어떻게 해야 할까?

⦂ 딜레마와 대담한 공공 부채 통합 계획 ⦂

중국의 국채시장을 확장하는 한 가지 방법은 MoF가 적자 경영을 하고 차용을 늘려 새로운 지출 프로그램의 자금을 마련하는 것이다. 연금, 의료, 인프라에 대한 지출은 대단히 가치가 있는 일이다. 그렇지만 정부의 재정 적자를 과다한 차용으로 막으면서 CGB 시장을 확장시킨다면 장기적으로는 중국의 재정 상태에 손상을 줄 것이다. 이는 결국 중국의 신용 상태에 악영향을 주고, 리스크 프리미엄을 늘리고, 민간 부문의 투자 기회를 없애고, 심지어는 소비 지출까지 부진하게 만들 수 있다.

　과다한 재정 적자 없이도 CGB 시장의 규모를 크게 늘릴 수 있는 방법이 있을까? 우리는 이것이 다양하고 다각적인 민간 부문 부채를 중앙정부의 수준에서 동질적이고 시장성이 있는 CGB로 통합시킴으로써 가능하다고 본다.

　PBOC-MoF의 부채 스와프 계획이 그 예다. 이 계획에서 MoF는 일반에 더 많은 CGB를 발행해서 이러한 채권 발행의 수익금을 중앙은행에 예치하는 방식으로 현재 필요한 자금보다 많은 자금을 조달한다. 이렇게 단기적으로 준비금이 유출된 것은 현재의 의무 지급준비율을 그에 상응하게 낮추어서 상쇄시킨다. 이것은 본질적으로 중앙은행이 가진 유통이 불가능한 비유동성 부채(상업은행들이 PBOC에 의무적으로 예치한)를 MoF의 유통이 가능한 유동성 부채(CGB)로 전환하는 부채 차환이다. 표 4.5는 이러한 공공 부채 스와프 계획의 개요를 제시한다. 매컬리와 마(2015a)는 다양한 공공 부문 부채 통합 계획에 대한 분석적인 논의

표 4-5 중국 공공 부문 부채 통합 계획

	PBOC		MOF		
	자산	부채	자산	부채	메모
현재 상황: 2014년 말	외환보유고	지급준비금 22조7,000억 RMB MoF에 의한 8조6,000억 RMB 예치	인민은행제 PBOC 예치	8조6,000억 MoF 채권	지급준비금이 2006년에서 2014년 사이 외환보유고 축적의 약 85퍼센트
전환 계획	+MoF에 의한 RMB 예치 -지급준비금 8조5,000억 RMB		+PBOC에 8조 5,000억 RMB 예치	+MoF 채권의 신규 발행: 8조5,000억 RMB	정책 과제: 의무 지급준비율은 18퍼센트에서 9퍼센트로 낮추고 파일 보유율 2.5퍼센트로 유지한다.
결과	외환보유고	지급준비금 14조2,000억 RMB MoF에 의한 17조1,000억 RMB 예치	인민은행제 PBOC 예치	MoF 채권 17조1,000억 RMB	

· 주의 | 비슷한 계획이 여러 가지 있을 수 있다. 상세한 것은 배컬리와 마(2015b) 참조.
· 자료 출처 | 저자의 계산

를 제공한다.

　의무 지급준비율이 낮아지면 은행의 부담도 줄어든다. 우리가 이 옵션을 여기에서 설명하는 것은 이러한 재평형 방식이 경제에 대단히 건전한 영향을 미친다고 믿기 때문이다. 사실, 우리는 중국 지도부가 이 논리가 대단히 설득력이 있다는 것을 발견하게 되리라고 믿는다. 이 방식이 채택된다면 RMB가 진정한 글로벌 통화로 부상하는 시기가 크게 앞당겨질 것이다.

　중국의 의무 지급준비율은 세계에서 가장 높은 수준이었다. 이는 주로 막대한 외환보유고를 조성하고 방어하려는 PBOC의 니즈 때문이었다. 외환보유고의 확대는 2000년대의 첫 10년 동안 이루어졌다(마, 옌Yan, 류, 2013). 중국의 외환보유액은 1994년부터 2014년 사이에 70배 이상 증가해 약 4조 USD라는 믿기 어려운 액수에 이르렀다. 상업은행이 PBOC에 의무적으로 예치하는 자금이 2006년에서 2014년 사이 축적된 외환보유고의 85퍼센트를 차지했다. 2000년 6퍼센트였던 의무 지급준비율은 2011년 21퍼센트로 정점에 올랐다가 2015년 4월에는 18퍼센트로 하락했다. 세계 기준에서는 현재의 수준도 대단히 높다.

　높은 지급준비율은 금융 중개를 힘들게 하고, 상업은행에 부담을 주고, 금융비용을 늘리고, 규제 차익을 노린 그림자금융 활동을 조장한다. 아이러니하게도 의무 지급준비율에 의해 상업은행에 부과된 묵시적인 세금 부담은 금리가 자유화된 환경에서 현저히 커질 수 있다. 달리 말하면 금리 규제 완화 이후에 지급준비율로 인한 왜곡이 심화된다는 것이다. 따라서 금융 자유화와 그러한 규제 완화는 지급준비율의 의미 있는 감소와 반드시 함께해야 한다. 따라서 PBOC에 예치된 자금을

CGB로 전환시킨다는 우리의 계획은 자본시장 발전과 금융 자유화를 촉진한다.

예를 들어 현재 18퍼센트인 의무 지급준비율이 절반인 9퍼센트로 떨어진다면 이로써 커진 유동성이 10조 위안에 이를 수 있으며 자금 제공으로 2014년 말에 8조6,000억 RMB이던 CGB 발행 잔액을 두 배 증가한 17조 RMB로 손쉽게 증가시킬 수 있다(표 4.5). 즉시 CGB의 규모가 세계 3대 국채시장에 들 정도로 커지는 것이다(그림 4.5). 경제 성장률이 연간 10퍼센트라고 가정하면 2020년까지 국채의 발행 잔액은 현재 규모의 약 세 배인 24조 RMB로 미국 국채의 3분의 1, JGB 시장의 60퍼센트에 달할 것이다. 그때가 되면 CGB 시장은 세계적인 자산 집단으로서 강력한 경쟁력을 갖출 수 있다.

이러한 정책 변화는 다른 많은 이점을 제공하는데 우리는 그중에서 세 가지를 살펴보려 한다. 첫째, 이 정책은 분열되고 거래가 불가능하며 유동성이 없는 공공 부문의 부채를 규모가 큰 동질적 중국 국채시장에 통합시켜 채권시장 유동성을 강화할 수 있다. 규모가 커진 시장은 국내외의 많은 참가자를 수용하게 되고 결국 CGB는 세계적인 자본 집단으로서 큰 매력을 가질 수 있다. 또한 자본 계정이 개방적인 상황에서는 국가 간 자본 움직임에서 생길 수 있는 변동성으로 인한 충격을 보다 쉽게 흡수할 수 있다.

둘째, CGB 시장이 커지고 유동성과 규모가 확대되면 큰 규모의 국채 발행이 잦아지고, 이로써 보다 효율적이고 신뢰할 만한 수익률 곡선이 나올 수 있다. 이는 새로운 CGB 선물 시장의 개발을 지원하고, 금리 스와프 같은 보다 넓은 중국 신용 시장과 파생상품 시장의 확립을 돕는다.

셋째, 이러한 계획은 중국 상업은행에 부과되는 높은 지급준비금이라는 묵시적인 세금 부담을 줄이는 데에도 도움이 된다(마 등, 2013). 중국의 의무 지급준비율은 9퍼센트로 떨어진다 해도 여전히 높은 수준이다. 따라서 지급준비금이 많이 떨어지면 자연히 일반에게 개방되는 채권의 발행에 필요한 자금을 제공하고 금리 규제 완화에 의한 상업은행의 순이자마진을 흡수할 수 있다. 이렇게 된다면 금융 자유화에 대한 저항이 줄어들 것이다.

물론 이 계획에도 상방 리스크와 하방 리스크가 따른다. 가능성이 있는 하방 리스크로 다음 두 가지를 들 수 있다. 첫째, 계획의 실행에는 여러 정부 기관의 정책 협조와 합리적인 비용 분담이 필요하다. 준비금에 PBOC가 지불하는 이자는 1.62퍼센트로 1년 만기 CGB 수익의 절반 정도이다. 통합된 공공 부문의 이자 지급액이 늘어나는 것은 중국 은행에 부과되는 묵시적 세금이 사실상 삭감된다는 의미이다. 증가한 비용의 일부는 낮은 이자 지급액과 높은 이자 소득으로 기업의 수입이 높아지면서 상승하는 소득세로 상쇄된다.

둘째, 신용 평가 기구는 국가 부채가 많은 상황을 걱정한다. 그들은 중앙은행 부채와 재무부 부채에 차별을 두며 총액보다는 순부채를 더 걱정하는 경향이 있다. 이 점은 "필요한 것이라면 무엇이든 한다"는 ECB 총재 마리오 드라기(Mario Draghi)의 말에서 드러난다. 재무부의 추가적 차용이 시장으로부터 빈축을 사고 있던 시점에 나온 이 발언은 시장으로부터 대단히 긍정적인 반응을 불러왔다. PBOC 부채를 MoF 부채로 전환한다는 우리의 제안하에서는 MoF의 순부채가 아닌 총부채가 증가한다.

따라서 우리의 기본 시나리오는 2020년 이전 위와 같은 정책 혁신을 가정하지 않고 CGB 시장이 연평균 10퍼센트의 유기적인 성장을 이룬다고만 가정한다. 규모가 크지 않고 거래가 활발하지 못하고 분열된 공공 부채로는 국제 투자자들을 끌어들이기 힘들다. 중국이 가진 글로벌 통화의 꿈에 도움이 되지 않는 것은 말할 필요도 없다.

이 계획은 정부 수준의 상방 리스크 가능성도 안고 있다. 18퍼센트의 의무 지급준비율은 금융 자유화와 시장 개발의 일환으로 2퍼센트까지 삭감될 수 있다. 이러한 경우 CGB는 단기간에 세 배가 늘어나 GDP의 40퍼센트 선에 이르게 된다.

반면 유기적인 10퍼센트 성장과 공공 부문 부채 통합에 의해 CGB 규모가 두 배로 증가할 경우에는 2020년까지 중국 시장이 약 세 배까지 확장될 수 있다. 이렇게 된다면 중국 시장은 세계 3대 국채시장에 진입할 수 있다(그림 4.5). 그렇다 해도 그 규모는 미국 국채시장의 3분의 1, JGB 시장의 60퍼센트를 조금 넘는 수준이다. 이는 RMB를 주요 글로벌 통화로 만들려는 중국의 노력에 토대가 되어줄 것이다. 사실, 아베노믹스가 성공해서 JGB가 가진 성장과 집중의 문제가 해결하지 않는 한 2020년이면 RMB는 JPY보다 국제통화로서 보다 나은 입지에 서게 될 것이다.

더구나 CGB 시장이 더 커지면 중국의 정책 결정권자들은 외국인의 보유 비율을 늘리는 문제를 보다 편안하게 받아들이게 될 것이다. 확장된 CGB 시장의 외국인 보유 비중 역시 현재의 2.6퍼센트라는 미미한 수준에서 2020년 10퍼센트(현재 JGB 시장의 외국인 보유 비율에 비견되는, 표 4.6 참조)까지 증가한다면 우리의 기준 시나리오하에서 역내

|||||||||||||||||||||||| 표 4-6 **국내 국채의 외국인 보유(총액 대비 비율, 연말)** ||||||||||||||||||||||||

	한국	일본	태국	말레이시아	인도
2008	6.1	6.9	2.9	13.7	16.7
2009	7.0	6.0	3.2	15.5	18.6
2010	9.9	6.4	7.2	24.4	30.5
2011	11.2	8.5	11.5	28.8	30.8
2012	9.5	8.6	16.4	32.3	33.0
2013	10.8	8.3	17.4	30.8	32.5
2014*	10.6	8.9	17.6	31.9	38.1

* 2014년 3사분기 현재

· **자료 출처** | 아시안본드온라인(AsianBondsOnline).
　　　　　　　http://asianbondsonline.adb.org/regional/data.php

CGB 시장의 외국인 보유액은 7배까지(공공 부문 부채를 통합하는 대담한 계획하에서는 10배까지) 증가할 것이다. 보유액으로 보면 우리의 기본 시나리오에서는 2014년의 2,220억 RMB(360억 USD)에서 2020년에는 1조 5,000억 RMB(2,600억 USD)로, 대담한 정책하에서는 2조3,000억 RMB(4,130억 USD)로 증가하는 것이다. 대담한 정책 시나리오대로라면 2020년의 CGB 외국인 보유액만도 네덜란드의 국채시장 총 규모에 필적하게 된다(표 4.7).

규모와 유동성이 큰 역내 CGB 시장(CGB 시장의 유동성이 분열되고 전환되는 것에 대한 염려를 완화시킨다) 덕분에 역외 RMB 표시 채권시장 역시 빠르게 성장한다면 역내와 역외의 CGB 시장 모두가 서로를 보강하

|||||||||||||||||||||||||| 표 4-7 **중국 채권시장과 외국인 보유액 추정, 2020** ||||||||||||||||||||||||||
(10억 RMB[10억 USD], 연말)

	총액		외국인 보유		외국인 보유 비중(2)/(1)
2014					
총액	28,730	(4,626)	672	(108)	2.3%
CGB	8,553	(1,377)	222	(36)	2.6%
CDB	6,266	(1,009)	92	(15)	1.5%
(A) 2020e – 유기적 성장 시나리오					
총액	56,731	(9,918)	5,673	(992)	10%
CGB	15,152	(2,649)	1,515	(265)	10%
CDB	12,368	(2,162)	1,237	(216)	10%
(B) 2020e – 대담한 정책 시나리오					
총액	65,231	(11,404)	6,523	(1,140)	10%
CGB	23,652	(4,135)	2,365	(413)	10%
CDB	12,368	(2,162)	1,237	(216)	10%

· **주의** │ CGB의 연평균 성장률을 10퍼센트, CDB의 성장률을 12퍼센트, 채권시장 전체의 성장률
은 12퍼센트로 가정한다. 대담한 정책하에서 부채−통합 계획은 하룻밤 사이 CGB 발행 잔
액을 8조5,000억 RMB 증가시킨다. RMB/USD 환율은 2014년 말 6.21이었고 연 1.5퍼센
트 평가 절상을 가정해서 2020년 약 5.72가 될 것이다.

· **자료 출처** │ 저자의 계산

면서 세계 투자자의 포트폴리오에서 CGB의 규모를 한층 더 늘릴 수
있다.

그렇기는 하지만 아직 채권시장이 분열되어 있고 여러 기관이 금리를

관리하는 상황이기 때문에 단기적으로는 거래자나 투기자들이 헤징과 스와프 거래에 참여하기 어려울 것으로 전망된다. 세계적인 수준의 통화 시장에서 헤징이나 스와프 거래가 대단히 중요한데도 말이다. 어찌 되었든(앞서 논의한 뜻밖의 일이 없을 경우) 외환보유고에 RMB를 사용하는 경우가 늘어날 것이 분명하지만 유동성에 대한 제한이 계속된다면 빠른 시간 안에 CGB 시장이 신생 세계 기축통화를 뒷받침하기는 어려울 것이다.

: 국가 보증 채무 증권 :

국채는 보통 채권시장의 핵심이지만 국가가 지원 혹은 보증하는 기관의 채무 증권 역시 시장 유동성의 중요한 원천이다. 미국에서는 연방저당권협회(Federal National Mortagage Association, 패니 메이(Fannie Mae))와 연방주택담보대출공사(Federal Home Loan Mortgage Corporation, 프레디 매(Freddie Mac)) 같은 기관이 이러한 역할을 한다. 2011년 이전까지는 이러한 담보부 증권 시장이 미국 국채시장보다 훨씬 컸다(표 4.8). 이들 국가 보증 채무 증권은 중앙은행과 국부 펀드와 함께 외국인 투자자에게 중요한 자산 집단의 역할을 한다. 이러한 증권들이 USD 시장 유동성의 중요한 원천이었으며 그 규모와 깊이로 볼 때 사실상 미국 금융 시스템의 지주였다.

몇 년 전부터 중국의 자산 유동화 증권이 빠르게 성장하고 있지만 성장 속도는 아직 느린 편이며 다음 10년간 주요한 고정 수익 자산이 될

표 4-8 CGB, 중국 정책금융채, UST, US MBS 비교(발행 잔액, 10억 USD, 연말)

| | 중국 | | | | 미국 | | | |
| | CGB | | 정책금융채 | | UST | | US MBS | |
	총액	회전율	총액	회전율	총액	회전율	총액	회전율
2004	292	0.2	166	0.9	3,944	33.1	6,289	8.6
2005	326	0.4	216	1.0	4,166	33.9	7,206	9.3
2006	359	0.5	286	1.3	4,323	30.0	8,376	8.2
2007	607	0.6	378	1.2	4,517	32.0	9,373	9.0
2008	689	0.8	528	2.3	5,774	27.1	9,458	9.2
2009	781	0.8	651	4.4	7,261	15.8	9,342	8.0
2010	881	1.4	762	4.6	8,853	16.3	9,221	8.6
2011	999	1.4	1,003	3.4	9,928	15.1	9,044	6.8
2012	1,120	1.4	1,245	3.2	11,046	12.4	8,815	8.0
2013	1,261	0.7	1,432	1.6	11,854	11.9	8,720	6.5
2014	1,376	0.7	1,602	1.7	12,505	10.0	8,729	5.2

· 주의 | 회전율은 연간 총 회전수를 연초와 연말의 평균 발행 잔액으로 나누어서 계산한다.

· 자료 출처 | SIFMA, 차이나본드닷컴

정도의 규모로 성장할 가능성은 낮다. 대신 중국의 경우에는 다른 정부 보증 채무 증권이 눈에 띈다(표 4.8). 정부 보증 채무 증권의 자산 집단은 세 개의 주요 정책 은행, 즉 CDB, 중국수출입은행(Export-Import Bank of China, China Exim), 중국농업발전은행(Agricultural Development Bank of China)이 발행하는 채권으로 이루어진다. 정부가 완벽하게 보장하는 이러한 채권은 지난 10년 동안 5배 이상 늘어났다. 미국의 정부 기관 채권과 마찬가지로 중국의 정부 보증 채무 증권은 그 규모가 CGB 시장과 필적하거나 넘어선다. 세 개 정책은행 중 CDB는 가장 많은 채권을 발행하며 가장 큰 관심을 받는 기관이다.

일부 지표는 비교적 회전율이 높은 정책금융채 시장의 유동성이 CGB 시장보다 클 수 있다는 것을 보여준다. 여기에는 몇 가지 이유가 있다. 첫째, 주로 예산의 부족분을 벌충하기 위해 고안된 CGB 발행 시스템은 장기적인 시장 발전을 염두에 두지 않는다. 반면에 CDB의 경우 국가 기관에 준하는 지위를 누리면서도 시장 지향적이다.

둘째, CDB 채권은 혁신적이고 시장 지향적이어서 콜옵션부 채권, 풋옵션부 채권, 무이표 채권, 할인 채권, 스트립스(STRIPS) 채권, 금리변동부 채권과 같이 훨씬 다양한 상품을 제공한다. 셋째, 정책은행의 채권 발행 빈도가 높다는 것은 사안에 따른 발행 가능성이 높다는 것을 의미한다. 즉 유동성이 더 크다는 것이다. 넷째, 정책금융채는 CGB보다 수익률 곡선에서 보다 단기이고 유동성이 큰 영역에 집중된 경우가 많다.

마지막으로, CGB의 이자 소득은 면세이지만 자본 이득은 면세가 아니다. 이것은 매수 후 보유 전략을 부추겨 거래를 부진하게 만든다. 이러한 관찰 결과를 토대로 지금의 CGB 시장 규모에서 어떻게 시장 유동성을 개선시킬지 생각해볼 수 있다.

그러므로 정책금융채 시장, 특히 CDB 채권시장은 규모가 큰 매력적인 대안 자산 집단이다. 앞서 논의했듯이(표 4.2), 정책금융채 시장의 크기가 2015년에서 2020년 사이 두 배로 증가하면서 높은 평가를 받는 RMB 채권 자산도 크게 늘어날 것이다. 그러한 채권에 대한 국제 투자자의 보유 욕구가 2020년 CGB에 대해서도 동일하다면 해외 CGB 보유액은 그때까지 약 14배 증가한 2조 RMB(3,500억 USD)에 이를 것이다.

그렇지만 CGB와 CDB 채권은 동일한 유동성 풀에서 경쟁하고 그 풀을 나눠 갖기 때문에 수익 곡선의 건전성이 떨어질 가능성도 있다. 국가 보증 채무 증권은 기준이 되는 국내 수익률 곡선의 역할을 할 수 있지만 동시에 다수의 경쟁하는 기준 발행자가 될 수는 없다.

: 결론 :

규모가 크고, 깊이가 깊고, 유동성이 큰 CGB와 정책금융채 시장은 규모와 유동성이 큰 RMB 고정 수익 자산 집단을 이루어 RMB가 국제통화로 부상하는 데 도움을 줄 수 있다. 중국의 국내 채권시장은 규모에 있어서 현재 세계 6위의 자리에 있지만 미국 시장과 비교하면 6분의 1에 불과하다. 지금의 성장 추세대로라면 CGB 시장은 2020년에 주요 유로 국채시장들과 어깨를 나란히 할 수 있을 것이다. 하지만 그것만으로는 세계 3대 국채시장이 되기에 충분치 못하다.

금융 자유화, 자본 개방, 대담한 공공 부문 부채 통합 계획이라면 국채시장을 통합하고 유동성을 강화할 수 있을 것이다. 이렇게 된다면 2020년까지 CGB를 미국 국채시장과 JGB 시장에 이은 세계 3대 시장의 위치에 올릴 수 있을 것이다.

정책금융채는 규모와 유동성에 있어 CGB 시장과 필적하는 위치에서 대체적 RMB 고정 수익 자본 집단이 될 수 있을 것이다. 그렇지만 이를 위해서 베이징은 시장 분열과 도덕적 해이라는 제도적 약점을 극복할 방안을 반드시 찾아야 한다.

베이징의 정책이 성공한다면 2020년까지 외국인의 CGB와 정책금융채 보유는 우리의 기준 시나리오하에서 2조7,000억 RMB(4,700억 USD), 공공 부문 부채 통합 시나리오하에서 3조5,000억 RMB(6,200억 USD)에 이를 것이다. 이 규모는 2014년의 규모에서 9~12배 증가한 것이다. 자본 계정의 개방이 더 이루어진다면 중국의 채권시장은 보다 크고 투자 대상으로 적합한 RMB 자산 집단이 되어 RMB가 국제통화로 부상할 수 있도록 도울 것이다.

: 제5장 :

중국 주식시장과
금융시장의 변화

이 장은 국내 RMB 시장 중에서 중요한 두 부문에 대해 검토한다. 이 두 부문은 놀랄 만한 변화를 거쳤으며, 속도는 다르겠지만 2015년에서 2020년까지 성장을 계속할 것이다. 우리는 주식시장이 성장 속도가 GDP의 증가 속도보다 빠를 것이라고 예상한다. 하지만 은행업 부문은 현재의 지배적 위치가 흔들리는데다 경제 전반의 레버리지가 감소하고 있기 때문에 그보다는 느린 성장을 보일 것이다. 2020년까지 국내 시장이 확장되고 외국인 보유액이 늘어나면서 주식시장과 금융시장이 세계 투자자들에게 갖는 매력은 증가할 것이다.

A-주의 외국인 보유액은 2020년까지 14배 증가해 8조 RMB(1조 3,000억 USD)에 이를 것이다. 이는 싱가포르의 현재 시장 시가총액보다 큰 수치이다. 한편, 비거주자의 역내 예치금은 10조 RMB(1조7,000억

USD)로 세 배 이상 늘어나 역외 RMB 예치금 추정액의 두 배에 이를 것이다. RMB 채권시장과 마찬가지로 본격적인 게임은 이제 시작이다.

: 성장 중인 중국 주식시장 :

A-주 시장은 2015년 초 이전에도 그 규모가 상당했으나 그 이후 급속하게 확장을 거듭하면서 엄청난 거품을 만들었고 이후 붕괴했다. 큰 규모에도 불구하고 A-주 시장은 큰 결함들 때문에 자금 조달 능력과 세계적인 기준 지수라는 측면에서 함량 미달 상태이다. 규모가 크고, 깊이가 깊고, 효율적인 주식시장은 중국의 지속적인 경제 체제 전환에 필수적이다. 시장 기반 개혁, 법의 지배, 규제 완화와 개방의 강화 모두가 중국 주식시장이 세계적인 RMB 자산 집단으로 발전하는 데 도움을 줄 것이다.

빠르게 성장하고 있지만 두각을 나타내지는 못하는

중국 현대 시장의 역사는 상하이증권거래소(Shanghai Stock Exchange, SSE)와 선전증권거래소(Shenzhen Stock Exchange, SZSE)가 설립된 1990년대 초반으로 거슬러 올라간다. 1980년대에 합자회사와 그들의 주식을 거리에서 거래하던 혼란스런 실험을 거친 이후의 일이었다. SSE와 SZSE는 시가총액으로 세계 10대 증권거래소(그림 5.1, 왼쪽 참조)에 포함된다. A-주 시장은 단 25년 만에 엄청나게 성장했다. 2014년 시가총액은 6조 USD가 넘어 세계 2위로 일본을 앞질렀다. 미국의

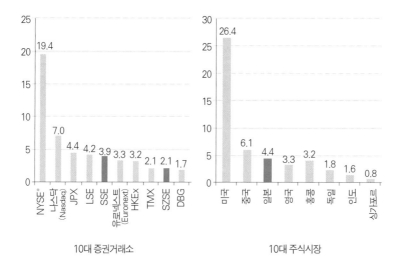

|||||| 그림 5-1 **세계 10대 증권거래소와 주식시장(2014년 시가총액 기준, 조 USD)** ||||||

10대 증권거래소

10대 주식시장

· **주의** | (1) NYSE와 유로넥스트는 2007년 NYSE유로넥스트로 합병되었으나 우리는 합병이 없었던 것처럼 별개로 표시하고 있다. (2) LSE는 런던 증권거래소그룹(London Stock Exchange Group) 자료를 말하며 이탈리아 주식시장을 포함한다. (3) JPX는 일본 증권거래소그룹(Japan Exchange Group)을, LSE는 런던 증권거래소, SSE는 상하이 증권거래소, HKEx는 홍콩 증권거래·청산소(Hong Kong Exchanges and Clearing Limited), TMX는 토론토 증권거래소(Toronto Stock Exchange), SZSE는 선전 증권거래소, DBG는 독일 증권거래소그룹(Deutsche Börse Group)을 말한다.

· **자료 출처** | CSRC, NBS, HKEx 웹사이트, 일본 증권거래소그룹, 대만 증권거래소, SSE 연차 보고서, 홍콩 증권·선물위원회(Hong Kong Securities and Futures Commission, CEIC), FGI 분석(FGI analysis).

주식시장 규모와 비교하면 4분에 1에 불과하지만 말이다(그림 5.1, 오른쪽).

두 증권거래소에 상장되어 있는 기업은 2014년 현재 2,600개로 2004년에 비해 두 배 증가했다(표 5.1). 2014년 말 현재 SSE의 시가총액이 SZSE의 두 배이지만 순자기자본의 측면에서는 선전이 상하이에 필적

|||||||||||||| 표 5-1 **SSE와 SZSE의 주요 지표(2004~2014)(10억 RMB)** ||||||||||||||

	시가총액		유통 시가총액		자본 조달		상장사(개수)	
	SSE	SZSZ	SSE	SZSE	SSE	SZSE	SSE	SZSE
2004	2,601.4	1,104.1	735.1	433.8	45.7	19.7	837	536
2005	2,309.6	933.4	675.5	387.6	3.0	3.0	834	544
2006	7,161.2	1,779.2	1,642.8	857.5	211.6	49.0	842	579
2007	26,983.9	5,730.2	6,453.2	2,853.2	670.1	117.5	860	670
2008	9,725.2	2,411.5	3,230.6	1,290.8	223.8	123.4	864	740
2009	18,465.5	5,928.4	11,480.5	3,654.4	334.3	171.3	870	830
2010	17,900.7	8,641.5	14,233.7	5,077.3	553.2	408.4	894	1,169
2011	14,837.6	6,638.2	12,285.1	4,207.0	320.0	448.3	931	1,411
2012	15,869.8	7,165.9	13,429.4	4,736.4	289.0	204.6	954	1,540
2013	15,116.5	8,791.2	13,652.6	6,305.3	251.6	176.2	953	1,536
2014	24,397.4	12,857.3	22,049.6	9,512.8	396.3	423.0	995	1,618

· **주의** | 그림 5.1의 주의 참조. SSE와 SZSE의 자본 조달 총액이 CSRC가 추정한 국내 자본 조달 총액과 다른 것은 CSRC의 통계적 조정 때문이다.

· **자료 출처** | SSE와 SZSE 연차 보고서

하며 때로는 상하이를 앞지르기도 한다. SZSE에는 SME과 성장 기업이 많기 때문에 상장사의 숫자가 더 많다.

소위 '신삼판(新三板)' 시장이 2012년 말 출범했다. 미국의 OTC 블루틴보드(OTC Bulletine Board)나 핑크시트 거래시스템(pink-sheets trading system)과 비슷한 신삼판에는 2015년 초 현재 2,000개 이상의 기업이 있으며 그 숫자가 폭발적으로 증가하고 있다.

표 5-2 **중국의 주식시장: 주요 지표(2004~2014)**

	시가총액		유통 시가총액		국내 자본 조달	
	가치 (10억 RMB)	GDP 대비 비율(%)	가치 (10억 RMB)	GDP 대비 비율(%)	가치 (10억 RMB)	GDP 대비 비율(%)
2004	3,705.6	23.1	1,168.9	7.3	87.8	0.5
2005	3,243.0	17.4	1,063.1	5.7	33.9	0.2
2006	8,940.4	41.1	2,500.4	11.5	237.9	1.1
2007	32,714.1	122.1	9,306.4	34.7	789.8	2.9
2008	12,136.6	38.3	4,521.4	14.3	353.5	1.1
2009	24,393.9	70.6	15,125.9	43.8	499.6	1.4
2010	26,542.3	64.9	19,311.0	47.2	895.5	2.2
2011	21,475.8	44.4	16,492.1	34.1	507.3	1.0
2012	23,035.8	43.1	18,165.8	34.0	312.8	0.6
2013	23,907.7	40.7	19,958.0	33.9	280.3	0.5
2014	37,254.7	58.5	31,562.4	49.6	485.6	0.8

· **주의** | 국내 자본 조달에는 A-주와 B-주를 통한 자본 조달이 포함되며 H-주나 N-주를 통한 자금 조달은 제외된다. 국내 자본 조달은 IPO 자본 조달과 A-주와 B-주의 2차 모집을 더해 계산된다.

· **자료 출처** | CEIC, NBS, CSRC

중국의 국내 시장에는 비중이 큰 RMB A-주 외에도 작은 부분이나마 B-주, HKD나 USD로 표시된 주식들이 있다.

2014년 현재, 국내 시장 시가총액은 GDP의 약 60퍼센트로 10년 전의 23퍼센트에 비해 크게 성장한 상태이다. 비유통주와 제한부 주식

||||||||||| 그림 5-2 **주식시장 시가총액의 GDP 대비 비중과 세계적 비중, 2014** |||||||||||

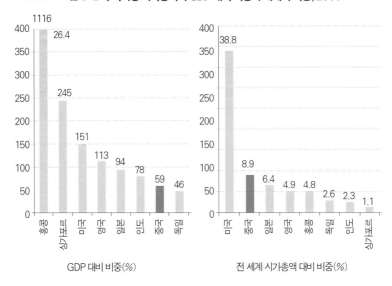

GDP 대비 비중(%)　　　　　　전 세계 시가총액 대비 비중(%)

· **주의** | (1) 중국의 시가총액은 표 5.2의 시가총액과 같다. (2) 싱가포르의 시가총액은 싱가포르 증권거래소에 나타난 것을 반영한다. (3) 미국의 시가총액은 NYSE 유로넥스트와 NASDAQ 을 합한 값이다. (4) 영국의 시가총액은 런던 증권거래소(주판과 AIM)에 나타난 것을 반영한다. (5) 인도의 시가총액은 봄베이 증권거래소(Bombay Stock Exchange)에 나타난 것을 반영한다. (6) 독일의 시가총액은 프랑크푸르트 증권거래소(Frankfurt Stock Exchange)에 나타난 것을 반영한다.

· **자료 출처** | 세계거래소연맹(World Federation of Exchanges), CSRC, NBS, HKEx 웹사이트, 일본 증권거래소그룹, 대만 증권거래소, SSE 연차보고서, 홍콩 증권·선물위원회(Hong Kong Securities and Futures Commission), CEIC, FGI 분석.

을 제외한 유통 시가총액 역시 2004년의 GDP의 7퍼센트에서 2014년 GDP의 50퍼센트로 빠른 증가세를 보였다(표 5.2). GDP 대비 시가총액 비율은 독일보다 높고 인도에 비해서는 낮다. 중국 주식시장은 명목 GDP보다 빠르게 성장할 것이다. 이는 은행의 탈중개화와 디레버리징이 예상되기 때문이다.

그럼에도 불구하고 최근의 순자본 조달은 GDP의 1퍼센트 미만에 불과했다. 이에 대해서는 이후에 자세히 검토할 것이다. 지금으로서는 이것이 중국의 국내 금융에서 주식의 비중이 비교적 낮은 상황과 일치한다고 간단히 언급하고 넘어가도록 하겠다(채권시장에 대해서는 제4장 참조).

또한 중국의 주식은 세계 투자자의 포트폴리오에 많이 등장하지 않는 상황이다. 전 세계 시가총액의 9퍼센트를 차지함에도 불구하고(그림 5.2), 두 개의 주요한 벤치마크지표, 모건스탠리캐피털 인터내셔널지수(Morgan Stanley Capital International Index, MSCI)와 파이낸셜타임스 스톡 익스체인지(Financial Times Stock Exchange, FTSE)지수에 포함되지 않았다. 그렇지만 중국은 해외 상장 기업과 역내 B-주만의 가치를 기반으로 하는 MSCI 신흥시장지표에서 19퍼센트를 차지하고 있다. FTSE가 무대에 오르는 과정에 있는 A-주를 포함하는 새로운 과도적 지수 두 개를 고안했고, MSCI 역시 신흥시장지수에 A-주의 단계적 편입을 고려하고 있는 것으로 알려졌다(MSCI, 2014).

A-주가 세계 벤치마크지수에 포함되지 못한 데에는 A-주 기업의 복수 의결권 주식에 대한 유통 제한, 역내 주식시장에 대한 외국인의 접근 제한, 헤징과 차익 거래를 막는 외환 통제, 정산 문제, 투자자 보호와 기업 지배 구조에 대한 우려라는 네 가지 주요한 이유가 있다.

위에서 언급한 두 개의 주요한 증권 벤치마크지수에 단계적으로 진입하는 일은 RMB가 IMF의 SDR 바스켓에 들어가는 것과 상당히 비슷한 방식으로 A-주가 세계적인 자산 집단으로 부상하는 데 도움을 줄 것이다. 2005년 중국의 복수 의결권 주식 구조에 대한 비유통주 개혁 이후,

첫 번째 장애가 사라졌다. 대부분의 A-주를 유통할 수 있게 되었고 이로써 시가총액에서 유통 시가총액의 비중이 2004년의 3분의 1에도 못 미치던 것이 2014년에는 85퍼센트로 증가했다. 첫 번째 장애물의 대부분이 제거된 것이다.

두 번째 장애는 A-주 시장에 대한 외국인의 접근이 QFII, RQFII, 상하이-홍콩 교차 매매 협정과 곧 있을 선전 계획(제3장 참조)과 같은 국가 간 포트폴리오 투자 계획으로 통제되고 있다는 사실이다. 상장 회사에 대한 외국인 소유는 외국 투자자 1인당 10퍼센트이며 시장의 모든 외국인 투자자에 대하여 30퍼센트로 제한되고 있다. 그렇지만 유입에 대한 QFII와 PQFII의 할당액이 증가한 것에서 입증되듯이 이들 계획의 국가 간 투자 한도는 상당히 늘어났으며 절차도 간소화되었다. 이들을 모두 합치면 QDII의 유출 한도를 넘는다(그림 5.3). 더구나 2015년 4월 갑작스럽고 짧은 홍콩 주식시장의 급등 때를 제외하면 후강퉁 일일 한도를 적용해야 하는 경우는 거의 없었다.

또한 외환 장벽이 낮아졌다. 우리는 앞으로 몇 년 안에 자본 계정과 외환의 상당한 자유화가 있을 것으로 내다보고 있다(제3장, 제6장 참조). 2015년 4월부터 QFII 투자자들은 주간 단위가 아닌 일간 단위로 자금을 국내외로 이동할 수 있게 되었다. 더욱이, 빠르게 성장하는 역외 RMB(CNH) 시장이 외국인의 헤징을 촉진하고 있다. 실제로 신흥 시장 증권 포트폴리오의 헤징 비율은 높지 않지만 말이다.

마지막으로 CSRC는 투자자 보호와 기업 지배 구조를 강화하고, 자기 거래와 내부자 거래를 엄중하게 단속하고, 공시와 회계 기준을 개선하고, 상장 폐지와 같은 징계 조치를 강화하기 위한 조치를 취하기 시작했다(앨런 (Allen) 등, 2014). 시간이 지나면서 이러한 조치들이 A-주 시장을 지지하는 제도의 질을 강화하게 될 것이다.

요약하면, 외국인의 국내 시장 투자가 쉬워지고 있으며, 이것이 오래지 않아 MSCI와 FTSE에 A-주가 포함될 기회를 만들어줄 것이다. 이는 다시 시장이 세계 투자자의 포트폴리오에서 차지하는 비중을 높임으로써 A-주 시장이 세계적인 증권 자산 집단으로서 더 큰 매력을 갖게 하고 투자 대상으로 적합한 RMB 자산을 늘릴 것이다.

미성숙의 결함

그럼에도 불구하고 국내 금융의 면에서나 국제적으로나 A-주 시장이 거둔 성과는 아직 미미하다. 제4장에서 논의했듯이 상업은행이 금융계를 지배하고 있고 채권시장과 주식시장은 부차적인 역할만을 맡고 있다. 최근 몇 년간 역내 증권시장을 통한 순자본 조달은 평균적으로 GDP의 0.8퍼센트에 그쳤다(표 5.2). 미국의 1.5~1.8퍼센트와 비교되는 낮은 수치다. 자본 통제만을 탓할 수 없는 상황인 것이다.

사실, 중국 증권시장의 미미한 자본 조달 능력은 높은, 그리고 계속 높아지는 기업 레버리지가 주된 원인이었다. 은행 여신과 채권은 의미상 부채 금융이다. 중국이 까다로운 디레버리징 과정을 관리하려면 훨씬 강력한 자본 조성 능력을 가진 주식시장이 필요하다. 새로운 기업과 신흥 산업, 산업의 업그레이드를 위해서도 자금 조달이 특히 중요하다. 자금 조성 능력은 자본 분배의 문제를 개선하는 데 도움을 주며 중국 경제가 보다 지속가능한 성장 모델로 전환하는 일을 가능하게 한다.

그렇다면 시장의 규모는 상당히 큰데도 시장의 역량이 그토록 형편없는 이유는 무엇일까? 가장 큰 이유는 아마도 정부의 모순적인 역할에 있을 것이다(첸(Chen), 2013). 현대 기업은 외부 투자자에게 유통이 가능한 증권을 발행하는 한편 투자자들이 제한적인 책임만을 지도록 보장하는 능력을 특징으로 한다. 소유권과 관리를 이런 식으로 분리하기 위해서는 외부 주주들의 이해관계를 보호하는 광범위한 지원 규정과 제도가 필요하다.

더구나 서구의 주식 공개기업 대부분은 처음부터 민간의 소유였다. 민영화된 SOE 몇 개만이 예외일 뿐이다. 반면에 중국의 상장 기업은 대부분이 원래 국가의 소유였거나 국가의 통제하에 있었다. A-주 시장이 시작되고 첫 10년 동안 상장된 기업들의 경우에는 특히 더 그렇다. 사실 시장 자체가 주로 금융상의 문제가 있는 SOE를 개혁하거나 거기에 자금을 제공하기 위한 목적에서 만들어졌다. 따라서 처음부터 정부가 맡은 역할들 간에 모순이 존재했던 것이다. 상장된 SOE의 지배주주이면서, SOE의 영업을 규제하는 기관인 동시에, 지배 주주인 자신과 외부 주주 사이의 분쟁에서는 중재자인 것이다. 사법부의 독립성이 보장되지 않는다는 점도 불리한 조건이다. 간단히 말해 중국 주식시장의 형성은 민간 기업이 대중으로부터 자본을 조달하도록 하는 것과는 관계가 없었고 처음부터 SOE에 협조하기 위한 의도에서 비롯되었다.

이러한 근본적 결함을 생각하면 시장이 왜 유독 SOE를 싸고돌았는지, IPO의 승인 절차가 왜 그렇게 관료주의적이고 정치적인지, 투자자 보호가 왜 그토록 허술한지와 같은 질문의 답을 쉽게 찾을 수 있다. 중국 정부에게는 처음부터 IPO 승인을 제한해서 새로운 상장에 대한 욕구가 강해지도록 만들어야 할 강력한 동기가 있었다.

특히 시장이 만들어지고 처음 10년 동안, CSRC, NDRC, 지방정부, 관련 부처들의 협상에 의해 IPO의 수와 크기를 제한했다. 은행 부문의 정책 자금 지원과 마찬가지로 뒤에서 이야기할 중소판(SME Board, 中小板, 2004)과 창업판(ChiNext Board, 創業板, 2009)이 만들어지기 전까지는 많은 상장이 사실상 '정책 IPO'였다.

더구나 2005년의 비유통주 개혁이 있기까지 SOE의 복수 의결권 주식 구조(국가, '법인'으로서의 기업, 일반 투자자 사이에 나뉜)는 상장기업에 대한 국가의 통제를 보장하기 위해 만들어졌다.

이러한 결함들 덕분에 시장의 기능은 저하되었다. 최근까지는 상장에 의해 조달된 자본의 대부분이 편애를 받고 있는 SOE로 갔다. 따라서 IPO 절차는 정치적이었고, 비용이 많이 들었고, 부정직했다. 부분적으로는 지대 추구(rent-seeking, 경제 주체들이 자신의 이익을 위해 비생산적인 활동에 경쟁적으로 자원을 낭비하는 현상-옮긴이)에도 원인이 있다. IPO 주식의 가격은 종종 지나치게 높거나 낮게 책정되어 2차 시장의 변동성으로 이어졌다. 이후 침체된 2차 시장을 부활시키기 위해 2013년 CSRC가 인위적으로 IPO 가격의 상한을 주가수익률의 23배 이하로 정하는 비공식적인 지침을 내리기 시작했다. 때문에 가격은 시장의 수요와 공급을 반영하지 못했고 이로써 IPO는 거의 도박처럼 인식되었다.

정치적 이데올로기 역시 SOE의 기존 주식에 대한 투매를 제한한다. 이것이 유동 주식을 제한했기 때문에 2005년의 개혁 이후에도 많은 기업의 주식 구조가 지나치게 집중되는 현상이 나타났다. 제한된 수의 유통주는 도박에 사용되는 칩에 가까워서 소매 투자자를 끌어들이고 투기 거품과 거품 붕괴의 원인이 되는 동시에 가치 투자자의 의욕을 꺾는다.

사실, 중국 주식시장의 기능이 너무나 형편없기 때문에 많은 기업(SOE와 민간 기업 모두)이 법이나 제도, 시장 인프라가 우수한 홍콩 시장에 주식을 상장해왔다. 그것이 H-주(중국에서 설립되고 홍콩에서 상장된 회사의 주식 – 옮긴이)와 '레드 칩(red-chip, 해외에서 설립되고 홍콩에서 상장된 회사의 주식 – 옮긴이)'의 주된 동인이었다. 뉴욕, 런던, 토론토, 싱가포르, 프랑크푸르트와 같은 역외 주식시장으로 가는 중국 기업들이 늘어나고 있다.

2005년에는 베이징이 국가가 관리하는 주요 은행의 첫 IPO에서 상하이와 선전을 택하지 않았다. 국가가 관리하는 4대 은행(중국건설은행(China Construction Bank), 중국은행(Bank of China), 중국공상은행(Industrial and Commercial Bank of China), 중국농업은행(Agricultural Bank of China))을 홍콩에 처음 상장하기로 한 베이징의 결정은 A-주 시장에 대한 불신임 투표인 셈이다. 그간 많은 주력 SOE와 유망한 민간 기업이 해외에 상장되었다. 현재 일부 기업은 A-주 시장과 H-주 시장에 교차 상장되어 있기도 하다. 역외에 상장된 중국 기업의 추정 시가총액은 모든 중국 상장 기업 시가총액의 3분의 1 정도이다. 이것은 후진적인 A-주 시장이 RMB 국제화는 말할 것도 없고 경제 성장과 개혁에 큰 제약이 되고 있다는 반증이다.

이 모든 것이 국내 시장을 뒷받침하는 제도의 약점을 강조하고 있지만 거꾸로 생각한다면 이러한 결함이 고쳐졌을 때는 엄청난 가능성을 기대해볼 수 있다는 의미도 된다. 물론 쉬운 일은 아니다. 다음의 세 가지 중요한 개혁이 이러한 잠재력을 개발하는 출발점이 될 수 있을 것

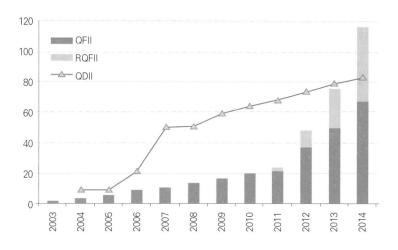

그림 5-3 **QFII, RQFII, QDII 할당액(10억 USD)**

· **주의** │ RQFII 할당액은 RMB로 표시되며 연말 환율을 이용해서 USD로 전환시켰다.
· **자료 출처** │ CEIC, PBOC

이다.

첫째, SOE에는 소유권의 근본적인 다각화가 필요하다. 최근에 제안된 혼성 구조가 바람직한 방향으로 가는 첫 단계가 될 것이다.

둘째, 공시, 감사, 투자자의 권리가 반드시 강화되어야 한다.

셋째, 승인 기반 IPO 체제가 대부분의 증권거래소가 사용하는 허가 기반 절차로 대체되어야 한다. 성숙한 증권거래소에는 객관적인 경제적 기준을 만족하는 어떤 기업이든 상장할 수 있다. 이런 면에서 2015년 3월 전국인민대표회의(National People's Congress)에 상정된 증권법 개정안은 상당히 고무적이다.

그렇지만 이러한 개정안에서는 IPO 승인 권한이 CSRC에서 두 개의 증권거래소로 이전된다. 이 두 증권거래소는 법인체나 회원 기반의 기관이 아닌 CSRC의 보조 기관이다. 따라서 등록 기반 체제의 문제점을 해결하기 위한 대안이 단순히 절차에 대한 통제권을 중앙정부 기관에서 하급 기관에 넘기는 결과를 초래할 위험이 있다.

지방정부 재정의 개혁에는 정부 지분의 투매 추세를 촉발함으로써 SOE 소유권의 대규모 다각화를 앞당기는 효과도 있다. 정부가 보유한 SOE 주식을 자금 부족에 시달리는 연금과 사회보장 사업으로 이전하는 것도 소유권의 다각화에 도움이 된다. 하지만 정부가 자신의 지배 지분을 줄일 만한 의지를 가지고 있는지는 미지수다.

마지막으로, 현재는 민간 부문이 새로운 일자리의 3분의 2 이상을 만들고 있는 상황이다보니 정부가 주식시장에 대한 진입을 허용하는 문제에 있어 전보다 공정해질 수 있을 것이다. 즉, 베이징은 시장 진입권을 곤란에 빠진 SOE를 긴급 구제하는 정책 도구로 사용하는 관행을 버리고 보다 많은 SME와 민간 기업의 진입을 허용하게 될 것이다. 물론 시장 제도 자체가 약한 상태에서 그것만으로 자본 흐름이 보다 효율적으로 변하고 민간 기업을 시장으로 끌어들일 것이란 기대를 하기는 힘들다.

유망한 징조, 하지만 앞에 있는 몇 개의 장애물

2000년대에 SZSE에 두 개의 새로운 판이 신설된 것은 고무적인 일이다. 중소판은 중소형 주식이 주가 되고, 창업판은 기술 기업과 신성장 기업이 주가 된다. 이 두 판은 새롭게 조성된 자금이 생산적이고 자본에 목마른 민간 부문과 신생 기업에 더 많이 분배되도록 할 것이다.

표 5-3 **SZSE 중소판과 성장판의 지표**

	SZSE 전체에서의 비중(%)			국가 전체에서의 비중(%)		
	자본–			자본–		
	시가총액	자본 조달	회전량	시가총액	자본 조달	회전량
2004	3.7	46.3	5.2	1.1	10.4	1.9
2005	5.2	96.0	9.7	1.5	8.6	3.8
2006	11.3	36.6	9.4	2.3	7.5	3.4
2007	18.6	38.2	10.4	3.3	5.7	3.5
2008	26.0	34.8	19.2	5.2	12.1	6.2
2009	31.2	45.6	26.4	7.6	15.6	9.3
2010	49.4	81.1	42.1	16.1	37.0	18.6
2011	52.5	50.8	47.8	16.2	44.9	20.8
2012	52.4	55.8	56.8	16.3	36.5	27.1
2013	59.4	34.9	63.5	21.9	22.0	32.3
2014	56.7	52.0	62.8	19.6	45.3	30.9

· **주의** │ 국가 총 자본 조달은 국내 자본 조달 총액을 말한다.

· **자료 출처** │ CSRC, NBS, SZSE

　　두 판의 시가총액은 2004년 SZSE 전체의 5퍼센트 미만이었으나 2014년에는 50퍼센트를 넘어섰다(표 5.3). 중국 전체의 시가총액에서 그들이 차지하는 비중은 같은 기간 1퍼센트에서 20퍼센트로 증가했다. 더 중요한 것은 두 판을 통한 순자본금 조달이 2004년 국내 총자본 조달의 10퍼센트에서 2014년의 45퍼센트로 증가했다는 점이다.

|||||||||||||||||||||| 그림 5-4 **여러 주식시장 판의 주가 지수와 주가수익비율** ||||||||||||||||||||||

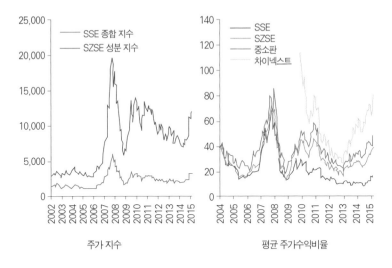

주가 지수   평균 주가수익비율

· **주의** │ SSE는 상하이 증권거래소, SZSE는 선전 증권거래소를 말한다.

· **자료 출처** │ CEIC

그러나 중소판과 성장판은 가능성인 동시에 문제이기도 하다. 그들의 성공을 계기로 SSE는 빠르게 성장하는 신산업 기업의 수요를 충족시키기 위해 향후 몇 년 안에 신흥 산업 판을 만들 계획을 마련했다. 앞서 언급했듯이 발생기에 있는 '신삼판'이 신생 기업을 비롯한 유망한 성장 동력에 자금을 대는 데 도움을 줄 수도 있다. 하지만 한편으로 최근 SZSE 판에서는 많은 변칙이 나타나고 주가수익비율이 50을 넘는 등(그림 5.4) 가치에 거품이 생기는 모습이 눈에 띄고 있다. 그에 비해 NASDAQ의 평균 주가수익비율은 약 20이다.

SZSE 판에서 나타나는 변칙은 주로 시장 참가자(투자자와 중개자 모두)

|||||||||||||||||||||| 표 5-4 **SSE 투자자 현황(SSE 전체에 대한 비중, 2013)** ||||||||||||||||||||||

	보유 계정(%)	보유 가치(%)	회전율(%)
기업 투자자	0.1	63.6	2.5
개인투자자	99.8	21.8	82.2
기관투자가	0.1	14.6	15.3
투자 기금	0.0	4.5	6.2

· **자료 출처** | SSE 통계 연보 2014

의 구성에서 비롯된다. 주식 소유권이 지배 주주에게 지나치게 집중되어 있고 2차 거래는 소매 투자자가 지배한다. 예를 들어, 뮤추얼펀드의 보유분은 2014년 채권 발행 잔액과 주식시장 시가총액 합계의 4퍼센트에도 못 미친다.

2013년 소매 투자자는 SSE 전체 주식 계정의 99퍼센트를 가지고 있었고 시가총액의 20퍼센트에 해당하는 주식을 보유하고 있었다. 전체 시장 회전량 역시 80퍼센트 이상이 소매 투자자에서 비롯되었다(표 5.4). 반면에 법인체, 즉 지배 주주가 전체 투자자에서 차지하는 비중은 0.2퍼센트에 못 미쳤으나 시가총액의 3분의 2를 차지했으며 거래는 드물었다. 기관투자가(증권 회사, 투자 기금, 자산 관리자, 전국 사회 보험 기금 (National Social Security Fund), 보험사와 QFII)가 시가총액의 15퍼센트를 보유했고 전체 SSE 회전량에 대한 비중도 그와 비슷했다. 이러한 조합은 효율적인 시장 가치 평가와 건전한 기업 지배 구조에 도움이 되지 않는다. 오히려 단기적인 투기 거래와 과도한 변동을 부채질할 가능

||||||||||||||||||||||||||||||| 표 5-5 **중국 주식시장 회전량(2004~2014)** |||||||||||||||||||||||||||||||

	회전량(10억 RMB)	회전율 (시가총액, %)	회전율 (유통 시가총액, %)	GDP 대비 비율 (%)
2004	4,233.4	114.2	362.2	26.3
2005	3,166.5	97.6	297.9	17.0
2006	9,046.9	101.2	361.8	41.6
2007	46,055.6	140.8	494.9	171.8
2008	26,711.3	220.1	590.8	84.3
2009	53,598.7	219.7	354.4	155.1
2010	54,563.4	205.6	282.6	133.4
2011	42,164.5	196.3	255.7	87.1
2012	31,466.7	136.6	173.2	58.9
2013	46,872.9	196.1	234.9	79.7
2014	74,391.3	199.7	235.7	116.9

·**주의** | 회전율은 연말의 유통 시장 시가총액에 대한 연간 회전량의 비율로 계산된다.
·**자료 출처** | CEIC, NBS, CSRC

성이 높다. 사실 일부에서는 중국의 주식시장을 카지노에 비유하기도
한다.

회전율이 높은 A-주 시장은 유동성이 크다 못해 과다하다. 2014년
한 해 동안 평균적으로 주식의 주인이 두 번 바뀌었다(표 5.5). 홍콩의 경
우 0.7회, 미국은 1.3회, 일본은 1.4회이다. 이것은 건전한 유동성이라
기보다는 과다한 투기를 반영하는 수치이다.

2014년 외국인의 A−주 보유액은 시가총액의 1.5퍼센트로, 세계 기준으로 볼 때 낮은 수준이었다. 해외의 펀드매니저들이 시장에 접근하려면 반드시 49퍼센트를 한도로 지역의 파트너와 합작 투자 회사를 설립해야 한다. QFII, RQFII, 두 교차 매매 협정의 할당액 증가로 계속해서 외국인 보유가 늘어날 것이다. 위에서 언급했듯이 MSCI와 FTSE에 편입되는 것 역시 A−주가 투자 대상으로 적합한 세계적 자산 집단이 되는 데 도움을 줄 것이다. 결과적으로 외국인의 보유액이 1.5퍼센트라는 현재의 낮은 수준에서 2020년에는 9퍼센트까지 상승하리란 것이 우리의 예상이다. 미국 주식시장의 외국인 보유액은 16퍼센트, 일본의 경우 28퍼센트에 달한다.

중국의 증권 중개업은 대단히 분산되어 있지만 여전히 외국인의 경쟁으로부터 보호받는 부분이 있다. 2014년 현재, 120개의 증권사가 있다. 국내 10대 증권사가 매출과 순익의 40~50퍼센트를 차지한다. 이 부문은 경쟁이 심하고 복잡하기 때문에 중·단기 통합의 가능성이 있다.

외국 투자 은행과 중개인은 49퍼센트의 소유권 한도(초기의 3분의 1에서 상승) 내에서 합작 투자자를 설립해야만 주식시장에 투자할 수 있다. 현재, 골드만삭스(Goldman Sachs), 모건스탠리(Morgan Stanley), UBS와 같은 세계 최대 투자 은행을 비롯해 12개의 합작 투자 증권사가 있다. 대부분의 합작 투자사는 시장점유율이 낮고 수입도 형편없는 것으로 알려져 있다. 전면적인 사업 허가를 가지고 있는 회사가 몇 개 되지 않아서 업무 범위가 제한적인 경우가 많기 때문이다. 그렇지만 현재는 홍콩의 중개인들에게 50퍼센트 이상의 소유가 허용되고 있다.

A−주 시장 역시 상품의 정교화 측면에서 갈 길이 멀다. 당일 거래가

아직 금지되어 있고 공매와 주가 지수 선물의 범위가 아주 조심스럽게 확대되어왔다. 정부는 1995년 T+0 거래를 폐지하고 이후 T−1 시스템을 유지하고 있다. 다만 시범 당일 거래가 계획 중에 있다. 미수 거래와 공매는 2008년에야 도입되었다. 그렇지만 공매가 허락된 종목은 SSE와 SZSE에 상장된 2,600개 이상의 주식 중에 단 700개뿐이고, 120명 중개인 중 20명만이 중국증권금융공사(China Securities Finance, CSF)로부터 주식을 빌릴 수 있다. 상하이−홍콩 교차 매매 협정을 통해 해외 투자자들이 처음으로 A−주를 공매할 수 있게 되었다. 하지만 복잡한 규정과 엄격한 일일 한도 조건이 있다. 중국의 첫 ETF 기반 주식 옵션은 2015년 초에야 도입되었다. 현재 상하이에서 거래되는 주가 지수 선물은 단 세 개다. 요약하면 중국의 주식시장은 아직 신흥 시장의 단계에 머물러 있지만 빠르게 부상하고 있다.

2014~2015년의 거품 형성과 붕괴

2014년 하반기부터 2015년 초에 형성된 주식시장의 거품과 2015년 6월과 7월의 거품 붕괴는 중국 주식시장이 미성숙한 상태이며 시장 성과를 기꺼이 수용하겠다는 중국 지도부의 의도가 제한적이라는 것을 보여준다. 규제 기관은 증거금을 통한 주식 구매가 비정상적으로 증가하는 것을 용인했고 고위 경제 관리들은 호경기가 이제 막 시작일 뿐이라며 투자자들을 호도했다. 2014년 7월에는 차익 대출이 4,000억 RMB에서 2조 RMB로 증가했다. 시장의 가치 평가가 합리적인 수준보다 한참 높아진 2015년 4월에도 경제계의 지도자들과 당의 매체는 주식을 사들이라고 대중들을 격려했고 심지어는 상승 장세가 시작되고 있다고 말했다. 계속 공적 관리가 이루어진 시장만을 경험한 사람들에게 이러한 격려는 결정적이었다. 투자 경험이 없는 대부분의 사람들은 정부가 시장을 지원한다면 상승세가 지속될 것이라고 믿고 주식을 사들였다.

2015년 6월13일, 시장 규제 기관인 CSRC가 차익 대출에 대한 규정을 엄격하게 만들었다. 이후의 폭락을 막기 위해 대단히 이례적인 일련의 개입 조치가 단행되었다. 은행의 자기자본 요건을 완화하고, 금리를 인하하고, 증거금을 통한 주식 매수에 대한 제약을 약화시키고, 증거금융에 대부분 공적 자금을 제공하는 기관(중국 증권 금융 공사)의 자본을 네 배 이상 늘리고, CSF의 자금 조달을 돕고, CSF가 상업은행에 1조 RMB 이상의 주식 매수 자금을 빌려주도록 하고, 마진 파이낸싱에 대한 엄격한 규칙을 완화하고, 은행이 차익 대출의 만기를 연장하도록 개입하고, 중개업자에게 CSF에 1,200억 RMB의 주식 매수를 자금을 제공하도록 하고, CSF로 하여금 중개업자들에게 2,600억 RMB의 증거금융자금을 제공하도록 하고, 주식시장 거래 수수료를 내리고, 연금기금이 주식시장에 투자하는 것을 허용하고, IPO를 삭감하고, 대량 보유자가 매도를 하지 못하도록 하고, 21개 대형 증권사에 SOE의 주식 매수를 약속하도록 하고, 상장 기업 중 약 3분의 1(700개)의 거래 유예를 허용하고, 대기업에 자기주를 매도하지 못하도록 하고, 공매를 금지하고, 기자들에게 '투기를 언급하는 기사'는 공개 전에 CSRC의 허가를 받아야 한다고 경고했다. 정부 관리들은 시장이 지나치게 상승하고 있으며 그것은 거품이라는 (올바른) 보도를 한 모건스탠리를 비난하고 이를 외국인들의 음모라고 말하면서 '악의적인 공매자'들에 대한 조사에 착수했다. 그들은 공매자들을 매도를 유도하기 위해 루머를 퍼뜨리고, 투매에 대한 내부 정보로 이득을 얻고, 다른 사람들과 한 통속이 되어 가격을 끌어내리며, 관련 계정을 이용해서 같은 회사의 주식을 사고팔면서 가격을 조작하는 사람들이라고 규정했다.

시장의 하락은 지난해의 상승에 비하면 적은 규모였다. 하지만 개인 투자자를 비롯한 많은 투자자들이 파티가 끝나기 직전에 발을 담갔고 미수 거래를 통해 자신들이 감당할 수 있는 것 이상의 돈을 투자했다. 시장 붕괴의 과정은 극단적이었다. 아나운서인 마 송(Ma song)은 "2015년 7월7일 오전 11시는 A-주 시장의 역사에 반드시 기록될 암흑의 순간이었다. 성장기업지수(Growth Enterprise Index)가 5.71포인트 하락해서가 아니라 지수상의 100개 주식 중 허용 최대치 이하로 하락한 51개 주식의 거래가 일시 정지되고 48개 주식의 거래가 중단되었기 때문이다. 8.97퍼센트 하락한 레푸메디컬(Lepu Medical)의 거래만이 중단되지 않았다. 정신 질환을 치료하는 회사의 거래만 중단되지 않은 것이다."라고 포스팅했다(램지(Ramzy), 2015).

거품이 불러온 인플레이션과 부분적인 디플레이션으로 시장 개혁을 반대하는 사람들은 개혁을 늦출 수 있는 명분을 얻었다. 시장의 상승이 '개혁 상승장'이라고 일컬어졌기 때문에 시장의 몰락은 개혁 이미지의 추락으로 이어질 수 있다. 인플레이션이든, 디플레이션이든 시장 자유화 때문에 유발된 것이 아닌데도 말이다. 시장 하락을 막으려는 강력한 개입이 초기에는 성공을 거뒀다. 하지만 그 대가는 엄청났다. 시장 참가자에게 매도할 수 없다거나 반드시 매수해야 한다는 부담을 지우다 보면 참가자들은 자연히 이후의 시장 참여를 포기한다. 정부의 강력한 시장 관리 때문에 시장 참여자와 잠재 참여자는 펀더멘털 분석이 아닌 정부 정책에 관심을 집중하게 된다. IPO의 축소는 주요 시장이 계속해서 SOE에 의해 주도되고 혁신적이고 역동적인 기업이 시장에 진입하기를 바라는 지도부의 욕구는 미루어진다는 것을 의미한다. 억눌린 매물 압박이 점차 부상하면서 시장의 대부분이 장기적으로 약화될 것이다.

MSCI는 A−주 시장이 세계적 지수에 통합될 준비를 갖추었다고 생각지 않는 것 같다. 강력한 개입은 RMB가 SDR에 진입할 준비가 되지 않았다고 주장하는 사람들에게 탄약을 주는 것과 같다. 준비금은 그 정의상 주로 위기 시의 유동성을 목적으로 보유하는 것이다. 따라서 위기 시에 극심한 정부 개입에 시달리는 금융상품이라면 국가 준비금으로서의 역할에 부적당하다고 여겨지는 것이 당연하다. 주식시장이 그러한 극단적 개입의 대상이 된다면 대부분의 국제적 참여자들은 통화 역시 개입에 취약하다고 가정할 것이다.

이 책의 편집을 마감할 때까지는 거품에 의한 주식시장의 상승과 붕괴가 개혁의 범위와 속도에 어떤 영향을 미쳤는지 확실히 드러나지 않았다. 하지만 금융 자유화에 대한 논란이 거세질 것만은 분명하다. 지금부터 5년 후에는 2015년의 주식시장 붕괴가 일시적인 문제였고 근본적인 추세를 방해하지 않았다는 평가를 받을 수도 있고, 시장 개혁을 둔화시켰다는 평가를 받을 수도 있다. 우리는 시장을 움직여온 추세를 기초로 그러한 추세가 둔화되거나 와해될 수 있는지에 주목하면서 향후의 상황을 예측해볼 것이다.

국제화된 2020년의 A-주 시장

성장하는, 그리고 개방적인 국내 주식시장은 효율적인 자본 배분, 균형 잡힌 금융 시스템, 질서 있는 디레버리징, 세계 투자자들에게 투자 대상으로 적합한 RMB 자산의 확대에 꼭 필요하다. 이 모든 것이 RMB가 국제통화의 위치에 서는 데 도움을 줄 것이다. 이를 달성하기 위해서는 SOE 소유권의 다각화, 등록 기반 IPO 체제, 강력한 규제와 법 체계, 시장 개방, 자본 계정 자유화를 비롯한 광범위한 개혁이 필요하다. 고유의 변동성 때문에 중국 주식시장 시가총액을 중단기적으로 전망하는 것은 대단히 힘들다. 그럼에도 불구하고 강력한 개혁 추진력, 꾸준한 성장, 시장의 개방, A-주의 MSCI와 FTSE 편입을 통해 2015년에서 2020년 사이 시가총액의 연 15퍼센트 상승이 예상된다. 이는 기준 시나리오의 명목 GDP 성장과 동일한 수준이다. 그러한 속도로 2020년의 시가총액은 2014년 가치의 두 배를 넘어 86조 RMB(13조 USD 이상)에 이를 것이다. 그렇더라도 여전히 2014년 미국 주식시장 시가총액의 절반에 불과하지만 일본의 시가총액과 비교하면 세 배에 달한다. 규모가 훨씬 커진 주식시장과 성장이 둔화된 은행 부문은 중국 경제의 질서 있는 디레버리징에 도움을 줄 것이다.

또한 2020년까지 주식 거래에 대한 제한이 점차 사라지면서 시가총액과 유통 시가총액에 거의 다 수렴될 것이다. 더 중요한 점은 2014년 GDP의 0.8퍼센트에서 2020년에는 2.0퍼센트로 순자본 조달이 두 배 상승이 예상된다는 것이다.

마지막으로 우리는 자본 개방이 안정적인 속도로 진행되면서 외국인 보유가 2014년 시가총액의 1.5퍼센트에서 2020년에는 9.0퍼센트까지 6배 상승할 것이라고 예상한다. 기반이 되는 시장이 커지고 외국인 보유의 비중이 높아질 것이 기대되는 가운데 외국인의 A-주 보유가 2015년에서 2020년 사이 14배 증가해 8조 RMB(1조3,000억 USD)에 이를 것이다. 이러한 A-주의 외국인 보유액은 2014년 싱가포르의 시가총액을 앞서며 말레이시아, 필리핀, 태국의 시가총액을 합친 것과 동일하다. 이정도의 유동성 풀이면 RMB 국제화에 상당한 힘이 될 것이다.

하지만 시장 붕괴로 인해 시장 개혁에 반대하는 사람들이 힘을 얻는다면 이러한 예측들이 지나친 낙관이 되어버릴 것이다.

: 거대 중국 은행업 시장의 개방 :

중국의 은행업 시장은 세계 최대이며 단일 RMB 금융 자산 집단으로도 최대이다. 아직은 외국 은행의 침투가 낮은 수준에 머물고 있지만 우리는 2020년까지 비거주자의 역내 RMB 예치금이 역외 예치금 예상액의 두 배가 될 것으로 본다.

중국 금융 시스템의 핵심

중국의 금융 시스템을 지배하고 있는 것은 은행이다. 실상, 중국은 주요 경제국 가운데에서 가장 높은 GDP 대비 은행 자산 비율을 가지고 있다(표 5.6). 2013년 은행은 국내 자금 조달의 3분의 2를 차지했다(채권시장에 대한 제4장 참조). 은행은 채권시장에서 가장 큰 투자자이자 인수업자일 뿐 아니라 역내 은행 간 외환시장의 최대 참여자이다. 은행 자산

총액은 국내 주식시장의 시가총액과 채권 발행 잔액을 합친 것보다 세 배 많으며 국내 은행 여신의 가치는 그 두 배 정도이다. 때문에 은행 부문의 건전성과 개방성은 RMB 국제화에 대한 전망에 있어서 대단히 중요하다.

시가총액을 기준으로 한 세계 10대 상장사 중 최소한 하나는 중국 은행이다. 최근의 해외 확장으로 역외 RMB 시장, 교역, 거래, 청산이 발전하면서 세계 교역 네트워크가 형성을 자극하고 있다(역외 시장에 대한 7장 참조). 즉 강력하고 효율적인 중국 은행 부문이 경제 성장을 지원하고, 금융 안정성을 촉진하며, RMB의 외부 사용을 활성화시키고 있는 것이다.

은행 부문은 기술적으로 파산 상태 직전에 있었으나 15년 만에 엄청난 확장을 이루었다. 소도시나 마을의 행정부가 관리하는 지방 신용 조합 몇 개 외에는 사실상 모든 국내 은행들이 전적으로 국가 소유였다. 그들은 주로 재정 당국의 '출납 직원' 역할을 했고 상업 정신이나 위험 관리와는 거리가 멀었다. 정책 자금 덕분에 부실 채권이 눈덩이처럼 불어났고 이는 은행 시스템 전체를 붕괴로 내몰았다(마와 펑 (Fung), 2002).

변화가 시작된 것은 1990년대 말부터였다. 그 시작은 상업은행과 중앙은행을 규율하는 국내법의 도입이었다. 둘째, 지원적인 정부 정책으로 국가와 지역 수준의 많은 상업은행이 꾸준한 상승세를 타면서 처음으로 실질적인 경쟁이 시작되었다. 그 결과 국가가 관리하는 대형 은행의 시장점유율이 눈에 띄게 하락했다(표 5.6). 셋째, 2001년 중국의 WTO 가입을 위해 은행 부문을 외국 은행에 부분적으로 개방해야 했다. 외국 은행은 전략적으로 중국 기업의 지분을 확보했고 자사의 사무

||||||||||||||||||||||||||||||| 표 5-6 **중국 은행업 부문 자산(2005~2014)** |||||||||||||||||||||||||||||

	은행 총 자산			은행 총 자산에 대한 비중		
	1조 RMB	GDP 대비 %	5대 은행	정책 은행	외국 은행	기타
2005	37.5	201.6	56.1	7.8	1.9	34.2
2006	43.9	201.9	55.1	7.9	2.1	34.8
2007	53.1	198.2	53.7	8.1	2.4	35.9
2008	63.2	199.4	51.6	8.9	2.1	37.3
2009	79.5	230.1	51.3	8.7	1.7	38.3
2010	95.3	233.1	49.2	8.0	1.8	40.9
2011	113.3	234.0	47.3	8.2	1.9	42.5
2012	133.6	250.2	44.9	8.4	1.8	44.9
2013	151.4	257.4	43.3	8.3	1.7	46.7
2014	172.3	270.8	41.2		1.6	

· **주의** | '5대 은행'은 중국은행, 중국 공상은행, 중국 건설은행, 중국 농업은행, 중국 교통은행(Bank of Communicaions)을 말한다. '기타'에는 주식 보유 은행, 도시와 농촌의 상업은행, 농촌 과 도시의 신용조합이 포함된다.

· **자료 출처** | CEIC

소, 지사, 자회사를 중국에 설립했다. 마지막으로, 2000년 초반 상장을 앞둔 대부분의 주요 은행이 부실 대출 정리와 자본 재구성에 성공했다 (마, 2007). 그 결과로 현재 중국 은행은 훨씬 더 정교하고, 수익 지향적 이며, 효율적인 모습을 갖추게 되었다(수(Su), 반 릭스텔(van Rixtel), 반 루 벤스타인(van Leuvensteijn), 2013).

전환이 상당한 성과를 냈음에도 불구하고 아직은 할 일이 많이 남아 있다. 기술적인 파산 직전에 있던 1990년대 초에 비교하면 대부분 은행의 대차대조표가 상당히 개선되었다. 자본 기반이 훨씬 더 탄탄해져서 선진국의 대형 은행의 자본 기반과 견줄 수 있게 되었다. 이는 악성 부채를 끌어들이는 악순환에 수반되는 위험을 억제하는 데 도움을 주고, 앞으로 중국 은행의 지속적인 해외 확장을 뒷받침하고, RMB의 국제화를 지원하게 될 것이다. 지난 15년간 대부분 은행의 수익성이 크게 개선되면서 은행 부문의 확장이 두 자리 숫자의 속도로 이루어졌다(표 5.6). CBRC가 바젤 Ⅲ를 단호하게 시행하면서 기업 지배구조와 감독 기능 역시 강화되었다.

은행 부문이 세계 금융위기를 상당히 잘 헤쳐나왔으나 그 이후로 LGFV의 공격적인 대출이 낳은 결과와 규제가 잘 미치지 못하는 그림자 금융의 확장과 같은 문제들로 어려움을 겪고 있다(성(Sheng)과 웅, 2015). 높은 레버리지는 경제 성장의 추진력을 짓누르고, 은행 자산의 질에 나쁜 영향을 미칠 것이다. 앞으로 몇 년간은 소득이 상당히 부진할 것으로 예상되기 때문이다. 국가는 아직 모든 주요 은행의 지배 주주로 남아 있고 지급준비율은 국제 기준에 비해 가혹할 정도로 높다(마, 옌, 류, 2012; 매컬리와 마, 2015). 공식적인 무수익 여신 비율은 2퍼센트이지만 이는 축소된 수치로 보인다. 일부 해외 분석가들은 국제 기준을 적용할 경우 주식시장 붕괴 이전에도 2퍼센트보다 몇 배 더 높은 수준이었을 것으로 짐작하고 있다. 금리 규제 완화와 시장 진입 완화 역시 경쟁의 압력을 강화하고 이윤을 더 줄일 것이다. 중국 경기 순환의 하강은 자산 건전성의 문제를 가중시킬 수 있다. 이후 10년 동안 경제는 점진적인 탈중개화와 전면적인 디레버리징을 경험하게 될 것이다.

따라서 정말 중요한 것은 국내 은행업 부문이 아직 외국인에게 매력적인 기회를 제공하는지, 국내 은행이 계속 해외로 확장해나갈 수 있을지의 문제이다. 이 두 가지 문제는 RMB 세계화의 속도와 정도에 달려 있다. 1990년대 초 BoJ의 위기 때문에 JPY는 국제화에 실패했다(타카기(Takagi), 2012).

중국의 은행업 부문은 얼마나 개방되어 있는가?

시장 개방의 중요한 인자 중 하나는 외국인의 참여다. 그 점에서 중국 은행업 부문의 성적은 형편없는 수준이다. 외국인 참여 혹은 침투는 일관되게 낮은 수준을 유지하고 있다. 은행 여신액과 수신액으로 측정한 외국 은행의 시장점유율은 지난 10년간 대부분 2퍼센트를 넘지 못했다(표 5.6).

세계 금융위기는 중국 은행업 시장에 대한 외국 은행의 침투율(여신이나 수신의 비중에서 본)이 낮은 이유 중 하나로 꼽힌다. 4조 RMB에 달하는 엄청난 부양책으로 2009년에서 2010년 사이 은행 여신은 급증했다. 그렇지만 새로운 여신의 대부분은 지방정부의 투자 프로젝트를 위한 자금 조달이 목적이었고 이 사업의 가장 큰 수혜자는 지방 은행이었다. 많은 대형 외국 은행의 대차대조표가 금융위기로 인해 큰 타격을 입었다. 여기에 자국 시장의 규제 기관이 엄격한 규정을 도입하자 은행의 위험 성향은 후퇴하고 중국을 비롯한 신흥 시장으로 확장할 능력은 줄어들었다.

그렇지만 외국 은행이 중국 시장에 대한 점유율이 낮은 데에는 중국

|||||||||||||||||||||||| 표 5-7 **중국 내 국내 은행과 외국 은행의 수신과 여신** ||||||||||||||||||||||||

	수신(10억 RMB)			여신(10억 RMB)		
	외국 은행	중국 전체	외국 은행 비중 (%)	외국 은행	중국 전체	외국 은행 비중 (%)
2005	179	30,021	0.6	321	20,684	1.6
2010	968	73,338	1.3	848	50,923	1.7
2011	1,220	82,670	1.5	947	58,189	1.6
2012	1,307	94,310	1.4	1,126	67,287	1.7
2013	1,511	107,059	1.4	1,198	76,633	1.6
2014	1,573	117,373	1.3	1,320	86,787	1.5

· **자료 출처** | CEIC

의 자본 통제도 큰 몫을 했다. 외국 은행들은 중국에 두고 있는 지점망이 제한적이기 때문에 역외 자금에 의존하는 경우가 많았다. 따라서 자본 통제와 외환 규제가 효율적이고 유연한 운영 능력을 방해했다(마와 매컬리, 2013, 2014). 외채와 외국인 보증 한도, 예대비와 외환 매매 차익에 대한 법규들이 외국 은행에는 부담이 되었다. 이들은 역외 자금 흐름을 제한하고 국내 예금이 전체 자금 조성의 주요한 부분이 될 수밖에 없도록 만든다. 외국 은행이 국내 경쟁자들과 비슷한 규제를 받게 된 것은 2011년에 이르러서였다.

더구나 외국 은행들은 새로운 지점을 개설할 때도 지나친 자본 요구 조건을 지켜야 했으며 국내 은행에 대한 소유권에는 엄격한 상한이 있다. (지나친 자본 요구 조건은 2015년 단계적으로 폐지될 것이다.)

표 5-8 **일본 내 국내 은행과 외국 은행의 수신**

	수신(10억 JPY)			여신(10억 JPY)		
	외국 은행	일본 전체	외국 은행 비중 (%)	외국 은행	일본 전체	외국 은행 비중 (%)
2005	15,725	544,635	2.9	10,411	430,128	2.4
2010	4,398	585,569	0.8	7,841	458,173	1.7
2011	5,460	601,615	0.9	6,459	462,585	1.4
2012	5,923	615,711	1.0	5,913	477,689	1.2
2013	7,729	649,438	1.2	7,352	492,533	1.5
2014	8,424	670,877	1.3	8,166	511,984	1.6

· 자료 출처 | CEIC

2014년 9월 현재, 51개 외국 은행이 중국에서 42개의 법인, 92개 지점, 187개 대표 사무소를 운영하고 있었다.

요약하면, 중국이 WTO에 가입하고 10년이 넘도록 외국 은행이 전체 여신과 수신에서 차지하는 비중으로 본 외국 은행의 시장 침투는 2퍼센트에도 못 미치는 상황이다. 다른 많은 기준으로 보더라도 중국의 은행업 부문은 개방과는 거리가 멀다. 이는 인도를 비롯한 다른 신흥 시장과 비교할 때에도 마찬가지이다(마와 매컬리, 2013, 2014). 그럼에도 불구하고 표 5.7과 5.8에서 알 수 있듯이 중국 은행업 부문에서 외국인이 차지하는 비중은 일본에서보다 크다. 이는 수신(2013년 일본의 전체 예금 중 외국 은행의 비중은 1.2퍼센트)과 여신(1.5퍼센트) 양쪽 모두에 해당된다. 지난 10년간 일본에서 외국 은행이 차지하는 사업 비중이 중국보다 급격한 하락세를 보였다. 이 두 나라에서 외국 은행의 침투율이 낮은 이유 중 하나는 이들이 흑자 경제였고 따라서 역외 자금 조달과 외국 금융에 대한 필요가 적었기 때문일 것이다.

반대로, GDP의 약 180퍼센트인 중국의 RMB 수신 기반은 비거주자들에게 엄청난 자산 집단이 될 수 있다. 2014년 말, 비거주자 역내 RMB 수신액은 2조5,000억 RMB로 전체 역내 수신에 대한 비중은 2.32퍼센트에 불과했으나 약 2조 RMB로 추정되는 역외 총 수신을 앞섰다. 앞으로 자본 계정이 더욱 개방된다면 비거주자 역내 수신이 상당히 증가하고 역외 수신의 증가 속도를 크게 앞질러 매체의 많은 관심을 끌 것이다(역외 시장에 대한 제7장 참조).

전망: 문제와 가능성

외국 은행의 중국 내 비즈니스 전략은 당연히 그들이 인식하고 있는 장점에 초점이 맞추어져 있다. 따라서 그들은 소매 고객보다는 기업에 중점을 두는 경향이 있다. (국내 은행은 1만 개 이상의 지점을 둔 경우도 있기 때문에 그들로서는 국내 은행의 엄청난 네트워크와 경쟁하기 어려울 것이다.) 외국 은행이 가진 국제적 네트워크와 중국의 엄청난 교역량을 생각하면 무역 금융 역시 중요한 부문이다.

흥미롭게도 일부 외국 은행은 SME 여신에 발을 들여놓았다. SME 여신을 장려하는 정부 정책이 있기는 하지만 아무래도 이러한 새로운 분야에서는 중국의 대형 국영 은행이 불리한 위치에 있다. 예를 들어 동아은행(Bank of East Asia)은 몇 년 안에 자사의 SME 부문 실적이 중국 내 수익의 20퍼센트를 차지할 것으로 예상하고 있다. 한편 스탠다드차타드은행(Standard Chartered Bank)은 SME 지원 자금으로 최근 50억 RMB를 조성했다.

그럼에도 불구하고 외국 은행은 교역 부문의 성장 둔화, 시장 경쟁의 심화, 소매 은행업 분야에서의 약점, 국내 은행 자산 관리 사업 진출로 매우 힘든 싸움을 해야 할 것이다.

중국에 있는 외국 은행의 대부분은 주 수입원이 무역 금융이기 때문에 중국의 교역량 감소는 그들의 수익에 큰 영향을 미칠 것이다. 사실, 교역 둔화는 2011년 이래 외국 은행의 이윤이 감소하고 있는 가장 큰 원인이다. 침체된 세계 무역 전망(코스탄티네스쿠(Constantinescu), 마투(Mattoo), 루타(Ruta), 2014)은 상황을 악화시킬 것이다.

경쟁도 심화될 것이다. 40개 이상의 외국 은행이 전체 시장의 2퍼센트를 두고 싸우고 있기 때문에 그들 사이에서뿐 아니라 국내 은행들과도 맹렬한 경쟁이 벌어지고 있다. 외국 은행들은 높은 운영비를 감당해야 하는데다 시장 진입을 늘리기 위한 중국의 정책으로 인해 금리가 자유화되고 은행의 수가 늘어나면서 차익의 감소까지 감당하게 될 것이다. 해외의 금융 스캔들이나 여러 논란도 그들에게 불리하게 작용할 것이다.

국내 은행들의 방대한 지점망을 생각하면 소매 은행업은 외국 은행에 특히 힘든 부분일 것이다. 2014년 7월 현재 중국 내에 100개 이상의 지점과 사무소를 두고 있는 것은 HSBC, 스탠다드차타드은행, 동아은행뿐이다. 스코틀랜드왕립은행은 2009년 중국의 소매 은행 사업 전체를 매각했다.

마지막으로 외국 은행의 틈새시장이라고 할 수 있는 자산 관리 사업도 압박을 받게 될 것이다. 우선, 자본 계정 통제 때문에 부유한 개인에 대한 정규적인 서비스 제공이 불가능하다. 게다가 국내 은행까지 중국의 거대한 고객 기반에 대한 프라이빗 뱅킹 사업으로 눈을 돌리기 시작했고 해외로까지 네트워크를 넓히고 있다. 더구나 외국 은행 자산 관리 상품의 상당한 부분이 세계 금융위기 동안 큰 손실을 입으면서 중국 투자자들이 외국 은행에 대해 가진 신뢰를 더욱 약화시켰다.

많은 어려움에도 불구하고 우리는 RMB 은행업에 도전하는 외국인들에게 상당한 가능성이 있다고 생각한다. 가장 중요한 요소는 큰 경제 규모와 아직은 탄탄한 경제 상황이다. 1인당 GDP가 7,500USD를 넘으면서 중산층 소비자들이 새롭게 등장하고 있다. 이례적으로 높은 중국의 저축률은 투자 서비스에 상당한 가능성을 제공할 것이고, 저축률이 정상화되는 경우 상당한 구매력이 기회가 될 것이다. 빠른 속도로 이루어지는 도시화와 생활수준의 향상은 은행 서비스에 대한 수요를 높일 것이다. 정보기술의 향상과 혁신을 추구하는 정부 정책이 제한적인 지점망이라는 현재의 약점을 극복하는 길이 될 수도 있다.

외국 은행에 대한 규제도 약화될 것이다. 예를 들어, 2014년 말 CBRC는 외국 은행과 합작 은행의 지점에 대한 최소 필요 자본 요구 조건을 없애기 시작했다. 이 정책은 2015년에 전면 시행될 예정이다. 또한 CBRC는 외국 은행의 중국 내 지점이 RMB 사업권에 쉽게 지원할 수 있게 만들었다.

더욱이 금리 자유화와 자본 계정 개방, RMB 국제화는 새로운 가능성을 자극할 것이다. 국가 간 사업에서는 당연히 외국 은행이 우위를 점한다. 한편 중국 은행은 역외 RMB 사업을 이용해서 해외 벤처를 도울 수 있다. 따라서 RMB의 국제화와 자본 계정 자유화가 진척된다면 중국과 외국 은행 모두가 더 많은 비즈니스 기회를 얻을 것이다. 마찬가지로, 자유화된 금리 환경에서 고객들이 위험을 헤징하기 위해 금융 파생상품의 이용을 늘리게 될 것이다. 외국 은행은 그러한 상품을 고안하는 데 있어서 많은 경험을 가지고 있으며 국내 은행에는 이런 지식을 빠르게 습득할 동기가 충분하다.

2014년 말 시작된 국가 간 쌍방향 RMB 캐시풀링 계획은 외국과 중국의 다국적 은행으로부터 큰 호응을 얻을 것이다. 쌍방향 캐시풀링 계획을 통해 역내와 역외의 자회사 사이에서 그들에게 어느 쪽이든 가장 유리한 방향으로 RMB 포지션을 집중시킬 수 있기 때문이다. 이 계획에는 두 가지 형태가 있다. 하나는 상하이 자유무역지대에만 적용되는 것이고 다른 하나는 전국적으로 적용되는 것이다. 2015년에는 세 개의 자유무역지대가 전면 운영될 것이기 때문에 이러한 두 형태의 RMB 캐시풀링 계획은 빠르게 확대되고 수렴될 것이다. 그들은 국가 간 거래를 관리하는 데에서 우위에 있는 외국 은행에 커다란 사업 기회를 제공한다. 하지만 중국 은행 역시 해외 사업 역량을 강화하면서 고객을 쫓아 적극적으로 참여할 것이다.

2014년 말 상하이 자유무역지대에는 45개 은행 지점이 있었는데 그중 23개가 외국 은행에 속해 있었다. 상하이 자유무역지대에는 2만 개 정도의 기업(그중 1,200개가 외자 기업이다)이 등록되어 있고, 이미 3,000개 업체가 국가 간 캐시풀링에 필요한 특수 RMB 계정을 가지고 있다. 2015년 4월부터 이 계정들은 외국환 거래를 처리할 수 있다. 우리는 이들 계정이 향후 몇 년간 크게 증가할 것으로 내다보고 있다.

마지막으로, 중국의 '일대일로(One belt, One road, 一帶一路)' 전략은 인프라 투자를 촉진하고, 커뮤니케이션을 강화하고, 아시아태평양 지역 전체에 걸친 경제 협력을 심화하는 것을 목표로 하고 있다. 이 전략은 RMB 국제화를 촉진하고 전략 노선을 따라 중국과 외국 은행에 역내와 역외의 새로운 사업 기회를 제공할 것이다. 중국은 AIIB의 설립을 주도하고 620억 USD 규모의 실크로드펀드를 조성하는 한편 외환보유고에서 620억 USD를 위탁 대출로 CDB와 중국 수출입은행과 같은 정책 은행에 주입할 것이다. 이들 계획은 국내와 해외 인프라 프로젝트에서 중요한 역할을 하고 이로써 RMB의 역외 사용을 촉진할 것으로 기대된다.

그럼에도 불구하고 우리의 2020년 기본 시나리오는 탈중개화와 자산 건전성의 문제, 차익의 감소로 인해 중국의 은행업 부문이 눈에 띄게 침체될 것을 예상하고 있다. 일례로, 2015년에서 2020년까지 명목 GDP의 성장률이 10퍼센트, 채권시장의 성장률이 12퍼센트로 예상되는 데 반해 전체 역외 RMB 예치금의 증가 속도는 연간 8퍼센트일 것으로 예상된다. 또한 중국 내에서 영업하는 외국 은행의 수신과 여신 비중은 2010년에서 2014년까지 평균 2퍼센트 미만이었던 것에 비교해 2020년에는 약간 증가한 3퍼센트가 될 것으로 전망된다.

더 중요한 것은 비거주자 국내 RMB 예금이 전체에서 차지하는 비중이 2014년의 2.1퍼센트에서 2020년에는 5.0퍼센트로 예상된다는 점이다. 이는 자본 계정이 한층 더 개방된 결과이다. 따라서 비거주자 역내 RMB 예금은 2020년까지 약 세 배가 증가한 10조 RMB(1조7,000억 USD)에 이르러 역외 RMP 예금 예상치의 두 배를 훌쩍 넘어설 것이다.

따라서 투자 대상으로 적합한 RMB 금융 자산의 비중은 계속 늘어날 것이다.

: 결론 :

급속한 확장에도 불구하고, 중국의 주식시장은 정부의 지배, 정부 역할의 모순, 제도의 미비로 인한 근본적인 결함을 안고 있다. 기능적인 주식시장이 자본 배분의 효율을 높이고 국가 금융 구조의 균형을 되찾으며 디레버리징을 도울 것이다. 빠르게 성장하고 있는 중국의 주식시장은 2020년까지 외국인 보유가 10배 늘어나 세계적인 자산 집단의 역할을 하면서 RMB 국제화를 지원할 것이다.

중국의 은행 부문은 수년 동안 큰 전환을 겪었지만 오늘날에도 여전히 국가 금융 시스템을 주도하고 있다. 은행업 부문은 단일 RMB 금융 자산으로는 여전히 세계 최대이지만 디레버리징과 탈중개화, 차익의 축소로 인해 다음 10년 동안 둔화가 예상된다. 2020년까지 비거주자 역내 RMB 예금은 전체 역외 RMB 예금 규모의 두 배가 될 것으로 보인다.

: 제6장 :

위안화 외환 회전량의
증가

의미상 주요 국제통화는 세계 외환시장에서 광범위하고 활발하게 기래되고 비거주자들에 의해 역외에서 광범위하게 사용되는 통화이다. 이 장은 아직 부분적으로 개방이 되지 않은 역내 RMB 시장을 넘어 순조롭게 확장되고 있는 RMB 외환시장에 대해 다룰 것이다. 세계 외환 회전율 순위에서 RMB는 빠른 성장을 보이고 있다. 하지만 주요 국제통화라는 목표에서 보기에 9위라는 순위는 아직 크게 부족하다. 다음 장에서는 자본 계정과 그에 수반되는 변동성이 큰 자본 흐름에 불안을 느낀 베이징이 RMB의 외부 사용을 촉진하기 위해 홍콩이라는 제1의 역외 RMB 센터를 통해 역외 RMB 시장을 어떻게 이용해왔는지 살펴볼 것이다.

외환의 시장 회전율은 RMB 국제화의 원인인 동시에 결과다. 2020년까지 RMB의 일일 회전량은 8배 증가한 1조 USD에 이를 것으로 예상된다. 이로써 RMB는 세계적으로 가장 많이 거래되는 5대 통화에 들게 될 것이다. 회전율은 JPY보다는 뒤지겠지만 GBP보다는 앞설 것으로 보인다. RMB 외환 거래 증가에 대한 이러한 예측은 주로 세계 GDP와 교역에서 중국의 위상이 높아지고, 환율 정책이 보다 유연해지고, 자본 계정이 상당히 개방적으로 변하면서, 자본 흐름의 규모와 변동성이 커질 뿐 아니라, 국제 대차대조표의 자본과 부채가 확대된다는 가정에서 나온다.

: 시장이 보다 국제화된 통화를 수용할 수 있을까 :

통화의 국제화를 위해서는 통화가 외환시장과 모든 무역 지대에서 다른 통화보다 활발하게 거래되고 해외에서 상업, 투자, 포지셔닝, 헤징 등의 목적으로 광범위하게 사용되어야 한다.

거래가 적으면 통화는 투자와 준비통화로서는 물론이고 무역 결제나 송장 작성에서 의미를 갖지 못한다.

거래량으로 보았을 때, 외환은 세계 금융시장 중 가장 큰 시장이다. 국제통화의 경우, 통화 시장은 무역과 금융 거래에 관여하고 채권시장, 주식시장, 단기 자금 시장에서 파생상품 시장에 이르기까지 광범위한 금융시장에 관계하면서 역내와 역외는 물론 국가 간에도 운영된다. BIS의 2013년 외환과 파생상품 시장 활동에 대한 3개년 중앙은행 조사(BIS, 2013)에 따르면, 일일 세계 외환 회전량은 2013년 5조 3,000억 USD로 이에 비하면 주식시장의 일간 거래액은 '겨우' 2,200억 USD이다.

|||||||||||||||||||| 그림 6-1 **세계적으로 가장 많이 거래되는 10대 통화, 2013** ||||||||||||||||||||

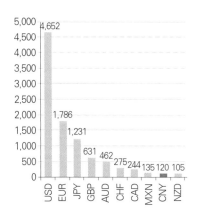

일일 회전량(10억 USD)

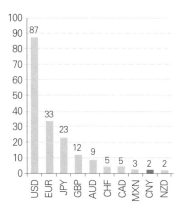

세계 총 회전량(퍼센트)

· **주의** | 모든 통화 비중의 합은 200퍼센트이다. USD=미국 달러, EUR=유로, JPY=일본 엔,
GBP=영국 파운드, AUD=오스트레일리아 달러, CHF=스위스 프랑,
CAD=캐나다 달러, MXN=멕시코 페소, CNY=중국 위안, NZD=뉴질랜드 달러.

· **자료 출처** | BIS

그러나 실상 외환시장의 유동성은 몇 개의 주요 통화에만 집중되어
있다. 주요 통화 이외의 통화를 거래할 때의 비효율, 시장의 타성, 통화
시장의 네트워크 효과와 관련된 강한 양의 외부성이 주요한 이유이다.
통화가 광범위하게 사용되는 데에는 다른 사람들이 그 통화를 사용한
다는 점이 큰 몫을 한다.

현재로서는 USD가 지배적인 국제통화로 세계 외환 회전량의 40퍼센
트 이상을 차지한다. EUR와 JPY를 합치면 이들 통화의 회전량은 세계
외환 회전량의 75퍼센트에 이른다(그림 6.1). BIS에 따르면 남은 25퍼센

트가 60개 다른 통화들 사이에 나뉜다. RMB가 세계 외환 회전량에서 차지하는 비중은 1퍼센트에 불과하다. 그러므로 외환 딜러들은 USD를 '매개(vehicle)' 통화라고 부른다. 멕시코의 페소(MXN)와 필리핀의 페소(PHP)를 예로 들자면, 두 페소를 서로 직접 거래하는 것보다 USD/MXN과 PHP/USD의 두 다리를 거쳐서 교환하는 것이 더 싸고 빠르다.

환시장의 통화는 현재 3단계를 이루고 있다. 미국이 가장 위에 있고, 3~5개 통화의 소그룹이 그 뒤에, 그보다 훨씬 뒤에 약 60개 국가들이 있다(그림 6.1). 여기에서 우리는 상위 두 단계를 '국제통화(global currency)'라고 부른다. 그보다 회전율이 낮은 통화 중에도 활발하게 거래되는 것이 있을 수 있으나 우리가 생각하는 의미의 국제통화라고는 볼 수 없다. 세계 외환시장의 이 3단계 구조는 지난 30년간 안정적으로 유지되었다. 기준 시나리오에서 우리는 USD가 다음 20년 동안은 계속 지배적인 위치를 고수할 것이라고 전망한다. 다국적인 통화 체제는 2030년에야 가능할 것이고 2020년 전에는 불가능할 것이다.

국제통화가 추가될 여지가 있을까? 외환시장이 이미 너무 붐비는 것은 아닐까? 새로운 국제통화는 포트폴리오 다각화의 측면에서 유익하다. 하지만 그에 따르는 위험을 관리하는 데 큰 대가가 필요할 수도 있다. 외환시장의 유동성이 지나치게 집중되어 있기 때문에 거래가 적은 통화는 헤징 비용이 높다. 따라서 이 비용이 다각화에서 얻을 수 있는 혜택보다 커질 수 있다. 그렇다면 자연히 이익이 감소할 것이다(마와 빌라르(Vilar), 2014).

그러므로 현재로서 보다 적절한 논의는 'RMB가 2020년까지 EUR, JPY, GBP와 함께 2단계의 위치에 오를 수 있는가'가 될 것이다. 전 세

||||||||||||||||||||||||||||| 표 6-1 **신흥 시장 통화별 장외 외환 회전량** |||||||||||||||||||||||||||||

(10억 USD, 일일)	2007	2010	2013	2010~2013 성장률 (%)	2013 세계 지분 (%)
신흥 시장 통화	415.7	587.5	1,006.6	71.3	18.8
신흥 아시아 통화	236.0	332.9	468.2	40.6	8.8
중국 RMB	15.0	34.3	119.6	248.7	2.2
홍콩 달러	89.9	94.0	77.4	(17.7)	1.4
싱가포르 달러	38.8	56.3	74.6	32.5	1.4
한국 원	38.4	60.3	64.2	6.5	1.2
인도 루피	23.6	37.7	52.8	40.1	1.0
라틴아메리카 통화	63.7	90.4	220.9	144.4	4.1
멕시코 페소	43.6	49.9	135.3	171.1	2.5
기타 신흥 시장 통화	116.0	164.2	317.5	93.4	5.9

· **주의** | "순/순" 기준, 세계 전체 회전율의 합계는 200퍼센트이다.

· **자료 출처** | BIS

계의 포트폴리오가 수용할 수 있는 통화는 한정되어 있기 때문에 이미 활발하게 사용되고 거래되는 통화에 가중치가 주어질 수밖에 없다. RMB가 국제통화의 위치에 오르려면 동일한 유동성 풀을 공유하거나 두 번째 층에 있는 한 개 이상의 통화를 대체해야 한다. 외환시장이 확장되면 당연히 국제통화가 추가될 여지가 생긴다.

그렇다면 RMB에 회전량을 늘릴 수 있는 역량이 있을까? 급속한 개혁이 계속된다고 가정하면 최근의 기록으로 볼 때 전망은 밝다. 2007년

그림 6-2 **가장 많이 거래되는 10대 신흥 시장 통화**

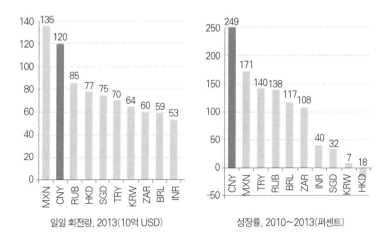

일일 회전량, 2013(10억 USD)

성장률, 2010~2013(퍼센트)

· **주의** | MXN=멕시코 페소, CNY=중국 위안, RUB= 러시아 루블, HKD=홍콩 달러, SGD=싱가포르 달러, TRY=터키 리라, KRW=한국 원, ZAR=남아프리카공화국 랜드, INR=인도 루피.

· **자료 출처** | BIS

에서 2013년 사이, 주요 신흥 시장의 통화가 세계 외환 회전량에서 차지하는 몫이 12퍼센트에서 17퍼센트로 상승했다. 이 상승분에 RMB가 상당한 기여를 한 것으로 보인다(표 6.1). 이미 논의했듯이 우리는 2014년 말 RMB의 세계 회전량이 BIS 외환 조사 때인 2013년 4월의 1,200억 USD 수준에서 두 배 증가할 것으로 내다보고 있다.

: 위안화의 외환 유동성을 결정짓는 것은 무엇일까 :

RMB가 2020년까지 세계 5대 통화가 되기 위해서 필요한 것은 무엇일까? 현재 RMB는 세계 통화 중 9위에 있다. MXN을 뒤따르고 NZD에 앞서 있는 지금의 입지는 2010년의 17위에서 상당히 상승한 것이다(그림 6.1). 세계 외환 회전량에서 차지하는 비중은 1퍼센트에 불과하지만 2010년에서 2013년 사이 거래량은 250퍼센트 급등했다. 1년에 50퍼센트씩 상승한 셈이다(표 6.1과 그림 6.2). 중국의 소득 수준과 거래량을 감안할 때 이것은 RMB가 가진 잠재력을 드러내기 시작한 것에 불과하다.

RMB가 세계 통화 시장에서 차지하는 비중에 영향을 미친 요소는 세계 GDP와 교역에 대한 중국의 기여가 증가한 것, 환율 정책의 진전, 자본 계정 개방의 범위 세 가지이다. 반면 중국 경제의 상대적 크기가 커지고 국제 무역이 확대되고 있음에도 불구하고(그림 6.3) RMB가 세계 외환 회전율에서 차지하는 비중이 낮은 이유는 두 가지 장애물 때문이다.

첫 번째는 중국의 외환 정책이다. RMB 환율은 지난 20년 동안 철저한 관리를 받아왔다. 1994년 도입된 USD 고정환율제는 신뢰할 수 있는 지주를 제공함으로써 처음에는 중국 경제에 좋은 영향을 미쳤다. 이것은 아시아 금융위기 때 더 엄격해졌다. 그렇지만 2000년대 초, 생산성이 크게 향상되고 USD가 약화되면서 고정환율제가 RMB의 심각한 저평가를 불러왔고 중국의 경상수지 흑자가 점차 불어나 2007년에는 GDP의 10퍼센트로 고점을 찍었다.

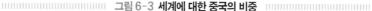

|||||||||||||||||||||||||||||| 그림 6-3 **세계에 대한 중국의 비중** ||||||||||||||||||||||||||||||

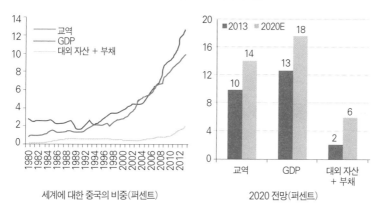

세계에 대한 중국의 비중(퍼센트)　　　　2020 전망(퍼센트)

· **주의** | 2020년 예측은 다음의 가정을 근거로 한다(모두 연평균 성장률로 표현됨). (1) 세계 교역
　　　　6.5퍼센트, 중국 12퍼센트. (2) 명목 GDP(USD): 세계 6퍼센트, 중국 11퍼센트. (3) 대외
　　　　대차대조표: 세계 8퍼센트, 중국 25퍼센트.

· **자료 출처** | BIS, IMF, 저자의 계산

　고정환율제를 지키기 위해 PBOC는 대량의 USD를 사들였다. RMB
에 대한 엄격한 통제는 거래 의욕(투기이든, 아니든)을 꺾었다. 자본에 대
한 엄격한 통제와 예비금이라는 엄청난 활동 자금으로 무장한 중앙은
행에 맞서 도박을 할 사람은 없었기 때문이다. 더구나 중국 기업들은
RMB/USD 환율을 쉽게 예견할 수 있는 상황에서는 헤징의 이익이 크
지 않다는 것을 알게 되었다.

　두 번째이지만 더 중요한 장애물은 중국의 제한적인 자본 계정 태환
성이다. 국가 간 금융 흐름이 자유롭다면 통화는 HKD처럼 USD 고정
환율제하에서도 활발하게 거래될 것이다. 통화 흐름이 자유롭다면 경
제 내의 외화 자산과 부채가 그렇지 않은 경우보다 훨씬 많을 것이기 때

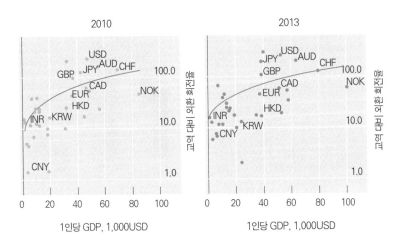

그림 6-4 교역과 GDP 대비 외환 회전율

·주의 │ 외환 회전에는 장외 시장뿐 아니라 거래소 거래 회전도 포함된다. 거래소 거래는 브라질 헤알과 인도 루피, 한국 원에서 현저히 많다. 전체 샘플(2010~2013)에서 공통되는 예측 관계는

$$y = 0.492(5.621) + 0.029(5.275) \times -1.96E - 07(-2.754) \times 2;$$

Adj R^2 . 0.41, 총 관측 수 = 99.

y =log(외국환 회전/교역), x =1인당 GDP ; 괄호 안은 t 통계량

·자료 출처 │ 맥컬리와 스카티그나(Scatigna) (2100), 저자의 추정치

문이다. 제3장에서 논의되었듯이 중국의 자본 계정은 최근까지도 세계에서 가장 제한적이었다. 이것이 국가 간 자본 흐름을 제한하고 대외 대차대조표의 확장을 막아 환위험에 대한 노출을 줄이고 헤징의 필요성을 감소시킴으로써 RMB 거래를 축소시킨다.

결과적으로 중국의 외화 자산과 부채에 대한 대차대조표는 교역량과 경제 규모에 비교해 보잘 것 없는 상황이다. 중국의 세계 GDP에 대한 기여도는 2003년에서 2013년까지 두 배 늘어나 10퍼센트가 되었고 국

제 교역에 대한 비중은 세 배 늘어난 13퍼센트에 이르렀다(그림 6.3). 같은 기간 세계 자산과 부채에서 차지하는 비율은 다섯 배 증가했는데도 불구하고 2013년 단 2퍼센트에 그쳤다. 달리 말하면, 중국은 아주 작은 대외 대차대조표를 가지고 있으며 이는 자연히 RMB 세계 외환 거래량이 비교적 작다는 것을 의미한다. 대외 금융 자산에서 엄청난 규모의 공식 외화 준비금 자산을 제외한다면 거래량은 더 줄어든다.

이렇게 강력한 자본 통제와 엄격하게 관리되는 환율의 조합이 RMB 거래를 부진하게 만드는 것이다. 예를 들어 2013년 4월에는 RMB가 MXN에 이어 세계에서 두 번째로 많이 거래되는 신흥 시장 통화였다. 하지만 상승하고 있는 중국의 소득 수준과 확대되고 있는 무역 흐름을 고려한다면 RMB 회전량은 그 잠재력에 훨씬 못 미친 상황이다(그림 6.4). 사실상 소득 수준과 교역 활동을 참작한다면 RMB보다 INR가 더 활발하게 거래된다. 즉, 빈약한 거래와 엄격한 통제는 RMB가 주요한 국제통화의 자리에 오르는 데 도움이 되지 않는다.

그렇지만 최근에는 그 어느 때보다 잠재력을 충분히 발휘하면서 빠르게 다른 통화들을 따라잡고 있다(그림 6.4). 우리는 과거의 장애물이 새로운 동인으로 전환되면서 2020년까지 RMB 거래가 계속해서 상당히 증가할 것으로 예상한다.

첫째, 경제 펀더멘털과 규모가 RMB가 세계적으로 활발하게 거래되는 데 유리하다. 2015년에서 2020년까지 중국의 연 평균 성장률은 6.5퍼센트로 유지될 것이고 교역 부문이 연 6~8퍼센트의 성장세를 나타낼 것이다. 이전보다는 느려지겠지만 다른 나라들에 비해서는 두 배 정도 빠른 성장 속도이다. 세계 교역에서 차지하는 비중이 2013년의

10퍼센트에서 12~14퍼센트로 증가하면서 세계 GDP에 대한 기여도 역시 2013년의 13퍼센트에서 2020년에서 18퍼센트로 상당히 커질 것이다. 물론 규모가 전부는 아니다. 하지만 장기적으로는 큰 의미를 갖는다(그림 6.3). 그런 이유에서 다른 상황이 동일하다면 RMB가 세계 외환 회전량에서 차지하는 몫 역시 커질 것이다.

둘째, RMB는 앞으로 보다 유연하고 유동성이 큰 통화가 될 것이다. 2005년부터 RMB는 USD에 가중치를 두기는 하나 통화 바스켓에 비교해 관리되어왔다(마와 매컬리, 2011). 일일 거래 범위는 USD 대비 ±0.5퍼센트에서 ±2퍼센트로 넓어졌다. PBOC의 외환 개입은 2014년 초부터 상당히 약화된 것으로 보인다. 사실상 지난 10년 동안 RMB 실질 실효 환율은 50퍼센트 넘게 올라 적정 평가 상태가 되었다가(IMF 확인) 2014년 말부터 2015년까지 고평가되었다. 2005년 PBOC가 고정환율 제를 완화한 이래 환율이 처음으로 올랐고 2015년에는 PBOC가 RMB를 안정화시키고 강화하기 위해 달러를 팔면서 적극적으로 개입했다. 이후로는 변동성이 높아지고 파동 역시 단방향이 아닌 쌍방향으로 움직일 것이다. 이로써 캐리 트레이드(지속적인 RMB 강세에 의존하던)의 매력이 떨어지고 헤징에 대한 수요와 투기 가능성은 높아졌다.

또한 비은행 금융기관과 같은 더 많은 참가자들에게 역내 RMB 거래가 허용되어 다양성이 커졌다. 더구나 역외 RMB 시장(제7장에서 논의될 것이다)이 빠르게 성장하고 있다는 것은 시장(역내와 역외 모두) 심리가 환율 역학에 좀 더 큰 영향을 미치고 이에 따라 통화 변동성이 높아진다는 것을 의미한다. 마지막으로 베이징은 EUR, JPY, GBP, AUD, NZD, SGD, KRW, MYR를 비롯한 더 많은 통화와의 RMB 직접 쌍방향 거래를 추진했다. 성과는 제한적이었지만 말이다.

개입의 완화, 보다 균형 있는 예측과 외환 딜러 다양성의 증대 같은 요소들로 인해 앞으로 보다 유연하고 변동성이 큰 RMB가 만들어질 것이다. 이를 통해 시장이 다각화되고 헤징 수요가 더 커질 것이다. 이 두 가지 모두가 RMB 거래 증가에 큰 영향을 미친다. 환율이 시장 중심적으로 움직이도록 하려면 RMB의 일일 변동폭이 정책에 좌우되지 않도록 할 수 있을까의 문제를 우선적으로 생각해보아야 할 것이다.

셋째, 지난 몇 년 동안 중국은 자유로운 국가 간 자본 흐름을 위한 관리 사업을 확대해 나가면서 단계적이면서도 상당히 빠른 자본 개방을 달성했다(상세한 내용은 제3장 참조). 이로써 국가 간 흐름이 늘어나고 중국의 대외 대차대조표도 확장될 것이다. 자연히 중국과 외국 투자자의 기본적 환 노출과 그에 상응하는 헤징 수요도 상당히 증가할 것이다.

따라서 우리는 중국 경제가 계속 성장하고, RMB의 변동성과 유연성이 보다 커지고, 국가 간 쌍방향 자본 흐름이 증가하고, 대외 대차대조표가 확대되고, 자본 계정의 태환성이 커질 것으로 예상한다. 사실상 우리는 강력한 국가 간 흐름과 규모가 커지고 깊어지는 전 세계 역외 RMB 시장을 근거로 RMB 회전량이 전체 세계 외환시장, 특히 신흥 시장 통화의 회전량보다 훨씬 빠르게 증가할 것이라 예측하고 있다.

BIS 2013 조사 이후 RMB 거래가 이미 급증했다는 것을 보여주는 증거들이 있다. 우리의 시장 정보와 예측에 근거하면 2013년 4월에서 2014년 말 사이 홍콩의 일일 회전량이 150퍼센트 상승하고 런던과 타이베이의 일일 회전량은 90퍼센트 상승했다. 2014년 말 이 세 역외 금융 중심지의 일일 회전량만 합해도 2013년 4월 RMB 세계 일일 회전

||||||||||||||||||| **그림 6-5 가장 많이 거래되는 10대 통화(일간 회전량, 10억 USD)** |||||||||||||||||||

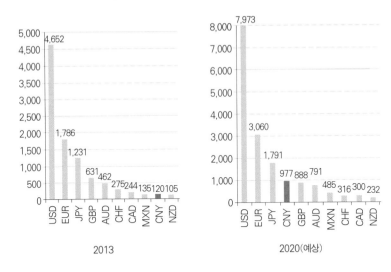

2013   2020(예상)

· **주의** │ USD=미국 달러, EUR=유로, JPY=일본 엔, GBP=영국 파운드, AUD= 오스트레일리아 달러, CHF= 스위스 프랑, CAD= 캐나다 달러, MXN=멕시코 페소, CNY=중국 위안, NZD=뉴질랜드 달러.

· **자료 출처** │ BIS

량을 훨씬 앞지른다. 우리는 2014년 말까지 세계 RMB 일일 회전량이 BIS 2013 조사 시의 1,200억 USD에서 두 배 이상 증가할 것으로 예측하고 있다.

우리는 2020년이면 RMB 평균 일일 외환 회전량이 2013년의 1,200억 USD에서 약 1조 달러로 8배 증가해 연 평균 성장률이 35퍼센트에 달할 것으로 내다보고 있다. 같은 기간 세계 외환 회전량이 200퍼센트 증가한다고 가정하면 세계 외환 회전량에서 RMB가 차지하는 비중은 2퍼센트에서 10퍼센트로 네 배 증가할 것이다(그림 6.5와 표 6.2).

: 세분 시장별 위안화 회전량 증가의 가능성 :

우리는 이제 상품과 지역에 따른 RMB 회전량의 향후 추세를 전망할 것이다. 세계적으로, 현물이 전체 외환 거래의 30퍼센트를 차지하는 반면

표 6-2 **10대 통화의 일일 외환 회전량**

	2013			2013~2020 예측		
	(10억 USD)	비중 (%)	2013~2020 연평균 성장률 (%)	2013~2020 연평균 성장률 (%)	10억 USD	비중 (%)
USD	4,652	87.0	11.3	8.0	7,973	87.0
EUR	1,786	33.4	4.8	8.0	3,060	33.4
JPY	1,231	23.0	17.7	5.5	1,791	19.6
GBP	631	11.8	7.3	5.0	888	9.7
AUD	462	8.6	15.3	8.0	791	8.6
CHF	275	5.2	3.2	2.0	316	3.5
CAD	244	4.6	5.2	3.0	300	3.3
MXN	135	2.5	39.4	20.0	485	5.3
CNY	*120*	*2.2*	*51.7*	*35.0*	*977*	*10.7*
NZD	105	2.0	18.3	12.0	232	2.5
Total	5,345	200.0	10.4	8.0	9,160	200.0

· **주의** | '순/순' 기준 - 국내와 국가 간 업자 사이의 이중 계산을 감안하여 조정. USD=미국 달러, EUR=유로, JPY=일본 엔, GBP=영국 파운드, AUD=오스트레일리아 달러, CHF=스위스 프랑, CAD=캐나다 달러, MXN=멕시코 페소, CNY=중국 위안, NZD=뉴질랜드 달러.

· **자료 출처** | BIS와 저자 계산

외환 파생상품은 전체 외환 거래의 70퍼센트를 차지한다(표 6.3). 최근의 추세를 보면 2015년에서 2020년까지 외환 파생상품이 2013년에서 2020년까지 외환 회전량의 8배 증가를 견인하는 주된 원인이 될 가능성이 높다. 이러한 예측에는 다음의 세 가지 근거가 있다.

첫째, 외환 파생상품(선물환, 스와프, 옵션, 선물 등)은 최근 신흥 시장 관할권 내에서 시장 회전율이 급속히 증가하게 만든 주된 동인이었다(표 6.3). 세계 투자자들이 신흥 시장 자산에 대한 노출을 늘리면서 포지셔닝과 헤징에 대한 수요 역시 늘어났다.

다음으로, 현물 시장에서 중요한 극초단타 매매가 신흥 시장 통화에서는 그리 중요하지 않았다. 따라서 신흥 시장 통화(그리고 RMB)의 경우 파생상품이 외환 회전율 증가의 주요 원천이 될 것이다. 그러나 SDR 편입에 대한 새로운 IMF 기준은 파생상품보다는 현물에 초점을 두고 있다.

마지막으로, 대외 자산과 부채 모두에서 대차대조표가 확장되고 국가 간 쌍방향 자본 흐름이 증가하고 활발해지면서 중국과 외국 투자자 모두가 통제가 약화된 RMB의 환위험에 대비하는 헤징을 필요로 하게 될 것이다. 신흥 시장의 최근 추세로 보면 RMB의 부상에는 외환 스와프와 옵션, 선물이 앞장설 것이다.

이제는 RMB 거래의 지리적인 측면을 살펴보자. RMB는 앞으로 역내에서 주로 거래될까, 역외에서 주로 거래될까? 런던이나 아시아 금융가와 같은 역외에서 주로 거래된다면? 역내 외환시장이 상당히 확장된다고 하더라도 역외 거래가 RMB 회전량에서 압도적인 우세를 나타낼 것이다. 대부분의 유로 거래가 런던에서 이루어지는 것을 고려하면 이

|||||||||||||||||||||||||||||||| 표 6-3 **신흥 시장의 상품별 장외 환시장 회전량** ||||||||||||||||||||||||||||||||

(10억 USD, 일일)	2007	2010	2013	2010~2013 성장률 (%)	신흥 시장 외환 시장에서의 비중 (%)
현물	187.9	202.8	236.8	16.8	30.7
외환 파생상품	299.2	380.3	535.5	40.8	69.3
확정일 인도 선물환	46.7	73.0	105.8	44.9	13.7
외환 스와프	230.6	276.8	373.0	34.8	48.3
통화 스와프	4.0	6.8	8.8	29.4	1.1
옵션 기타	17.8	23.8	47.9	101.3	6.2
외환시장	487.1	583.1	772.3	32.4	100.0
현물 대 파생상품 비율	1.6	1.9	2.3	n.a.	n.a.

· 주의 | n.a.는 해당 없음을 나타낸다. '순/순' 기준. '신흥 시장'은 신흥 시장 관할권을 뜻한다.
· 자료 출처 | BIS

것은 놀라운 일이 아니다.

우리는 2013년 세계 현물 거래가 RMB 회전량에서 차지하는 몫이 28퍼센트였고 외환 파생상품의 몫이 72퍼센트였던 것으로 추산하고 있다(표 6.4). RMB 회전량에서 역외 거래가 차지하는 비중은 다른 많은 신흥 시장 통화에 비해 높다. 역내 RMB 헤징에 대한 수출입 서류의 필요 요건이 엄격한 것이 주된 이유이다. 이 때문에 역내에서만의 포지셔닝이 힘들고 따라서 중국 본토 밖에서의 외환 파생상품 거래가 늘어날 수밖에 없다.

BIS 2013 외환 조사는 표 6.4에서 알 수 있듯이 세계 RMB 회전량의

표 6-4 신흥 시장 통화의 역외 거래

(10억 USD, 일일, 2013)	역외 화전량	세계 화전량에서의 비중(%)	지역 센터	런던	뉴욕	유로존	기타
				비중(%)			
신흥 시장 통화	678.7	67.4	-	29.9	16.4	4.6	3.9
신흥 아시아 통화	277.2	59.2	25.3	18.8	8.4	2.6	2.8
중국 RMB	86.1	72.0	43.7	18.0	5.8	1.5	1.2
홍콩 달러	40.7	52.6	8.1	22.9	8.9	5.1	5.0
싱가포르 달러	48.8	65.4	11.4	27.7	15.5	3.7	5.8
한국 원	27.4	42.7	21.1	11.3	7.1	1.5	1.6
인도 루피	28.0	53.0	26.9	15.1	8.5	1.1	1.5
라틴아메리카 통화	167.5	75.8	0.4	26.1	40.7	5.2	3.3
멕시코 페소	109.6	81.0	0.3	27.5	45.7	4.3	3.2
기타 신흥 시장 통화	234.0	73.7	0.1	47.5	12.3	6.2	7.7

· 주의 | '순/순' 기준.
· 자료 출처 | BIS

40퍼센트 이상이 중국 밖의 아시아 금융 중심지(주로 홍콩, 싱가포르, 보다 적게는 도쿄)에 집중되어 있다는 결과를 내놓았다. 그렇지만 그 후 타이베이(일일 회전량 40억 USD), 서울(9억 USD)의 거래가 상당히 늘어나 도쿄(2억 USD)를 크게 앞지르고 있다. 아시아 밖에서는 런던이 세계 최대의 RMB 거래 허브이다(표 6.4). 토론토에 허브를 만들기로 한 최근의 합의는 북아메리카의 RMB 회전량을 높이는 자극제가 될 수 있을 것이다.

역외 RMB 시장은 물론 실상 세계적으로 홍콩이 우위를 차지하고 있다는 데에는 의심의 여지가 없다. 이 점에 대해서는 7장에서 자세히 논의할 것이다. BIS 외환 조사에 따르면, 2013년 4월 홍콩의 일일 RMB 외환 회전량은 500억 USD('순/총' 기준)로, 상하이 역내 RMB 외환시장의 RMB 외환 회전량보다 많았고, 런던과 싱가포르를 합친 것(각각 240억 USD)보다 많았으며, 세계 회전량의 3분의 1 정도였다(표 6.5).

2014년 말, 홍콩의 회전량이 1,000억 USD 이상까지 상승해 상하이 회전량의 두 배(500억 USD)를 기록하고 싱가포르(700억 USD)와 런던(400억 USD)을 크게 앞지르고 있는 것으로 보아 홍콩의 우위는 여전해 보인다. 우리의 추정을 근거로 하면 세계 RMB 거래에서 역외 거래의 비중은 더 늘어날 것이다. 지금까지 이 추세에서의 승자는 홍콩이었다.

역내와 역외 회전량에서 차지하는 비중에 영향을 미치는 중요한 요인 중 하나는 역외 차액 결제 선물환(non-deliverable forwards, NDF)이다. NDF는 수개월 전 합의된 환율과 만기 시 실제 현물 환율의 차이에 대해 이루어지는 계약을 말한다. RMB NDF는 오로지 역외에서만 거래되며(주로 홍콩, 싱가포르, 런던), 역외 투자자가 역내 원금 교환 결제 선물환을 거래할 때 받는 제한을 피하기 위해 1990년대 중반 처음 개발되어 CNY

|||||||||||| 표 6-5 **시장별 RMB 외환 회전량(일일 평균 회전량, 2013년 4월)** ||||||||||||

(100만 USD)	시장		
	역내	역외	세계
중국	33,519		33,519
홍콩		49,471	49,471
런던		24,279	24,279
싱가포르		23,863	23,863
뉴욕		8,620	8,620
타이베이		2,573	2,573
파리		1,194	1,194
기타		4,051	4,051
총계	33,519	114,051	147,570

· 주의 │ '순/총' 기준; 총 1,480억 USD는 '순/순' 추정액 1,200억 USD와 다르다.

· 자료 출처 │ BIS

DF라는 이름으로 알려졌다. 2013년 말, NDF 거래는 세계 RMB 회전량의 약 15퍼센트, 세계 RMB 선물 거래의 3분의 2를 차지했다(표 6.6).

CNH DF라고 알려진 역외 RMB 원금 교환 결제 선물환 시장이 2011년 등장해 빠르게 성장하면서 현재는 한 개의 통화(RMB), 두 개의 현물환(역내 현물의 CNY와 역외 현물의 CNH), 세 개의 선물환(역내 원금 교환 결제 선물환의 CNY DF, 역외 원금 교환 결제 선물환의 CNH DF, 차액 결제 선물환의 NDF)과 같은 여러 개의 세분 시장이 존재한다.

이러한 세분화는 아직까지도 이어지고 있는 중국의 자본 통제와 헤징

|||||||||||||||||||||| 표 6-6 **RMB 선물환: 원금 교환 결제 vs. 차액 결제, 2013** ||||||||||||||||||||||
(100만 USD, 일일 회전량)

	100만 USD			비중(%)		
	DFs	NDFs	총계	DFs	NDFs	총계
중국 RMB						
역내	2,441	–	2,441	9.2	0	9.2
역외	7,102	17,083	24,185	26.7	64.2	90.8
총계	9,543	17,083	26,626	35.8	64.2	100
6대 신흥 시장 통화						
역내	10,138	4,550	14,688	8.9	4	12.8
역외	21,543	78,170	99,713	18.8	68.3	87.2
총계	31,681	82,720	114,401	27.7	72.3	100

· **주의** | DF= 일반 선물환, NDF= 차액 결제 선물환; '순/순' 기준, 6대 신흥 시장 통화는 브라질 헤알, RMB, 인도 루피, 한국 원, 러시아 루블, 신대만 달러.

· **자료 출처** | BIS

과 포지셔닝에 대한 시장 수요의 변화 때문에 나타난 현상이다. 2013년 4월 현재, 이 외환 선물환 '3형제'의 일일 회전량은 NDF가 171억 USD, CNH DF가 71억 USD, CNY DF가 24억 USD다. 따라서 '큰 형님'의 자리는 NDF가 차지하고 있다.

여기까지 알게 되면 이 선물환 3형제의 2020년 전망이 궁금해진다(매컬리, 창(Chang), 마, 2014). RMB CNH DF 시장이 빠르게 확장되는 상황에서 역외 RMB NDF가 계속 번창할 수 있을까, 간신히 자리를 지킬까,

혹은 쇠퇴할까? 그 답은 다른 무엇보다도 규제, 타성, 시장 효율의 문제에 달려 있다. 1980년대 중반 AUD와 2010년 초 RUB의 경험으로 판단하건대 외환 규제가 완전히 사라진 후에도 NDF 시장이 계속되고 심지어 상당히 활발한 거래가 이어질 수도 있다. 반면에 신중하고 불완전한 자본 개방으로 KRW의 경우와 같이 NDF 시장의 활기가 이어져서 역내 DF와 대부분의 역외 NDF 시장이 동시에 발전할 수도 있다.

그렇지만 RMB NDF 시장은 어떤 길도 따르지 않을 것이다. 제3장에서 논의했듯이 중국 당국은 상당 기간 동안 비거주자의 CNY DF 시장 접근에 대한 제한을 유지할 것이다. 그동안 그들은 계속 CNH DF 거래가 자유롭게 이루어지는 RMB 풀의 성장을 촉진할 것이다. 2013년 현재 CNH DF 회전량은 역내 CNY DF 거래량의 세 배이지만 역외 NDF 회전량에서 차지하는 비중은 40퍼센트에 불과하다(표 6.6).

지금은 잘 정립되어 있고 규모가 큰 NDF 시장에 비해 CNH DF는 몹시 미성숙한 상태이다. 하지만 CNH DF 시장에는 NDF보다 나은 몇 가지 장점이 있다. CNH DF 시장은 이러한 장점을 이용해서 앞으로 몇 년에 걸쳐 빠르게 NDF 시장을 따라잡을 것이다. 그 동인으로 가능성이 있는 것에는 CNH 옵션 시장의 성장, 일부 외환 딜러에 대한 NDF 규제, CNY 일일 거래 제한폭이 넓다는 면에서 NDF가 가지는 큰 베이시스 위험, CNH 시장에 대한 홍콩금융관리국(Hong Kong Monetary Autority, HKMA)의 유동성 지원 가능성이 있다.

확실히 입증된 것은 아니지만 CNH DF 회전량은 증가하고 RMB NDF 회전량은 정체되어 있다는 증거들이 있다. 우리 견해로는 NDF 시장이 계속되는 가운데 2013년에서 2020년 사이 CNY DF와 CNH

DF 모두 성장이 가속될 것으로 보인다. 상승은 제한적이겠지만 말이다. 우리는 이 기간 동안 CNH DF가 NDF를 앞지를 것으로 기대한다.

： 결론 ：

요약하면, RMB가 세계 외환시장에서 차지하는 비중은 급속하게 커지고 있다. 자본 계정에 대한 제약과 아직 개발이 덜 된 시장 때문에 기대에 훨씬 못 미치는 성과를 내고는 있지만 RMB의 힘은 비교적 빠르게 커지고 있으며 앞으로 이어질 자유화 조치들이 보다 평등한 경쟁의 장을 만들 것이다. 중국 경제가 세계에서 차지하는 비중이 커지고, 통화에 대한 통제가 약해지고, 자본 계정이 훨씬 더 개방된다면, RMB 회전량은 8배까지 증가해서 2020년까지 RMB를 세계에서 가장 빈번하게 거래되는 5대 통화 중 하나로 만들 수 있을 것이다. 이러한 확장은 보다 국제화된 RMB의 새 기대주인 DF 외환 파생상품과 역외 시장 거래에 의해 주도될 것이다. 이러한 발전은 이후의 눈에 띄는 거래량 증가로 이어질 것이다. 마지막으로 역외 RMB 시장의 확장으로 신흥 역외 RMB 거래 네트워크가 세계로 뻗어나가게 될 것이다. 이것은 RMB의 국제통화 부상을 기대하게 만드는 좋은 징조이다.

: 제7장 :

세계 위안화 거래 네트워크의 확산

국제통화의 특징은 역내와 역외를 막론하고 많은 시장에서 밤낮으로 다른 통화와 교환되고 결제가 이루어진다는 점이다. 그렇지만 중국의 경우 역외 시장의 역할이 특별하다. 자본 계정 개방과 그에 따른 자본 흐름의 변동성 확대를 걱정한 베이징은 RMB의 대외적 사용을 촉진하기 위해 역외 RMB 시장을 이용해왔기 때문이다. 제1의 RMB 역외 센터인 홍콩을 비롯한 이들 역외 RMB 시장은 중국 밖에서 자유롭게 거래되는 RMB의 '실험 실습실'인 셈이다.

단 몇 년의 짧은 시간 안에 전 세계에 걸쳐 RMB 역외 센터들이 만들어졌다. 급증하는 해외 수요와 국제화에 대한 추진력이 반영된 결과였다. 그들은 처음에는 홍콩, 다음에는 다른 아시아 중심지, 중동, 유럽, 아메리카로 급속하게 확산되어서 세계 거래 네트워크를 만들었다. 약

10년 전 제로에서 시작했던 RMB의 세계적 사용은 그 길을 따라 급속한 진전을 보이고 있다.

결국, 이 RMB 역외 센터들과 보다 개방된 상하이가 24시간 거래망을 형성해 RMB가 국제통화가 될 수 있도록 뒷받침할 것이다. RMB는 중국의 경상 계정을 통해 현재 상당히 자유롭게 국경을 넘나들고 있으며 다양한 자금 운용 계획을 통해 이전보다 자유롭게 움직일 수 있게 되면서 자본 통제라는 벽에 틈을 만들고 있다(표 3.2). 간단히 말해 일단 역외로 나가면 RMB는 사실상 완벽한 태환성을 갖는다.

: 위안화의 국제적 위상 :

약 10년 전, RMB의 중국 밖 사용은 엄격하게 금지되었다. 이후 통화가 비공식적으로 소액 변경 무역에 사용되었고, 중국과 주변국의 교역이 많아지고, 홍콩으로 들어가는 본토 관광객이 엄청나게 늘어나면서 점차 홍콩의 소매업자들이 RMB를 받아들이게 되었다. 2004년 처음으로 베이징이 1인당 1일 2만 RMB로 제한을 두고 홍콩 거주자들에 의한 달러의 RMB 환전을 허용했다. 이것은 베이징이 자본 계정에 대한 통제를 유지하면서 역외 RMB 시장을 시험하기 위해 취한 최초의 명시적인 공식 조치였다. 2009년 홍콩에 최초의 역외 RMB 시장이 출범했고, 곧 시범적으로 국가 간 RMB 무역 결제 사업이 시작되었다.

홍콩 거주자에게 처음 문을 연 지 10년이 지난 역외 RMB 사용의 규모는 눈에 띄게 늘어 상당한 수준에 도달했다. 아직은 발생기에 있는 이들 역외 RMB 시장은 중국의 자본 계정이 보다 전면적으로 개방되기에 앞서 RMB의 외부 사용이 증가하는 데 중심이 되는 역할을 했다.

이 규모를 이해하는 데 도움을 줄 몇 가지 유용한 지표들을 살펴보자. 예를 들어, 세계적으로 결제에 사용되는 RMB는 단 몇 년 사이 급증했다. 하지만 USD나 EUR와 같은 국제통화에 비교하면 아직은 미미한 수준이다. 세계 은행 간 금융 데이터통신협회의 2014년 자료 역시 지난 2년 동안 대외 결제에 사용된 RMB의 양이 눈에 띄게 늘어났다는 것을 보여준다. 2012년 10월부터 2014년 9월까지 SWIFT를 통한 세계 총 RMB 결제 흐름이 거의 세 배 증가했고, 2012년 11월부터 2014년 10월까지 '완전히 역외에서 이루어진' 결제 흐름(중국과 홍콩을 제외한 세계 총액)은 837퍼센트 증가했다(SWIFT, 2014).

2014년 세계 결제 흐름에서도 RMB의 비중이 크게 증가했다. 2014년 말, RMB는 세계에서 다섯 번째로 인기 있는 통화로 세계 전체 결제 흐름의 2.2퍼센트를 차지했으며 결제액은 이전 해보다 두 배 늘어났다(그림 7.1). 그럼에도 불구하고 세계 GDP의 13퍼센트를 차지하는 중국 경제의 비중과는 비교가 되지 않는 수준이며 USD와 EUR의 결제 흐름에 비하면 보잘 것 없는 정도에 머물러 있다. 최근의 추진력이 지속된다면 2015년의 주식시장 붕괴가 불러온 충격에도 불구하고 2020년까지 RMB가 세계 결제 흐름에서 EUR과 JPY와 견줄 수 있는 수준에 오를 가능성이 있다.

RMB는 세계 무역 금융에서도 급속하게 시장을 넓혀가고 있다. 세계 무역 금융에서 RMB가 차지하는 비중은 2012년 1월 2퍼센트에 못 미쳤으나 2013년 10월에는 거의 9퍼센트에 이르렀다. EUR를 추월해 세

||||||||||||||||||||||||||| **그림 7-1 SWIFT 세계 결제 흐름: 10대 통화** |||||||||||||||||||||||||||

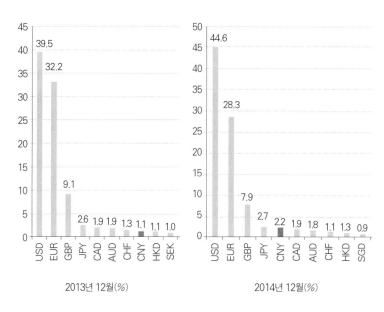

2013년 12월(%)   2014년 12월(%)

· **자료 출처** | SWIFT; RMB 트래커 리포트(RMB Tracker Reports) 2014년 1월과 2015년 1월

계에서 두 번째로 많이 사용되는 통화가 된 것이다. 무역 금융에서의 비중이 81퍼센트에 이르는 USD의 수준까지는 갈 길이 멀지만 말이다(그림 7.2). 중국, 홍콩, 싱가포르, 독일, 오스트레일리아는 무역 금융에서 RMB의 주요 사용국이다. 중국과 홍콩을 제외하고 세계 무역 금융에서 RMB 사용이 차지하는 몫은 전체의 20퍼센트에 불과하다.

세계적으로 RMB 결제 흐름이 증가하는 것에 그치지 않고 역외의 RMB 표시 채권, 즉 '딤섬 채권'의 발행 역시 상당히 늘어나고 있다. RMB 표시 채권의 발행은 2007년 100억 RMB에서 2014년 2,000억

|||||||||||||||||||||||||| 그림 7-2 **무역 금융 통화로서의 RMB(2013년 10월)** ||||||||||||||||||||||||||

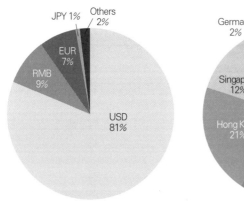

세계 무역 금융 주요 통화의 비중

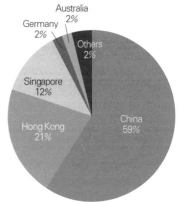

무역 금융 RMB 사용으로 본 5대 경제국

· **자료 출처** | SWIFT; RMB 트래커 리포트 2013년 12월

RMB로 크게 증가했다(그림 7.3). 그렇지만 성장 속도는 시장 심리, 환율 예상, 금리 차에 따라 심한 변동을 보였다. 지금까지는 대부분의 딤섬 채권이 홍콩에서 발행되어왔지만 몇몇 다른 역외 시장에서도 발행되기 시작했다. 더구나 제8장에서 논의하겠지만 세계 외환보유고에서 역외와 역내 RMB 포지션이 증가하고 있다. 그 비중은 중국의 외환 보유고를 제외한다면 아직도 1퍼센트 이하이거나 1.5퍼센트를 넘지 못하고 있지만 말이다.

RMB의 대외 사용이 증가하고 있는 것은 역내 RMB 시장에 대한 접근권에 부분적으로 제한이 있는 상황에서 RMB 자산에 대한 국제 시장의 수요가 늘어나고 있음을 반영한다. 시장의 딤섬 채권의 발행자들이

그림 7-3 **CNH 채권 발행(2007~2014)(10억 RMB)**

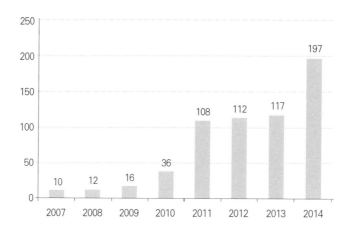

· **자료 출처** | 윈드인포메이션(Wind Information)과 HKMA

RMB 매수 포지션을 헤징하고 중국의 은행 여신보다는 이들 딤섬 채권의 낮은 이율을 활용하기를 원한다는 것도 이유 중 하나이다(청, 마, 매컬리, 2011). 정책 역시 영향을 미쳤다. 다시 말해, 베이징이 정기적으로 RMB 표시 CGB를 발행해서 RMB 자산에 대한 역외 벤치마크 수익 곡선을 구축하고, 중국의 정책은행과 상업은행이 지금까지는 주로 홍콩에서 RMB 표시 채권을 발행하도록 부추겼기 때문이다. RMB 예금과 같은 다른 금융상품들도 홍콩에 집중되어 있었다. 이에 대해서는 이후에 논의할 것이다.

세계적 사용이 크게 증가한 RMB를 지지하는 유동성의 주요한 원천은 국가 간 교역, 다양한 경상 계정 거래, 직접 투자 흐름, 국가 간 RMB 대출과 포트폴리오 흐름이다. 이 점 역시 이번 장에서 상세히 논

|||||||||||||||||||||||||| 표 7-1 **국가 간 RMB 결제(2014)(10억 RMB)** ||||||||||||||||||||||||||

	RMB 결제(A)	중국 전체(B)	비중(A/B)
상품 무역 결제	4,384	26,240	16.7
경상 계정 결제/경상수지	6,550	33,347	19.7
경상 계정과 직접 투자 결제	7,599	35,639	21.2

· **자료 출처** | PBOC와 CEIC

의할 것이다. 2009년 실질적으로 0이었던 국가 간 RMB 결제가 폭발적으로 증가했다(표 7.1). 2014년 이러한 국가 간 RMB 결제는 중국의 전체 당좌 거래의 20퍼센트, 쌍방향 직접 투자 흐름의 20퍼센트 이상을 차지했다. 우리의 기본 시나리오는 중국의 국제 교역에서 RMB 결제의 비중이 2020년 총 수출입의 30퍼센트 수준까지 증가할 것으로 예상한다.

： 여전히 지배적인 위안화 역외 센터, 홍콩 ：

홍콩 RMB 시장의 팽창으로 2010년 7월 시범적인 국가 간 무역 결제 계획이 중국의 20개 지역으로 확대되었다. 홍콩은 오래전부터 중국의 선두적인 중앙 시장이자 투자 관문으로 중국 은행의 지점과 자회사를 두고 있었다.

더 중요한 점은 홍콩의 확고한 법 체계, 우수한 시장 인프라, 탄탄한 규제 기관과 입증된 위기관리 능력이 중국 정책 결정권자들의 마음에 들었다는 것이다. 본토와 홍콩에 있는 규제 담당자와 정책 결정권자들 사이의 신뢰는 비길 데가 없을 정도다. 그렇지만 그것을 당연하게 받아들여서는 안 된다. 사실 홍콩이 최근 겪은 정치적 격변은 이러한 신뢰의 시험대가 되었다. 이 정도의 신뢰를 쌓는 데에는 수십 년이 걸리지만 사라지는 것은 한순간이다.

홍콩의 RMB 예금이 급속하게 증가한 것은 2014년 말 1조 RMB를 넘어선 예금풀을 형성한 국가 간 교역 결제로 인해 중국으로부터 순유출이 있었기 때문이다(ASIFMA, 2014; 홍콩 통화청 Hong Kong Monetary Authority, 2015). 이 깊은 예금풀은 앞서 언급했듯이 초기이지만 급속하게 확장되고 있는 홍콩의 '딤섬' 채권시장의 버팀목이 되었다. 그 결과로 투자자와 기업들이 RMB 통화에 노출되었고, 유동성 리스크가 헤징 상품에 대한 수요를 만들었으며, 활기찬 역외 RMB 외환시장과 금융시장을 형성시키는 원동력이 되었다.

다양한 RMB 관련 금융상품이 홍콩에서 자유롭게 거래되고 있다. 거기에는 현물, 외환과 금리 스와프, 옵션과 선물, 양도성 예금증서와 자산 관리 상품은 물론 상품 선물 계약까지 포함된다. 2014년 12월 홍콩의 일일 평균 RMB 즉시총액결제시스템(Real Time Gross Settlement, RTGS) 회전량은 8,800억 RMB를 넘어섰다. 이 중 90퍼센트가 외환과 관련되어 있으므로 홍콩의 CNH(역외 RMB) 일일 평균 회전량은 1,200억 USD에 달할 것이다. 이는 상하이의 일일 평균 RMB 회전량의 두 배가 넘는다. 이런 이유에서 홍콩은 제6장에서 논의되었듯이 최대의 역내와 역외 RMB 외환시장이다.

그림 7-4 **RMB 교역 결제**

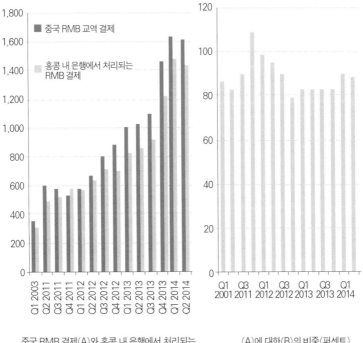

중국 RMB 결제(A)와 홍콩 내 은행에서 처리되는
RMB 결제(B)(10억 RMB)

(A)에 대한(B)의 비중(퍼센트)

·**자료 출처** | PBOC, HKMA와 BOCHK

교역과 투자에 있어서 본토와의 연결이 오래전부터 확립되어 있는데
다 선발자 이익, 중국에 대한 엄청난 정보, 강력한 정책적 지원, 우수한
결제와 청산 인프라로 인해 오늘날 홍콩은 다음 다섯 가지 측면에서 자
격을 충분히 갖춘 지배적 역외 RMB 청산소이다.

표 7-2 **RMB 국가 간 결제의 비중(%)**

	2011년	2012년	2013년	2014년 상반기
홍콩	61.6	55.7	57.2	53.4
싱가포르	8.1	10.0	9.8	10.7
대만	2.5	3.7	4.2	4.4
일본	2.8	3.2	2.9	3.6
독일	2.0	2.5	3.0	3.1
영국	1.4	1.7	1.9	2.7
한국	1.2	1.1	1.7	2.3
오스트레일리아	1.5	1.7	1.3	2.1
미국	1.7	1.4	2.0	2.0
마카오	2.7	2.8	2.5	1.9
영국령 버진 아일랜드	0.8	1.1	1.3	1.6
룩셈부르크	1.1	1.0	. . .	1.3
베트남	1.6	1.5	1.5	1.3
프랑스	1.2	11.	1.3	1.0
총계	90.2	88.7	90.4	91.5

· 주의 | 총계는 표에 나열된 지역의 합계이다.
· 자료 출처 | PBOC

• 홍콩의 은행에서 처리하는 RMB 교역 결제는 중국의 전체 국가 간 RMB 교역 결제의 80~90퍼센트를 차지해(그림 7.4) 국가 간 결제에서 홍콩이 점하는 몫을 크게 앞지른다(표 7.2). 그 주된 이유는 중국/홍콩 사이의 국가 간 결제 대부분이 홍콩을 기반으로 하는 은행에

의해 처리된다는 데 있다. 사실 3자 간 결제에서도 이런 구도가 형성된다.

- SWIFT 워치 데이터(므다나(Medana), 2014)는 홍콩이 세계 RMB 결제의 70퍼센트를 점하고 있다는 것을 보여준다. 여기에서 주된 RMB 역외 센터로서 홍콩이 점하는 위치가 분명히 드러난다. 그에 비해 제2의 RMB 역외 센터인 싱가포르는 RMB 결제 전체의 약 8퍼센트를 차지하는 데 그친다.

- 2014년 말 홍콩의 RMB 예금만도 2조 RMB로 추산되며 이는 세계 역외 RMB 예금 전체의 절반에 달할 것이다. 이 규모는 두 번째로 큰 역외 RMB 예금 센터인 타이베이 내 예금의 약 세 배이다. 지금까지 세계적으로 역외에서 발행된 RMB 표시 채권의 대부분이 홍콩을 기반으로 하고 있는 것으로 보인다.

- 홍콩의 RQFII 할당액은 2,700억 RMB로 전체에서 가장 큰 몫을 차지하고 있다. 다른 모든 역외 센터의 합산액을 왜소해 보이게 만드는 엄청난 규모이다. 중국이 국가 간 쌍방향 포트폴리오 흐름을 지속적으로 자유화하고 있는 가운데 2014년 11월 시작된 상하이-홍콩 교차 매매 협정은 홍콩이 선발자 이익을 지킬 수 있게 할 것이다. 2015년 시작될 선전-홍콩 교차 매매 협정은 홍콩의 우위를 보다 확고하게 할 것이다. 홍콩과 중국은 자산 관리 상품에 대한 교차 매매와 상호 인정에 합의했으며 이로써 홍콩을 기반으로 하는 펀드매니저들은 당분간 뚜렷한 우위를 점하게 될 것이다.

- 홍콩은 모든 역외 RMB 센터 중에 가장 우수한 RMB 청산·결제 인프라를 자랑한다. 홍콩의 RMB RTGS 시스템은 SWIFT와 일치하며 홍

콩 현지 시간 밤 11시부터 다음날 새벽 5시까지 연장 서비스를 하기 때문에 세계 대부분 교역 지대의 업무 시간대에 맞추어 서비스를 제공할 수 있다.

따라서 가까운 미래에 지배적인 역외 RMB 청산 센터로서 홍콩이 점하고 있는 위상이 도전을 받는 일은 없을 것이다. 홍콩은 소매 은행업과 기업 은행업은 물론 자본, 외환, 금융시장을 위한 적절하게 통합된 역외 RMB 센터로서 계속 기능하게 될 것이다. 장기적으로 홍콩은 보다 개방된 상하이와 경쟁하며 발전할 것이다.

: 세계적 네트워크 확산을 노리는 역외 센터들 :

역외 RMB 시장이 홍콩으로만 제한되는 것은 베이징이 원하는 모습이 아니다. 중국은 세계를 대상으로 하는 역외 RMB 시장 확장 계획을 만들고 있는 것으로 보인다. 이렇게 판단하는 데에는 다음과 같은 세 가지 이유가 있다.

첫째, RMB가 국제통화가 되기 위해서는 훨씬 폭넓은 역외 거래·청산 센터 네트워크가 필요하다. 주요 지역이 장기적으로 방치될 경우 주요 무역 지대의 활동에 지장이 생기고 특히 통화 시장에서 경제의 축적 효과와 네트워크 효과가 약화될 수 있다. 보다 많은 역외 센터는 RMB가 국제통화가 되기 위해 필요한 시장 인프라를 형성하는 데 도움을 줄 것이다.

둘째, 역외 RMB 센터들 사이의 경쟁과 협조로 혁신과 시장 효율이 높아질 것이고 이는 역외 비거주자들 사이의 거래와 교역을 촉진할 것이다. 결국 세계화를 위한 최종적인 시험대에 오르는 것이다. RMB 역외 센터 네트워크가 확산되면서 RMB가 국제통화의 위치에 오르는 데 도움을 줄 것이다.

셋째, 이러한 신흥 네트워크와 중국 기업(특히 은행)의 해외 진출은 상호작용을 하면서 서로의 역량을 키우는 데 도움을 줄 것이다. 중국 은행의 해외 네트워크는 2007년 29개 경제국에서 2013년 51개 경제국으로 증가했다. 같은 기간 해외 지점과 자회사 수는 60개에서 1,127개로 늘어났고, 해외 자산 가치는 3,000억 USD에서 1조2,000억 USD로 네 배 증가했다.

베이징은 정책 수단을 동원하고 시장 기반 RMB 국제화에 대한 해외의 제도적 지원을 늘리면서 이러한 세계 네트워크의 확산을 적극적으로 돕고 있다. 여기에서 네 가지 핵심 지역에 대해 살펴보겠다.

• 앞서 언급했듯이 PBOC는 2015년 6월까지 다른 국가의 중앙은행과 총 3조 USD가 넘는 32개 상호 지역 통화 스와프를 체결했다(상세한 사항은 제8장 참조). 이는 유동성 공급의 도구로서 역외 RMB 시장 개발을 촉진한다. 뿐만 아니라 언론 보도에 따르면 신흥 시장은 대외 결제 압력을 처리하는 데 도움을 주기 위한 비상 자금 조달 라인으로 이들 스와프를 활성화시켰다고 한다. 이렇게 스와프는 국제 금융 안전망을 강화하고 역외 RMB의 상업적 사용을 촉진하는 데 도움을 줄 수 있다.

표 7-3 RMB 역외 센터의 청산 은행과 PQFII 프로그램(10억 RMB)

국가(도시)	청산 은행	지정	PQFII 한도	승인된 RQFII
아시아태평양				
홍콩	중국 은행(홍콩)	2003년 11월	270	270
마카오	중국 은행(마카오)	2004년 8월		
대만(타이베이)	중국은행, 타이베이 지점	2012년 12월		
싱가포르	ICBC, 싱가포르 지점	2013년 2월	50	10
한국(서울)	교통은행(서울)	2014년 7월	80	3
오스트레일리아(시드니)	중국은행, 시드니 지점	2014년 11월	50	
말레이시아(쿠알라룸푸르)	중국은행(말레이시아)	2014년 11월		
태국(방콕)/ICBC(태국)	ICBC(태국)	2014년 12월		
유럽				
독일(프랑크푸르트)	중국은행, 프랑크푸르트 지점	2014년 6월	80	
영국(런던)	중국 건설은행(런던)	2014년 6월	80	11
프랑스(파리)	중국 은행, 파리 지점	2014년 9월	80	6
룩셈부르크	ICBC, 룩셈부르크 지점	2014년 9월		
스위스(취리히)	미정	2014년 9월	50	
중동·아프리카				
카타르(도하)	ICBC, 도하 지점	2014년 11월	30	
아메리카				
캐나다(토론토)	ICBC(캐나다)	2014년 11월	30	
총계			820	300

· 자료 출처 | HKMA와 FGI

- 중국의 청산 은행 지정은 처음에는 대중화권(大中華圈, 중국과 홍콩·대만을 묶은 중국 경제권―옮긴이)과 싱가포르만을 대상으로 했다. 그렇지만 2014년부터 전 세계 약 15개 역외 센터로 확대되었다. RQFII 할당을 받은 역외 RMB 센터의 숫자 역시 홍콩 한 개에서 열 개 이상으로 증가했고 그중 다섯 개는 공식 승인을 받았다(표 7.3).

- 베이징은 외환보유고의 자금을 두 개의 가장 중요한 국책 은행, CDB와 중국 수출입은행에 투입해서 해외 진출과 RMB 대출 역량을 강화했다. 2013년 말 CDB의 외환 여신액은 2,500억 달러로 2014년 6월의 세계은행 세계 순여신액 1,520억 USD를 훨씬 넘어섰다. CDB의 중국 외부 모든 통화 여신 총액은 2013년 말 1,800억 USD였다(이 역시 세계은행의 총 대부금을 넘어선다). 2013년 말 CDB의 역외 RMB 표시 여신액은 630억 RMB(100억 USD)이었다. 한편 빠르게 성장하는 중국 수출입은행은 중국 기업들이 해외 인프라 계약에 입찰하는 것을 지원하고 있다.

- 베이징은 자본력을 이용해서 새로운 국부 펀드와 중국이 지원하는 국제 금융기관을 만드는 데 적극적으로 나서고 있다. 이는 세계적으로 공평한 경쟁의 장을 만들기 위해서이다. 베이징은 400억 USD의 국부 펀드를 전액 출자한 '실크로드인프라펀드'를 만들었다. 중국은 또한 57개 국가와 함께하는 아시아인프라투자은행의 1,000억 USD 자본 중 절반을 조달할 것이다. 이 은행은 2015년부터 운영에 들어간다. 신개발은행(New Development Bank)이 현재 설립 중이다. 1,000억 USD의 자본은 브라질, 중국, 인도, 러시아, 남아프리카공화국이 균등하게 출자한다.

RMB 역외 센터는 홍콩을 넘어 처음에는 신흥 아시아 국가, 이후에는 유럽(세계 통화 거래 중심지인 런던을 비롯한), 중동, 현재는 남·북아메리카 최초로 토론토까지 확장되고 있다. 베이징은 이를 지원하기 위한 제도 마련에 비상한 노력을 기울이고 있다. 이러한 역외 RMB 네트워크는 동남아시아 국가연합(Association of Southeast Asian Nations, ASEAN) 이외의 국가, 라틴아메리카, 아프리카와 같은 신시장에까지 발을 들여놓을 것이다. 베이징의 계획은 세계적인 RMB 거래 네트워크를 마련해서 RMB가 국제통화의 자리에 오를 가능성을 높이는 것으로 보인다. 정책과 시장력에 힘입어 여러 RMB 역외 센터들이 홍콩을 추격하기 시작했다. 이전에 언급했듯이 SWIFT에 따르면 2014년 말 RMB는 5대 결제 통화의 하나가 되었다. 2013년 초 13위에서 크게 도약한 것이다. 140개 이상의 국가가 국가 간 결제 통화로 RMB를 사용했으며 RMB는 220개국 교역 결제에서 법정 통화의 역할을 했다(프라이스워터하우스쿠퍼스PwC, 2014; SWIFT, 2014). 현재 홍콩 이외에 완벽한 기능을 갖춘 14개의 역외 RBM 청산소가 있다. 상당 기간 동안은 홍콩이 발군의 위치를 지키겠지만 한편으로는 역외 RMB 거래 네트워크들이 홍콩이 점유하고 있는 시장을 잠식하기 시작했다. 다음과 같은 최근의 네 가지 발전이 이러한 추세를 보여준다.

우선, 홍콩에 기반을 둔 은행이 처리하는 홍콩의 국가 간 결제 비중이 2011년 세계 총액의 92퍼센트에서 2014년에는 90퍼센트를 유지하고 있다(그림 7.4).

다음으로, 4개 주요 아시아 RMB 센터에서 RMB 예금액의 비중은 2009년 이전의 90퍼센트 이상에서 2013년 중반 80퍼센트 이하로,

|||||||||||||||||||||||||||||| 표 7-4 주요 아시아 역외 센터의 RMB 예금 비중 ||||||||||||||||||||||||||||||
(네 개 시장 총액에 대한 비중)

	홍콩	타이베이	싱가포르	한국	총계
2013년 6월	76.8	7.8	15.2	0.2	100
2013년 9월	73.9	10.0	15.6	0.5	100
2013년 12월	67.3	14.3	15.2	3.2	100
2014년 3월	63.8	18.1	14.8	3.3	100
2014년 6월	59.9	18.9	16.4	4.8	100
2014년 9월	58.0	18.5	15.8	7.7	100

· **주의** | 총계는 네 개 시장의 합계이다.
· **자료 출처** | HKMA, CBC(대만), MAS, BoK

2014년 9월에는 60퍼센트 이하로 떨어졌다(표 7.4). 우리는 홍콩의 RMB 예금이 세계 RMB 예금 총액에서 차지하는 비중이 2014년 말 약 50퍼센트까지 떨어진 것으로 추정하고 있다. 이러한 추세는 계속될 것이다.

더욱이 세계 SWIFT RMB 결제에서 홍콩의 비중 역시 2012년의 약 80퍼센트에서 2014년 말의 70퍼센트로 눈에 띄게 감소하고 있다(그림 7.5). 이 추세 역시 지속될 것으로 보인다.

마지막으로 RMB 표시 채권을 발행하는 역외 RMB 센터의 수는 계속 늘어날 것이다. 앞서 언급했듯이 이는 '딤섬' 채권시장에서 홍콩이 차지하고 있는 지배적 지위를 약화시킬 것이다.

그렇지만 홍콩의 우위가 흔들리는 현상은 세계 역외 RMB 비즈니스

|||||||||||||||||||| **그림 7-5 세계 RMB SWIFT 결제(2012~2014)(%)** ||||||||||||||||||||

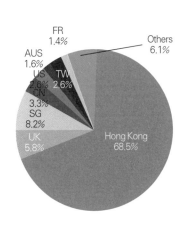

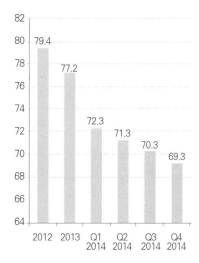

세계 전체에 대한 비중 (2014년 10월*)   세계 RMB 결제에서 홍콩의 비중

· **주의** │ UK=영국, SG=싱가포르, TW=대만, US=미국, AUS=오스트레일리아, FR=프랑스, CN=
중국.

*월별 자료를 이용한 단순 평균

· **자료 출처** │ SWIFT 워치 데이터와 므다나(2014)

의 파이가 급속하게 커지고 있는 상황에 비추어 판단할 필요가 있다. 홍
콩은 훨씬 큰 파이에서 보다 작은 조각을 얻게 될 것으로 전망된다. 예
를 들어, 우리는 제6장에서 이야기했듯이 RMB의 세계 일일 외환 회전
량이 2014년 4월의 1,200억 USD에서 2014년 말에는 2,500억 USD로
두 배가 될 것으로 예측한다. 세계 역외 RMB 예금은 2013년 6월의 약
1조 2,000억 RMB에서 2014년 말 2조 RMB로 증가했고 이것이 2020
년 4조 RMB로 두 배가 되리라는 것이 우리의 예상이다.

특화 역시 역외 센터의 상대적 성장을 도왔다(표7.3). 예를 들어, 런던은 세계 최고의 외환 중심지라는 자신의 위치와 아시아, 유럽, 미국 동부를 아우르는 데 유리한 시간대를 활용할 수 있을 것이다. 한편, 싱가포르는 세계 3위의 외환 거래 중심지이면서 ASEAN의 회원국과 가까운 위치를 이용할 수 있을 것이다. 타이베이와 서울, 시드니는 교역과 투자 측면에서 중국과 가진 강한 유대를 활용할 수 있을 것이다. 중국이 중동, 러시아, 캐나다와 가지는 에너지 교역이나 라틴아메리카, 아프리카와 가지는 다양한 상품 무역 역시 이들 경제국의 역외 RMB 비즈니스를 지원할 수 있을 것이다.

마찬가지로, 룩셈부르크가 역외 RMB 펀드 관리에서 앞장설 수 있었던 것은 이 부문에서 가진 세계적 마케팅, 관리, 상장의 허브라는 명성 덕분이다. 여러 자산 관리사들이 이미 룩셈부르크에 RMB 표시 펀드를 만들었다. 이들이 관리하는 총 자산은 2,560억 RMB(RMB 표시)로 2014년 초 홍콩의 610억 RMB와 비교할 수 없을 정도로 많다(PwC, 2014; 홍콩 통화청, 2015).

그렇지만 중국과 홍콩이 최근 체결한 펀드의 상호 인정과 교차 매매 협정이 역외 RMB 비즈니스에서 홍콩이 1위를 수성하도록 하면서 게임의 판도가 바뀔 수도 있다. 가까운 미래에는 홍콩이 RMB 거래 결제, 금융, 자산 관리의 세계 중심으로 자리를 지킬 것이다. 홍콩은 계속해서 발달된 선두의 RMB 역외 센터로서 환거래, 고정 수익 상품, 은행업, 증권시장, 보험, 자산 관리 상품을 비롯한 도·소매 금융 서비스를 제공할 것이다(홍콩 통화청, 2015).

: 역외 위안화 센터의 향후 전망 :

위에서 언급했듯이 역외 RMB 센터의 세계 네트워크는 계속 확장될 것이고 결국 역내 시장과 서로 영향을 주고받을 것이다.

토론토는 2014년 북아메리카 최초의 역외 RMB 센터가 되어 거래 허브로 RMB/CAD 직접 표시 환율을 내놓고 있다. SWIFT의 자료는 미국과의 RMB 결제 흐름이 호전될 것으로 예상하고 있다. USD의 흐름에 비하면 극히 미미한 수준이겠지만 말이다. 2014년 4월부터 2014년 4월까지 미국의 RMB 결제액은 327퍼센트 증가해 미국을 중국과 홍콩에 이은 3대 역외 RMB 결제 센터로 만들었다(SWIFT, 2014). 그럼에도 불구하고 세계 RMB 결제 총액에서 미국의 비중은 3퍼센트 이하로 유지되고 있다.

아프리카, 라틴아메리카와 ASEAN 국가들 역시 RMB 역외 센터 네트워크에 합류할 것이다. 중국과 아프리카의 상호 교역은 지난 5년간 1,070억 USD에서 2,100억 USD로 두 배 증가해 RMB 무역 결제의 잠재력이 엄청나다는 것을 보여주고 있다(표 7.5). 아프리카의 일부 중앙은행들은 이미 보유고의 일부를 RMB 자산에 투자했다. 최근 이루어진 아프리카에 대한 중국의 집중적 투자는 RMB의 국제적 사용을 촉진하는 데 상당한 도움이 될 것이다.

라틴아메리카 최초의 국가 간 RMB 결제는 2009년 브라질과 이루어졌다. 2010년 CDB는 베네수엘라에 제공하는 200억 USD 여신의 절반을 RMB로 표시했다. 2013년 10월, 시티은행(Citibank)이 페루 고객에게 이 지역 최초의 RMB 표시 신용장을 발행했다. 전체적으로

표 7-5 중국과 다른 지역과의 수출입

가치(10억 USD)	2003			2008			2013		
	수입	수출	총계	수입	수출	총계	수입	수출	총계
아시아	272.9	222.6	495.5	702.6	664.1	1,366.7	1,089.9	1,134.1	2,224.0
-ASEAN	47.4	30.9	78.3	117.0	114.1	231.1	199.4	244.1	443.5
라틴아메리카	14.9	11.9	26.8	71.6	71.8	143.4	127.4	134.0	261.4
아프리카	8.4	10.2	18.5	56.0	51.2	107.2	117.5	92.8	210.3
유럽	69.7	88.2	157.9	168.1	343.4	511.5	324.2	405.7	729.9
북아메리카	38.3	98.1	136.4	94.1	274.3	368.3	177.7	397.8	575.5
오세아니아	8.6	7.3	15.9	40.2	25.9	66.1	108.7	44.6	153.3
총계	412.7	438.2	851.0	1,132.6	1,430.7	2,563.3	1,945.3	2,209.0	4,154.3

CAGR(%)	2003			2008			2013		
	수입	수출	총계	수입	수출	총계	수입	수출	총계
아시아	14.9	17.7	16.2	20.8	204.4	22.5	9.2	11.3	10.2
-ASEAN	15.5	23.0	18.9	19.8	29.9	24.2	11.3	16.4	13.9
라틴아메리카	23.9	27.4	25.6	36.8	43.3	39.9	12.2	13.3	12.8
아프리카	30.2	24.7	27.5	46.3	38.2	42.0	16.0	12.6	14.4
유럽	16.6	16.5	16.5	19.2	31.3	26.5	14.0	3.4	7.4
북아메리카	16.6	15.0	15.5	19.7	22.8	22.0	13.6	7.7	9.3
오세아니아	28.9	19.9	25.4	36.2	28.8	33.0	22.0	11.5	18.3
총계	16.8	17.6	17.2	22.4	26.7	24.7	11.4	9.1	10.1

· 자료 출처 | FGI

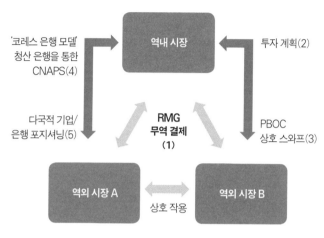

그림 7-6 **역내와 역외 상호 작용 경로**

역내 시장

'코레스 은행 모델'
청산 은행을 통한
CNAPS(4)

투자 계획(2)

다국적 기업/
은행 포지셔닝(5)

**RMG
무역 결제
(1)**

PBOC
상호 스와프(3)

역외 시장 A

역외 시장 B

상호 작용

· **자료 출처** | FGI

ASEAN-중국 교역은 2003년에서 2013년 사이에 다섯 배 증가했다(표 7.5). 2014년 말, 쿠알라룸푸르와 방콕의 거래 결제 처리를 위해 두 개의 중국 RMB 청산 은행이 지정되었다.

이렇게 역외 RMB 센터 네트워크가 급속하게 확장되고 언론의 집중적인 조명을 받고 있기는 하지만 역내와 비교하면 아직 작은 수준이다. 예를 들어 2014년 말 현재, 역외 RMB 예금 총액은 역내 RMB 예금의 2퍼센트에도 미치지 못하며 비거주자 역내 예금보다도 낮다(자세한 내용은 제5장 참조).

한편, 세계 '딤섬' 채권은 국내 채권 총액의 2퍼센트에 못 미치고 비거주자 국내 RMB에 훨씬 못 미치는 것으로 추정된다(상세한 사항은 제4장 참조).

외환 거래는 예외다. 2013년 BIS 조사에 따르면 그해 RMB 외화 회전량의 4분의 3 이상은 역외에서 이루어졌다. 우리는 2014년 말 홍콩의 RMB 외화 회전량만도 상하이의 두 배였던 것으로 추정된다(상세한 사항은 제6장 참조). 역내와 역외의 전반적인 규모 차이에도 불구하고 시간이 지나면서 두 시장의 격차는 꾸준하면서도 빠르게 좁혀질 것이다. 뚜렷이 다른 이들의 발전 경로는 시간이 지나면서 서로를 키우고 강화해 중국의 자본 계정 개방에 힘을 보탤 것이다.

- 국가 간 RMB 무역 결제. 이들은 양방향 흐름을 가능하게 한다. 이는 경상 계정하의 태환성을 한 단계 넘어서는 것이다.
- 투자 계획을 통한 국가 간 RMB 흐름. 여기에는 교차 매매 협정, 자본 흐름 관리를 위한 RQFII와 QDFII는 물론 특별한 역내 채권시장 진입 계획, RMB 캐시풀, 국가 간 RMB 대차, RMB 표시 해외 직접 투자(outward direct investment, ODI), FDI도 포함된다(상세한 사항은 제3장 참조).
- 상호 지역 통화 스와프. 이전에 논의했듯이 이들은 다른 국가의 중앙은행이 공식적인 RMB 유동성 라인을 이용하는 것을 허용해서 RMB 유입과 유출을 촉진한다.
- 청산 협정(코레스은행 모델(correspondent-bank model), 환거래계약(Correspondent Agreement)을 체결하고 있는 외국의 상대방 은행을 코레스은행이라 한다—옮긴이). 이로써 지정된 중국 '청산' 은행은 중국 현대화 결제 시스템(China National Advanced Payment System, CNAPS)을 통해 직접적으로 역내 RMB 유동성에 접근할 수 있다. 이러한 RMB 청

그림 7-7 **일일 선물환율과 역내/ 역외 CGB 수익률**

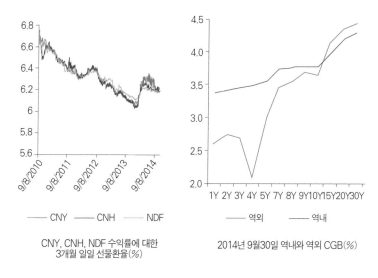

CNY, CNH, NDF 수익률에 대한
3개월 일일 선물환율(%)

2014년 9월30일 역내와 역외 CGB(%)

· **자료 출처** │ 블룸버그(Bloomberg)

산 은행은 표 7.3에 열거되어 있다.

- 외국인 재정 거래와 포지셔닝. 역내와 역외 모두에 진출해 있는 다국
  적 기업은 실제적인 국가 간 흐름에 참여하지 않고도 포지셔닝과 재
  정 거래가 가능하다.

중국의 자본 계정이 한층 더 개방되고 역외 RMB 센터의 네트워크가
확장되면서 자연히 역내와 역외 시장 사이의 상호 작용도 늘어나게 될
것이다. 앞서 논의했듯이 RMB는 '두 개의 현물환과 세 개의 선물환을
가지고 있는 통화'이다. 최신 문헌(렁(Leung)과 푸(Fu), 2014)은 시장이 격

변하는 동안에는 역외 환율이 역내 환율을 이끄는(그림 7.7 왼쪽) 것처럼 역내 환율과 역외 환율 사이의 인과관계가 어느 방향으로든 진행될 수 있다고 말한다. 최소한 세 개의 선물환은 서로를 같은 방향으로 비슷하게 움직인다.

역내 채권 수익률과 역외 채권 수익률 사이의 관계는 복잡하다. 다만 지금까지는 역외 수익률 곡선이 역내 수익률 곡선에 그리 큰 영향을 주지 않고 있다. 주된 이유 중 하나는 역외 딤섬 채권과 금융시장의 크기가 역내 시장들에 비해 작다는 데 있다. 반면 역외 수익률은 역내 발전과 다양한 특유의 요인들에 의해 정해진다. 그림 7.7의 오른쪽 그림이 보여주듯이 채무자와 통화, 만기가 동일하지만 두 개의 아주 다른 곡선이 만들어진다. 그들이 시간이 지나면서 어떻게 수렴되고 통합되는지는 지켜볼 일이다.

의미 있는 세계 RMB 네트워크를 형성시키기 위해서는 결국 역내와 역외 센터들이 보다 밀접하게 연결되어야 할 것이다. 시장 정보에 따르면 지금까지는 대부분 역외 센터 전역에서 RMB 유동성의 대체가 순조롭고 효율적으로 이루어지고 있다. 그렇지만 여러 연구는 역내와 역외 차익 거래가 아직은 완벽하고 순조로운 수준에 훨씬 못 미치고 있다고 말하고 있다(크레이그(Craig) 등, 2013; 청(Cheung)과 라임(Rime), 2014; 마와 매컬리, 2014). 많은 요인들이 그들의 통합에 영향을 미치겠지만 무엇보다 중요한 것은 자본 계정 자유화의 속도이다(상세한 내용은 3장 참조).

이제 보다 통합된 세계 RMB 거래 네트워크와 관련된 RMB 청산, 결제, 결제 인프라에 대해 기술적이지만 중요한 문제를 간단히 다루어보겠다.

첫째, 오랫동안 고대했던 중국 국제 결제 시스템(China International Payment System, CIPS)의 영향이다. CIPS는 2015년 도입되어 시범 운영될 예정이지만 몇 년 안에 전면적인 운영 체제에 들어가지는 않을 것이다. 미국 청산소 은행 간 지급 시스템(US Clearing House Interbank Payments System, CHIPS)을 모델로 한 CIPS는 역내와 역외 RMB 청산 센터의 세계 네트워크와 국가 간 RMB 결제 흐름 전체를 재성형할 잠재력을 가지고 있다.

둘째, 국가 간 청산에 사용될 은행 모델의 선택이다. 코레스은행 모델은 중국 현대화 결제 시스템을 사용한 반면 청산 은행 모델은 PBOC 대차대조표를 이용한다. 홍콩은 청산 은행 모델을 사용하는 유일한 역외 센터이며 2016년 이에 대한 검토가 이루어질 것이다. 만기가 좀 더 긴 코레스은행 모델이 중국과 역내 RMB 센터 확산에는 더 적합할 것이다. 정상적인 환경에서는 중앙은행이 외국 은행이 아닌 국내 은행에만 직접적인 유동성 안전장치를 제공하기 때문이다.

셋째, 15개 역외 센터의 지정 청산 은행은 소위 빅 파이브(Big Five)로 일컬어지는 사업 은행에서 뽑은 것으로 각 센터에 하나뿐이다. 이는 국가 간 금융 흐름에 대한 PBOC의 주의 깊은, 특히 은행을 통한 접근을 반영하는 것이다(마와 매컬리, 2014). 그렇지만 일단 CIPS가 전면적으로 기능하면 외국 은행이 국제 RMB 청산에 보다 적극적으로 참여할 수 있을 것이다.

: 결론 :

요약하면, RMB 역외 센터들은 역외 시장 발전, 국내 금융 자유화, 자본
계정 개방의 3방향을 통한 중국의 RMB 국제화 전략에서 필수적인 부
분이다. 역외 센터들은 실험 단계를 지나 착실하게 발전하고 있다. 세
계 네트워크는 아직 초기 단계에 있지만 말이다. 그럼에도 불구하고 이
들 역외 센터는 RMB를 국제통화로 만드는 데 도움이 되는 제도를 구축
하려는 중국의 결단을 반영하는 증거이며 RMB 결제와 RMB 자산에 대
한 세계적인 시장 수요가 증가하고 있다는 증거이기도 하다.

이전 장들에서 논의된 것처럼 광범위하게 분포한 역외 센터가 훨씬
더 큰 역내 RMB 시장과 완벽하게 결합된다면 RMB가 국제통화로 부상
할 가능성은 훨씬 더 커질 것이다.

우리는 역외 RMB 시장의 2020년 전망에 대해서도 조명해보았다.
2020년까지 세계 역외 RMB 예금액은 2014년 말의 2조 RMB에서 두
배 증가한 4조 RMB가 될 것이며, 역외 여신은 1조6,000억 RMB로 네
배 증가할 것이다. RMB 결제는 경상 계정 거래 전체의 20퍼센트에서
약 3분의 1로 확대될 것이다. 홍콩에서의 RMB 표시 딤섬 채권 발행은
2014년의 2,000억 RMB에서 4,160억 RMB로 증가할 것이다. 홍콩에
서 발행된 '딤섬' 채권의 발행 잔액 역시 2014년의 3,400억 RMB에서
6,800억 RMB로 두 배 증가할 것이다. 그러나 이러한 이들 역외 상품
대부분에 대한 전망이 아무리 인상적이라도 2020년에는 보다 개방되
고 보다 규모가 커질 역내 RMB 시장에 비교한다면 왜소하게 보일 것
이다.

: 제8장 :

국제화 과정에 있는 **위안화**를 **이용**하는 **기업**

다양한 RMB 잠재 시장의 규모를 이론적으로 분석하면 놀라운 성장 예상치를 얻게 된다. 중국 정부는 RMB의 국제화를 촉진하기 위해 깊은 고민을 거쳐 정책을 내놓는다. 하지만 기업이 이윤을 늘리고 비용을 절감할 수 있는 중요한 기회를 보고 그 기회를 이용하지 않는 한 이론적 분석이나 정부 정책은 아무런 소용이 없다. 우리가 앞서 분석했던 많은 수치를 뒷받침하는 것은 실제로 비즈니스 결정을 내리는 현실의 기업들이다.

 이론상으로는 시장 규제를 완화하면 바로 자금 흐름이 효율적으로 변화한다. 그러나 그것은 이론에 불과하다. 로버트 번(Robert Burn)이 1785년 내놓은 유명한 시에는 "생쥐와 인간이 공들여 만든 계획들은/ 수시로 어긋난다(The best-laid schemes o' mice an' men/ Gang aft agley)"는 구절이 있다. 현실에서는 이런 일이 자주 일어난다. RMB 국제화의 경우 지금까지는 다행히 이론이 현실화되고 있다. 기업이 실제로 어떻게 움직이는지 보여주기 위해서 우리는 아주 간단한 몇 개의 사례 연구를 선택했다. 삼성은 대규모 복합 기업으로 대단히 성공적인 투자가이기도 하다. 본보기로 삼성의 사례보다 적합한 것은 찾기 힘들다.

: 외환 환전 비용을 감소시키기 위한 삼성의 위안화 이용 :

삼성은 중국에서 168억 USD를 투자했고 12만3,998명을 고용했다. 2013년 삼성 차이나(Samsung China)는 939억 USD의 매출과 432억 USD의 수출을 기록했다(삼성 차이나, 2013). 2013년 3월, 삼성 차이나는 중국이 새로운 규제 완화 정책의 일환으로 내놓은 RMB 결제 상계 서비스의 첫 고객이 되었다. 이 정책 이전에 삼성 차이나는 환전 수수료를 네 차례씩 지불해야 했다. 과거의 자본 통제 정책하에서는 무역과 투자에 따른 유입과 유출이 분리되어야 했기 때문이다(그림 8.1). RMB를 재무 통화로 사용할 수 있게 되자 외환 거래와 이체 수수료가 50~80퍼센트 감소했다(그림 8.2). 베이징에 있는 중국 SAFE의 보고에 따르면 삼성 차이나는 분기당 2,000만 RMB의 비용 절감 효과를 보았다.[1]

RMB를 재무 통화의 하나로 통합시키기 위한 알스톰(Alstom)의 기업 자금 시스템 수정은 조금 더 복잡하다.

||||||||||||||||||| 그림 8-1 **USD를 재무 통화로 사용하는 삼성의 현금 흐름** |||||||||||||||||||

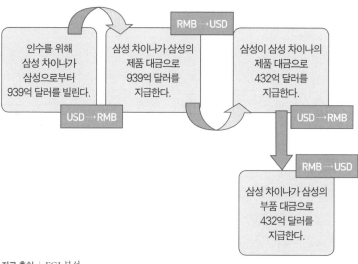

· **자료 출처** | FGI 분석

||||||||||||||||||| 그림 8-2 **RMB 결제 상계 서비스를 이용한 삼성의 자금 관리** |||||||||||||||||||

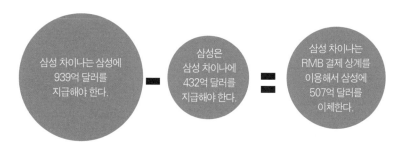

· **자료 출처** | FGI 분석

: 위안화를 기업 재무 통화로 사용하는 알스톰 :

알스톰은 에너지, 배전망, 철도 사업을 하는 프랑스의 일류 기업으로 중국에 30개 자회사와 9,000명의 직원을 두고 있다. 알스톰 차이나(Alstom China)에서 이루어지는 지급과 수취의 약 80퍼센트는 중국 밖의 그룹 소속 기업들과 관련되어 있다.

RMB를 기업의 재무 통화로 이용한 측면에서 알스톰 차이나는 선구자라 할 수 있다. HSBC의 도움으로 알스톰 차이나는 2012년 홍콩에서 5억 RMB의 딤섬 채권을 발행했다. 이는 2013년 중국에서 국가 간 계상을 시행하기 위해 선택된 시범 사업 중 하나였고 이 사업이 성공하자 2014년 2월 상하이 자유무역지대에서 RMB 국가 간 쌍방향 포괄 캐시풀 정책이 발표되었다. 달리 말해, 알스톰 차이나가 역외와 역내 RMB를 개별적으로 관리해야 하는 자본 통제를 받지 않고 하나의 풀의 일부로 취급할 수 있도록 승인을 받은 최초의 기업이라는 것이다. 이 정책 구상은 곧 중국 내의 모든 다국적 기업으로 확대되었다.[2]

알넷(Alnet)은 알스톰의 다수 통화 결제 상계 서비스 시스템으로 무역, 서비스, 소프트웨어 라이선스를 비롯해 세계적으로 그룹 간에 발행하는 자금 수취와 지급을 그 범위로 한다. 처음에는 RMB를 알넷에 포함시키는 것이 쉽지 않았다. 역으로 이러한 통합은 100개국 이상에서 영업을 하는 이 다국적 기업에게 극적인 변화를 의미한다. RMB 집중형 결제와 계상의 성공적인 실행은 RMB 거래의 효율을 눈에 띄게 향상시킨다.

이전에는 알스톰 베이징(Alstom Beijing)의 재무부서가 베이징의 여러 은행과 전화로 계약서와 송장을 확인해야 했고, 역내 RMB 헤징에는 더 복잡한 서류 작업이 필요했다. RMB를 기업 재무 통화에 편입시키면, 위의 모든 서류들이 IT 시스템을 통해 전달되고 바로 업무량이 감소한다. 이 새로운 시스템하에서 중국 밖의 모든 다른 기업들은 결제가 매달 정해진 날에 이루어지는 월별 결제 스케줄을 따르게 된다. 월별 계상일에는 알넷이 일반 보고서를 만들어 전 세계의 재무 담당자들에게 보낸다. 여기에는 각 결제 항목의 액수와 수취인, 중국의 모든 알스톰 기업과 나머지 세계 회원사들 사이의 차감 결제액이 열거된다. 이 차감액에 따라 중국 내에서 모든 결제가 중국의 CNY 일반 계정에 모아지고, 중국 이외의 결제는 홍콩의 재무 센터에 있는 CNH 일반 계정에 모아진 후 이 두 일반 계정이 계상 처리된다. 알스톰 아시아태평양 재무책임자 쉬 리앙성(Xu Liansheng)은 이러한 유형의 계상 시스템은 역내와 역외 시장 사이의 그룹 내 결제가 많은 다국적 기업에게 가장 적합하다고 설명한다.[3]

은행이 송장을 확인했기 때문에 재무부서는 송장의 정보를 엑셀 스프레드시트에 입력만 하고 대외 거래 소득을 보고하는 규정에 따라 이 스프레드시트를 SAFE 시스템에 업로드하면 된다. 모든 결제가 전 세계 그룹 간 거래에 대한 RMB 수취와 지급 규약을 갖춘 표준 절차를 거치면, 중국 내 은행 계정의 수가 줄어들고 운전 자본, 특히 역외 재무 센터 내의 외화 운전 자본의 필요가 감소한다. 이는 제3의 외환 운전 자금과 외상매입금은 물론 관련 환전 수수료와 업무량까지 감소시킨다. 한 해에 100만 RMB 이상의 비용 절약 효과가 있다.

중국에 생산 시설과 영업점을 두고 있는 다국적 기업들이 중국과의 무역 송장에 RMB를 사용하는 경우가 늘어나고 있다. 중국 영업으로 다국적 기업들은 RMB 매출원을 가진다. 2013년 7월10일부터 PBOC 는[4] 동일 기업의 역내와 역외 자회사들이 RMB를 통한 그룹 내 국가 간 대출과 캐시풀링을 할 수 있도록 허용했다. 이로써 중국 내의 가동되지 않는 RMB 현금을 역외에서 다국적 기업이 국가 간 교역 결제에 사용할 수 있게 된다. 이것은 다국적 기업이 중국 내 무역, 투자, 인수에서 RMB를 재무 통화로 사용하는 추세의 일환이다. 중국의 수출에서 다국적 기업의 역할이 대단히 크기 때문에 이 추세는 크게 확대될 것이다. 다국적 기업이 중국 수출의 절반 이상, GDP의 약 8퍼센트를 차지하고 있다. 470개 다국적 기업이 지역 본부를 두고 있는 상하이[5]의 경우 시 GDP의 21퍼센트가 다국적 기업에서 나온다.[6]

전기통신 기기와 솔루션을 제공하는 세계적 기업, 에릭슨(Ericsson)의 경우 세계 매출의 약 7퍼센트, 지출의 8퍼센트가 RMB로 결제된다. 또 다른 사례는 이케아(IKEA)다. 이케아는 2010년부터 중국 내 공급 업자에게 결제를 할 때 중국 내 매장의 수입에서 얻은 RMB를 이용한다.[7] 독일의 폴크스바겐(Volkswagen)은 USD 결제보다 RMB 결제가 많다. 미국의 제너럴모터스(General Motors)와 제너럴일렉트릭, 싱가포르의 아시아심벌(Asia Symbol), 일본의 라이언(Lion) 역시 RMB를 재무 통화로 많이 사용하고 있다.

: 위안화 무역 결제시 중국 수입 업체가 얻는 초과 이익 :

창흥전자(Changhong Electronics)는 580억 RMB의 매출을 올리는 중국 쓰촨의 전자 부품 제조업체이다. 2010년부터, 이 회사는 PBOC, PBOC 홍콩(PBOC Hong Kong)과 협력해 홍콩의 자회사를 통해 RMB 신용장을 이용하는 거래 금융 모델을 구축했다(그림 8.3).[8]

이전에는 창흥이 해외 공급업체에 전신 송금으로 대금을 지급했다.

|||||||||||| 그림 8-3 **창흥의 사례: 수입업체의 RMB 신용장＋역외 USD 융자** ||||||||||||

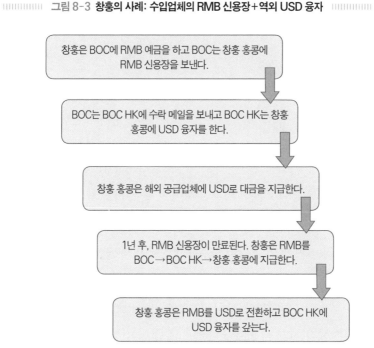

· **자료 출처** | FGI 분석

이제는 지급을 1년간 미루고 그 대금을 BOC에 예치해 홍콩에 있는 자회사에 BOC의 RMB 신용장 발급을 보증한다. 이에 홍콩의 자회사는 지체 없이 공급 업체에 USD로 대금을 지급한다. 때문에 공급업체는 RMB 국제화로 인한 어떤 차이도 경험하지 않는다.

창홍의 입장에서는 지급 대금이 BOC의 1년 만기 금융상품 구매를 통한 5.3퍼센트 금리를 산출하기 때문에 이익을 본다. 홍콩의 2.6퍼센트 금리 USD 대출에서 비용이 발생하므로 결국 이윤율은 2.7퍼센트이다. RMB/USD 환율 변동에 따라 추가적인 손익이 발생한다. 이전에는 RMB의 계속적인 평가 절상으로 사실상 이익이 보장되었지만 현재는 RMB가 양 방향으로 움직이고 있다.

창홍과 같은 기업이 RMB 무역 결제를 이용해서 수익을 높이고 비용을 낮출 방안은 다양하다.

이자 차익 거래

거래 결제가 크게 늘어난 배경에는 자회사에 RMB 신용장을 발행함으로써 중국 수입 업체가 얻는 보상이 큰 몫을 하고 있다. 신용장은 역외 센터(주로 홍콩, 일부는 싱가포르)의 저비용 USD 대출로 스와핑하는 데 이용된다. 일반적인 거래의 경우 중국 수입업체가 이용하는 베이징 소재 은행이 홍콩에 있는 수입 업체의 자회사에 오스트리아 광물 구입에 대한 신용장을 발행한다. 중국의 수입업자는 RMB 신용장 발행 은행에 담보를 예치한다. 이 담보를 통해 이자 수익이 생긴다. 홍콩의 자회사는 신용장을 담보로 이용해서 홍콩에서 낮은 비용의 USD 융자를 받아 상품 대금을 지급한다. 본토 은행의 연구에 따르면 베이징의 예금과 달러 대출 사이의 이자 차익 거래로 수입 업체는 수입 거래액의 약 2.33퍼센트에 해당하는 이익을 얻는다. 중국의 수출업자 역시 해외 상품 수입 업자와의 상품 거래 결제에 RMB 신용장을 이용하면 추가 수익을 얻을 수 있다.

외화 현물 환율 차익 거래와 현물환 환율 차익 거래

창훙의 모델에서 보았듯이 RMB 결제는 RMB 환율의 변화에 따라 수익이나 손실을 볼 수 있다. CNH 현물환 계약을 통해 이러한 '리스크'를 헤징하지 않는다면 말이다. 2009년에서 2013년 사이에는 RMB 환율에 대한 외국의 강한 평가 절상 압력 때문에 손실의 가능성이 비교적 낮았다(그림 7.7의 왼쪽 축). 중국 수입 업체의 입장에서 RMB-USD 교차 통화 스와프를 상하이의 외국환거래센터(Foreign Exchange Trade Center) 은행을 통해 중국 본토에서 사는 것보다는 홍콩에서 사는 것이 더 싸다는 현실적 요인도 있다. 2012년에서 2013년까지 그 차이는 약 100~200베이시스 포인트였다(그림 7.7의 오른쪽 축).

규제 차익

중국의 국가 SAFE는 미 달러화 여신 업무를 강력히 규제한다. 2011년에서 2013년 사이, 실제 사업 거래의 자금 조달(순수한 재정 운용이 아닌)을 하는 중국의 일부 중개인들은 USD 신용장을 얻는 것이 힘든 때가 많다는 사실을 발견했다. 상업은행의 외환 대출과 신용 한도가 고갈되었다는 통지를 받기 때문이었다. 한편, 2011년 PBOC 준칙 145호는[9] RMB 여신이 상업은행과 그 지점에 대한 외환 부채 노출 한도의 제한

||||||||||||||||||||| **그림 8-4 역내 시장과 역외 시장의 외환 현물 환율 스프레드** |||||||||||||||||||||

06/11 09/11 12/11 03/12 06/12 09/12 12/12 03/13 06/13 09/13 12/13 03/14 06/14 09/14

■ USD/CNH 현물 − USD/CNY 현물: bp(오른쪽 축) ── 현물 환율: USD/CNY

· **자료 출처** | 윈드인포메이션, PBOC, HKMA, FGI 분석

||||||||||||||||||||||||||||||||||||||||||||||||||||||||||||||||||||||||||||||||||||

을 받지 않는다는 것을 명확히 하고 있다. 2013년 5월 SAFE 규정 20호
는[10] 각 은행 지점의 외환 대출 규모에 대한 외환 대출/예금 비율 요건
을 75퍼센트 이하로 확대했다. 중국 상업은행과의 인터뷰는 이러한 규
제 요인들이 RMB 기반 거래의 매력을 보다 크게 만들었다는 것을 확인
시켜주고 있다.

축소된 리스크

기업들과의 인터뷰를 통해 RMB의 변동성이 커지고 양 방향으로 움
직이게 되면서(그림 8.4), 외환 리스크의 헤징이 훨씬 더 중요해졌고 이
로써 RMB 파생상품의 사용이 늘어나고 있다.

RMB를 거래 결제에 사용하면 중국 쪽에서는 리스크가 감소한다. 때문에 중국의 구매자와 판매자는 외국인이 RMB 결제를 받아들일 경우 기꺼이 할인을 해주는 경우가 많다. 포드모터(Ford Motor)나 빅토리아 클래식(Victoria Classics) 같은 미국의 수입 업체들이 중국의 교역 상대 업체와의 사이에서 RMB 결제를 사용하는 경우가 늘어났다. 중국 업체가 RMB 결제에 종종 가격 할인을 제공하기 때문이다. RMB 공급원이 없는 기업들은 홍콩에 기반을 둔 은행에서 RMB 단기 대출을 받거나 FOREX 시장에서 자신들의 달러를 RMB로 스와핑한다.

: 결론 :

처음으로 중국의 국외 직접 투자가 국내 투자를 앞섰다. 해외에 중국 기업이 설립되고 그 중국 은행들도 그 뒤를 이어 해외 진출에 나서면서 홍콩이나 싱가포르처럼 자금 조달과 투자에 RMB를 이용하는 경우가 늘어나고 있다. 세계적으로 성장한 중국 공상은행은 RMB 거래가 해외 수익의 3분의 1을 차지한다고 보고했다.

규제 환경이 변화하고 RMB 인프라가 발전하면서 기업들은 점점 더 빠르게 기회에 뛰어들고 있다. 점진적으로 이루어지는 개방과 자유 시장 경제로의 전환은 큰 관심을 끌지 못한다. 그러나 중국은 규모가 무척 큰 시장이기 때문에 약간의 개방과 자유화도 중국에서 영업을 하거나 중국과 거래를 하는 기업에 수백만 달러의 차이를 만들 수 있다.

중국이 점진적으로 규정을 바꾸고, 제도적 조정을 가하고, 은행은 새

로운 상품을 구조화하고, 알스톰의 경우와 같이 기업들이 상당한 노력
과 비용을 할애해서 새로운 관행을 채택하면서 RMB 기반의 운영 방식
이 천천히 시작되고 있다. 이들 몇 가지 사례는 이 과정을 실제로 보여
주는 좋은 본보기이다.

: 제9장 :

준비통화로서의
위안화

RMB 부상에 대한 논의 중에 가장 인기 있는 것은 RMB가 세계의 주요 준비통화로서 USD에 도전할 수 있을 것인지, 만약 그렇다면 그 시기는 언제가 될 것인지에 대한 문제이다. 흥미로운 질문이지만 한편으로는 균형 잡힌 시각이 필요한 미묘한 문제이기도하다. 세계 경제의 일상적인 작용 속에서 RMB 중요성이 빠르게 증가하고 있다. RMB는 상당히 긴 시간 동안 눈에 띄는 위치에 있겠지만 준비통화로서의 이용이 늘어나는 속도는 빠르지 않을 것이다. RMB는 꽤 오랜 시간에 걸쳐 주로 위기에 대항하는 완충제 역할을 할 것이다. 이런 점에서 세계적인 재앙을 거친다면 USD의 대체가 빠르게 진행될 것이다. 하지만 이러한 대체의 가능성은 낮고 다음 5년, 그리고 그 후 한동안은 파운드나 엔화와 같이 2부 준비통화가 될 가능성이 높다.

∶ 세계적 관점 ∶

중앙은행이 가지고 있는 외환보유고의 구조는 지난 15년 동안 큰 변화를 겪었다. IMF의 외환보유고 통화별 구성 보고서(Currency Composition of Official Foreign Exchange Reserves, COFER)에 따르면 (IMF, 2015), 이 기간 동안 외환보유고는 2조 USD에서 12조 USD로 증가했다. 이러한 증가는 부분적으로 아시아 금융위기와 같은 자금 압박 상황에서 효율적으로 사용할 수 있는 외환 자금을 만들어 두려는, 즉 완충제를 마련하려는 일부 신흥 국가들의 시도에서 비롯되었다. 그러나 한편으로는 세계 통화 시스템의 전반적인 불균형에서 파생된 결과이기도 하다.

준비통화 자산의 수익이 떨어지면서 외환보유고가 증가하고 있다. 이러한 추세는 세계 금융위기 이후 두드러졌다. 수익 하락의 주된 원인은 FRB와 ECB, BoJ, BoE가 금융 시스템과 실질 경제의 붕괴를 막기 위해 채택한 이례적인 통화 정책이다. 예를 들어 2008년 9월부터 6년 동안 10년 만기 JGB의 수익률은 97베이시스 포인트 하락했고 미국 국채는 148, 영국 국채는 238, 독일 국채는 339베이시스 포인트 하락했다. 실질 수익이 대단히 적거나 심지어 마이너스가 된데다 일부 선진국의 자금력과 관련된 리스크가 증가하자 준비금을 관리하는 사람들은 한때 '무위험' 자산으로 믿어졌던 것들의 가치를 재평가해야 했다. 중앙은행은 외환보유고의 일부를 대체 통화와 상품으로 재분배했다. 그 결과, 10년 사이 '기타' 통화의 보유가 세 배 이상 증가했다(표 9.1). 여기에 RMB 표시 자산의 구매가 포함되어 있다. RMB가 IMF의 '자유

표 9-1 **준비통화(할당 준비금 전체에 대한 비중, %)**

	USD	GBP	JPY	EUR	기타 통화
2003	65.4	2.9	4.4	25.0	2.2
2004	65.5	3.5	4.3	24.7	2.0
2005	66.5	3.7	4.0	23.9	1.9
2006	65.1	4.5	3.5	25.0	2.0
2007	63.9	4.8	3.2	26.1	2.0
2008	63.8	4.2	3.5	26.2	2.3
2009	62.0	4.2	2.9	27.7	3.1
2010	61.8	3.9	3.7	26.0	4.6
2011	62.4	3.8	3.6	24.7	5.5
2012	61.3	4.0	4.1	24.2	6.3
2013	60.9	4.0	3.9	24.5	6.8
2014	62.9	4.9	4.0	22.2	6.9

· **자료 출처** | IMF 외환보유고 통화별 구성 보고서

로운 거래' 기준에 맞지 않기 때문에 준비통화로 명확히 지정되지 않았
는데도 말이다(IMF, 2010). (이 책이 출간되었을 때는 바뀌었을 수도 있다. 위
의 SDR에 대한 부분을 참조하라.)

: 위안화 보유의 규모 :

중앙은행들이 보유하고 있는 RMB 자산의 절대치는 분명치 않다. IMF
에 COFER 자료를 보고할 때 보유액을 투명하게 밝히지 않기 때문이
다. PBOC의 최근 예측에 따르면(2015), 세계의 중앙은행들이 2015년
초 RMB로 보유하고 있는 준비금은 667억 RMB(110억 USD)로 전 세계
총 외환보유액의 약 1퍼센트, 중국 외 보유고의 1.5퍼센트이다. 이것은
2014년 말 오스트리아 달러나 캐나다 달러와 동일한 액수이다. 오스트
리아 달러와 캐나다 달러는 IMF가 SDR 통화 외에 명세를 발표하는 세
개 통화 중 두 개(세 번째 통화인 스위스 프랑은 그 액수가 매우 적다)다. 그에
비해 USD 표시 자산은 신고된 외환보유액의 60퍼센트 이상을 차지한
다. 사실, IMF는 중국 경제의 전체적인 규모와 비교할 때 대단히 낮은
RMB 이용률을 아직 RMB를 SDR를 구성하는 '준비통화' 바스켓에 포
함시키지 못하는 간접적인 이유로 들고 있다. 현재 SDR는 USD, EUR,
JPY, GBP의 가중 평균에 근거한다. SDR 구성에 대한 다음 번 검토는
2015년 10월로 예정되어 있으며 앞서 논의했듯이 중앙은행 RMB 보유
에 상당한 영향을 미칠 것이다.

　RMB 투자의 절대적인 크기가 아직은 작지만 RMB 준비금을 보유하
고 있는 중앙은행의 숫자는 크게 늘어났다. 2014년 말 현재, 30개 이상
의 중앙은행이 RMB 자산에 투자했다. 지금은 그 숫자가 이미 60을 넘
어선 것으로 보인다. 그렇다 해도 전 세계 177개 중앙은행의 3분의 1
에 불과하지만 말이다. 중앙은행이 준비금 관리 정책을 조정하는 문제
에 있어서 대단히 더디게 움직이는 것이 보통이다. 그런데도 이런 정도

의 증가를 보인 것은 지난 5년 동안 보다 많은 중앙은행들이 역내와 역외의 RMB 시장에 관심을 갖게 되면서 중앙은행의 RMB에 대한 태도가 근본적으로 변화했음을 나타낸다. 이는 준비금을 관리하는 사람들이 투자 목표, 즉 안전, 유동성, 수익을 해석하는 방법이 변화했다는 것을 시사할 수도 있다.

최근 들어 많은 OECD 회원국 중앙은행이 RMB 시장에 참여하고 있다는 것은 중요한 발전이다. BDF(Banque de France, 프랑스 은행), RBA(Reserve Bank of Australia, 오스트레일리아 준비은행), SNB(Swiss National Bank, 스위스 중앙은행)가 2014년 'RMB 클럽(RMB Club)'에 가입했다.

: 변화의 동인 :

중앙은행들의 RMB 이용을 추진하는 두 가지 역학이 있다. 이 두 가지는 서로 연결되어 있다. 첫째, 전통적인 준비통화의 수익과 리스크에 대한 인식이 변화했다. 미국 국채, 독일 국채, 일본 국채, 영국 국채와 같은 자산의 수익률이 하락하고 실제로는 마이너스가 되었다. 동시에 안전하다고 여겨졌던 이러한 자산과 관련한 인지 위험이 높아졌다. 소위 '트리플 A 클럽(Triple-A Club)', 즉 국채가 높은 신용 등급을 유지하는 경제국들이 줄어들고 있다. 미국, 영국, 프랑스, 네덜란드, 핀란드가 지난 4년간 세 개의 주요 신용평가 중 적어도 하나로부터 신용 등급 하락을 경험했다. 일본은 1990년대부터 이 클럽에서 제외되었다.

리스크와 수익의 새로운 역학

신용 등급 하락의 논리 중에는 미심쩍은 부분이 있기는 하지만 주요 준비통화 국가 모두 재정이 취약해졌다는 데는 의심의 여지가 없다. 인구의 노령화로 이러한 추세는 점점 심화되고 있다. IMF에 따르면(2014) 일본의 국가 채무가 GDP에서 차지하는 비중은 2013년 말의 237.9퍼센트였다. 미국의 경우 106.5퍼센트, 영국은 90.3퍼센트였다. 중앙은행들은 준비통화 자산에 대한 투자를 더 이상 '무위험 수익'으로 묘사하지 않고 '무수익 자산'이라 부르고 있다.

물론 중앙은행들의 주된 관심은 수익보다는 안전성과 유동성에 있다. 결국 중앙은행은 수입 대금을 대고, 포트폴리오 유출에 대응하고, 위기 시에 경제가 순조롭게 굴러가게 하기 위해 외환을 보유한다. 그들의 1차적인 목표는 필요할 때 자금에 접근할 수 있는 것이다. 그럼에도 불구하고 준비금 운영에서 나오는 수익은 화폐 주조 차익과 함께 중앙은행의 중요한 수입원으로 다른 많은 중앙은행 활동에 소요되는 비용을 감당해야 한다.

투자 수익이 충분치 않으면 그들은 다른 곳에서 자금을 조달할 수밖에 없다. 최악의 경우, 곤란한 상황이 생길 수 있는 위험을 감수하고 정부가 자금을 투입하는 일이 생길 수도 있다. 정부 자금을 이용하다보면 언론은 중앙은행의 높은 준비금 보유 비용에 관심을 가지게 된다. 신흥 경제국의 국채가 미국 국채보다 50베이시스 포인트 많은 수익을 낼 수 있다고 가정해보자. 중앙은행이 국내 채권이 아닌 1,000억 USD를 미국 국채에 투자했다면 투자 비용은 매년 5억 USD가 될 것이다. 그 국가의 통화가 USD에 대해 평가 절상된다면 '장부상 손실'은 더 커진다.

그럼에도 불구하고 오스트레일리아 중앙은행과 같은 많은 중앙은행이 대차대조표의 약화에 직면했을 때 자금을 투입했으나 여론의 비난은 크지 않았다(오스트레일리아 정부, 2013). 그렇지만 그러한 도움을 구하는 것이 힘든 중앙은행도 있다. 통화 정책 수립과 같은 다른 부문에 정부 개입의 우려가 있는 중앙은행의 경우 특히 더 그렇다.

이러한 변화의 동인들로 인해서 전 세계 중앙은행들은 최근 외환 준비금의 수익과 위험을 재평가하기에 이르렀다. 현재는 많은 중앙은행이 수익률이 낮은 미국 국채를 대체할 수 있는 상품들에 이전보다 호의적인 시선을 보내고 있다. 인기가 오르고 있는 대체물에는 물가 연동 채권, 비SDR 통화 국채와 예금, 민간 채권, 신흥 시장 국채(USD로 표시된 것과 현지 통화로 표시된 것 모두), 주식과 상장지수펀드가 있다.

두 번째 중요한 역학은 RMB 자산에 대한 투자의 매력이다. RMB 자산의 인기가 최근 몇 년 동안 상승세를 타고 있다. 이는 부분적으로 국제 교역, 결제, 금융에서 중국의 역할이 증대되고 국가 간 상업 거래와 금융 거래에서 RMB 사용을 촉진하려는 베이징이 노력이 인정받은 결과이다(역외 RMB 시장에 대한 제7장 참조).

RMB의 부상

RMB는 현재 중국 무역의 약 20퍼센트에서 사용되고 있다. 그 비중이 높아지고는 있지만 유로존의 50~60퍼센트, 일본의 30~40퍼센트에 비하면 아직은 무척 낮은 수준이다. 중국의 교역 상대국들, 특히 RMB로 수입 대금을 치르는 국가들이 위기 시에 어음을 지급하려면 통화에 쉽게 접근할 수 있어야 한다. 그 결과, 국가 수준의 자산과 부채 관리의

표 9-2 중국의 상호 지역 통화 스와프 협정

일자	상대 중앙은행	액수(RMB)	주의	상태
2009년 1월20일	홍콩 통화청	2,000억	3년 만기(2012년 1월)	2011년 11월22일 갱신
2009년 2월8일	말레이시아 네가라은행 (Bank Negara Malaysia)	800억	3년 만기(2012년 2월)	2012년 2월8일 갱신
2009년 3월11일	벨라루스공화국은행(National Bank of the Republic of Belarus)	200억	3년 만기(2012년 3월)	지역 통화 결제 시 갱신
2009년 3월23일	인도네시아은행(Bank of Indonesia)	1,000억	3년 만기(2012년 3월)	2013년 10월1일 갱신
2010년 3월24일	벨라루스공화국은행	지역 통화 상호 결제 협정	인접국이 아닌 국가와 일반 교역 거래를 위해 지역 통화 결제 협정에 중국이 최초로 서명했다.	해당 없음
2010년 6월9일	아이슬란드 중앙은행 (Central Bank of Iceland)	35억	상호 교역과 투자를 증진하고 재정상의 협력을 강화하기 위해	2013년 9월11일 갱신
2010년 7월23일	싱가포르통화청 (Monetary Authority of Singapore)	1,500억	상호 교역과 직접 투자 증진을 위해	2013년 3월7일 갱신
2010년 11월22일	러시아 연방 중앙은행(Central Bank of the Russian Federation)	은행 간 외환시장에서 러시아 루블과 RMB의 직접 거래	2010년 12월15일, 러시아 모스크바은행 간 통화 환전소(Russian Moscow Interbank Currency Exchange, MICEX)가 공식적으로 RMB/루블 거래를 시작했다.	해당 없음
2011년 4월18일	뉴질랜드 준비은행(New Zealand Reserve Bank)	250억	3년 만기(2014년 4월)	2014년 4월25일 갱신
2011년 4월19일	우즈베키스탄공화국 중앙은행 (Central Bank of Republic of Uzbekistan)	7억	3년 만기(2014년 4월)	만료

날짜	중앙은행	규모	만기	상태
2011년 5월6일	몽골 중앙은행 (Central Bank of Mongolia)	50억	3년 만기(2014년 5월)	2012년 3월20일 갱신
2011년 6월13일	카자흐스탄은행 (National Bank of Kazakhstan)	70억	3년 만기(2014년 6월)	만료
2011년 6월23일	러시아 연방 중앙은행	1,500억: 상호 지역 통화 결제 협정	국경 무역에서 일반 무역으로 지리적 범위를 확대. 양국이 상품과 서비스 교역에 대한 결제와 정산 통화를 선택할 수 있다. 재정적 협력을 강화하고 상호 교역과 투자를 촉진한다.	2014년 10월13일 갱신
2011년 10월26일	BoK	3,600억: 1,800억에서 증가	갱신: 3년 만기(2014년 10월)	2014년 10월11일 갱신
2011년 11월22일	홍콩 통화청	4,000억: 2,000억에서 증가	갱신: 3년 만기(2014년 11월)	유효
2011년 12월 22일	태국은행(Bank of Thailand)	700억	3년 만기(2014년 12월)	유효
2011년 12월23일	파키스탄 국영은행 (State Bank of Pakistan)	100억	3년 만기(2014년 12월)	유효
2012년 1월17일	UAE 중앙은행 (Central Bank of UAE)	350억	3년 만기(2015년 1월)	유효
2012년 2월8일	말레이시아 네가라은행	1,800억: 800억에서 증가	갱신: 3년 만기(2015년 2월)	유효
2012년 2월21일	터키공화국 중앙은행 (Central Bank of Republic of Turkey)	100억	3년 만기(2015년 2월)	유효

측면에서 RMB를 준비금으로 보유하는 것이 해당 국가의 중앙은행에 자금에 대한 접근로를 열어주는 합리적인 선택으로 보이는 것이다. 많은 수의 지역 통화 스와프 협정이 이러한 측면에서 중앙은행들의 대담한 조치를 부추기고 있다(아직 효과가 입증되지는 않았으나). 표 9.2는 2015년 초, PBOC가 32개 중앙은행과 3조 RMB(4,850억 USD)가 넘는 스와프 계약에 서명했다는 것을 보여준다.

이러한 스와프가 상호 무역의 유동성을 지원하는 데 사용된다면 RMB에 대한 실질 시장 수요를 떠받칠 수 있을 것이다. 그렇게 되리라는 예상에는 상당한 근거가 있다. BoE의 전무 이사인 크리스 새먼(Chris Salmon)은 2014년 자산−부채 전국 콘퍼런스에서 이렇게 말했다. "런던에서 RMB의 활동이 증가하고 향후 RMB 자산과 부채의 불일치가 금융 불안정을 유발할 경우, 이후 2008년 USD 스와프가 그러했듯이 스와프의 안정성을 뒷받침하는 방어벽을 제공할 것이다." PBOC는 2014년 말 현재, 2조 이상의 상호 스와프가 활성 상태에 있는 것으로 추정한다(PBOC, 2015).

: 위기 동안의 위안화 교환 :

현재는 비상 RMB 유동성 상품이 전 세계에 자리 잡고 있고 그 규모는 Fed가 역외 거래 부족분을 벌충하기 위해 제공한 USD 스와프보다 크다. 한편, PQFII 펀드가 10개 역외 금융 센터에서 시작되었다(역외 RMB 시장에 대한 제7장의 표 7.3 참조). 영국은 RMB 사업에 열광적으로 매달려

왔다. 영국은 RQFII 한도(허용액)가 800억 RMB로 중국 건설은행을 통해 역외 청산을 하며 상하이의 GBP/RMB 직접 거래와 PBOC와의 스와프 라인 규모는 2,000억 RMB이다. 2014년 10월 영국은 BoE 준비금에 추가된 30억 RMB(4억8,500만 USD)로 역외 RMB 채권을 발행한 최초의 선진 경제국이 되었다. 그때까지 영국의 외환보유고는 오로지 USD, EUR, JPY, CAD로 구성되어 있었다. 이러한 RMB 역외 채권 발행은 상징적인 의미가 크지만 몇 달 전인 2014년 6월 발행된 첫 이슬람 채권, 수쿠크(sukuk)가 20억 GBP(31억 USD)이었던 것에 비교하면 사실 그 규모는 매우 작다.

현재 최소한 15개 역외 RMB 시장에서 역외 청산이 가능하다(표 7.3). 이들 여러 사업 덕분에 RMB 자산이 더 많은 시장에서 더 큰 규모로 자주 거래되면서 준비금 관리자들이나 다른 투자자들에게 점점 더 매력적으로 다가가고 있다.

: 역내와 역외 접근권 :

대부분의 중앙은행들, 특히 경제 규모가 큰 나라의 중앙은행들은 역내 RMB 시장을 통해서 직접 RMB 투자에 접근한다. 대부분의 CGB가 거래되는 것이 역내 RMB 시장이고 투자자들이 역외 RMB 시장보다 더 나은 수익을 확보할 수 있는 것도 역내 시장이다(제4장 참조). 동일한 CGB도 역내 시장에서는 100베이시스 포인트 이상 더 많은 이윤을 남길 수 있다. 2014년 말부터는 이러한 스프레드가 상당히 좁혀졌지만 말이다(상세한 사항은 역외 RMB 시장에 대한 제6장 참조). 많은 중앙은행들이 QFII 계획을 통해 역내 투자를 돕는 PBOC와 장기적 관계를 맺고 있다. BDF의 시장 운영 담당 기획관, 필리프 몽가르(Philippe Mongars)는 최근의 접근권 협상이 주로 "몇 가지 법적 문제들" 때문에 "고통스럽지는 않지만 지루한 과정"이 되었다고 설명했다. 그는 접근권을 찾는 다른 중앙은행에 새로운 사고방식을 가지라고 조언했다. "소통의 방식이 상당히 다를 수 있습니다. 신속한 메시지와 e메일이 반드시 최선의 방법은 아닙니다." 허가가 떨어지면 이후 중앙은행은 지역의 시간대에 거래를 할 수 있게 해야 한다. 상하이의 채권 딜러들은 현재 50~60개 중앙은행이 중국의 역내 시장에서 활동하고 있는 것으로 추정한다. 그들은 보통 국채나 정책금융채에(바젤 협약이 무위험으로 정의하는 기관의 상품) 투자한 뒤 이를 만기까지 보유한다. 사실, 만기 프로필을 바꾸는 것 이상의 거래 활동은 없다. PBOC는 중앙은행에 대한 청산 서비스를 제공한다.

: 역외 대체 상품 :

일부 중앙은행들은 역외 상업은행과 역외 다국 간 조직에 예치금을 맡기거나 금융시장 상품을 통한 투자를 한다(상세한 사항은 제7장 참조). 이것은 한도의 적용을 받지 않기 때문에 역내 옵션보다 더 쉽다. 즉, 양 당사자에게 신용 위험과 노출 한도가 있다. 그렇지만 외환 통제가 없기 때문에 은행들이 위기 동안 쉽게 역외 자금을 끌어들일 수 있다. 심각한 상황일 때는 불리한 '헤어컷(haircut, 증권업자의 유동자산에 포함되는 유가증권의 가치 평가―옮긴이)'의 가능성이 있기는 하지만 말이다. 이러한 요인들은 역내와 역외 시장의 스프레드에서 오는 약점을 덮는다. 스프레드가 작은 경우에는 더 말할 것도 없다.

이 점에서 중앙은행은 어떤 역외 RMB 시장이나 RMB 투자 상품에도 자유롭게 접근할 수 있다. 하지만 홍콩에서 발행된 RMB 표시 CGB에 대해서는 특별 한도가 있다. 이 할당액은 장기 투자자를 끌어들이려는 의도에서 정해진 것이다. 2014년 7개 중앙은행과 통화청에 20억 RMB가 할당되었다. 여타 중앙은행은 역외 국채를 샀고 일부는 RMB 선물을 비롯한 파생상품을 보유하고 있다.

: 보수주의자의 진로 변경 :

노르웨이의 중앙은행을 제외한다면 RMB 투자에 처음으로 손을 댄 것은 아시아와 신흥 시장의 중앙은행, 특히 아프리카와 라틴아메리카의 중앙은행이다. 일부 중앙은행에는 중국과의 근접성이나 쌍무 무역이나 투자에 있어서 중국과 가지는 유대를 고려한 자연스러운 조치였다. 더구나 GDP에 비해 규모가 큰 외환보유고를 가진 중앙은행들은 핵심 '유동성 트란셰(liquidity tranche)'를 초과하는 자산을 보유하는 경우가 많다. 이러한 초과 보유분을 보통 '투자'나 '전략' 트란셰라고 하며 보통 이들이 RMB 투자의 원천이다. 이 같은 일이 벌어지는 것은 자산을 빠르게 현금화할 수 있는 능력에 대한 염려가 남아 있기 때문이다. 이 능력은 유동성 트란셰에 보유하는 자금의 필수 조건이다. 그러나 높은 수익을 내는 RMB를 비롯한 비SDR 통화로 된 자산이 내놓는 위험-수익률 프로필은 대단히 매력적이다. 위기 시의 RMB 유동성은 아직 입증되지 않았지만 말이다. 평가 절하 압력에 대비하는 완충제로 큰 규모의 외환 보유고를 구축한 아시아의 많은 중앙은행들은 자신들의 투자 트란셰에 적합한 SDR 통화 이외의 대체재를 찾아왔다.

선진국의 중앙은행들은 외환보유고의 규모가 비교적 작다. 금융 스트레스가 있을 때에도 통화를 방어할 수 있는 능력을 믿기 때문이다. 그렇지만 이 기관들이 RMB를 대하는 태도가 지난 3년 동안 눈에 띄게 달라졌다. 그들 역시 가장 걱정하는 것이 위기 동안 자산을 현금화하는 능력이기 때문에 주로 USD와 EUR 자산에(그리고 그보다 적은 규모로 GBP와 JPY 상품에) 투자를 해왔다. 그러나 최근에는 RMB 자산에 관심을 갖게 되었다.

유동성의 중요함

비교적 규모가 작은 준비금을 관리하는 사람들, 즉 선진국의 준비금 관리자들은 사람들은 보통 비상시에 수십억 USD의 채권을 현금화할 수 있다는 자신감을 가지고 있다. 이러한 시장의 깊이는 세계 금융위기와 같은 최악의 상황에 특히 돋보였다(제4장 참조). RMB 자산의 유동성에 대해서는 아직 입증된 바가 없다. 상하이에서 영업을 하는 주요 외국 은행들은 중앙은행들이 역내 CCB와 정책금융채로 약 3,000억 RMB를 보유하고 있는 것으로 추정하면서 이러한 포트폴리오에 대해서 만기 프로필 이외에는 거의 조정이 이루어지고 있지 않다고 말한다. 그 결과,

2차 거래가 거의 없고 국채 포지션에서 완전히 빠져나오는 중앙은행은 없는 것으로 보인다.

시험을 거치지는 않았지만 이렇게 PBOC가 책임을 다할 것이라고 믿는 데에는 충분한 이유가 있다. 물론 실패한다면 평판에 큰 타격이 있겠지만 말이다. 어쨌든 그 외에도 중국은 필요한 경우 의지할 수 있는 약 4조 USD의 외환을 보유하고 있다.

대세는 RMB

RMB에 투자를 시작한 보수적인 세계 중앙은행들이 늘어나고 있는 데에는 여러 가지 이유가 있을 것이다. 마찬가지로 개발도상국과 신흥시장의 많은 중앙은행들이 준비금 관리의 전략적 자산 분배에 나선 데에도 다양한 이유가 있을 것이다. 예를 들어, 남아프리카공화국 준비은행(SARB)은 3년 전까지 대체로 선진국의 전략을 따랐다. 그렇지만 우리의 사례 연구는 근래에 들어 남아프리카공화국의 중국에 대한 무역과 투자 노출이 크게 증가하면서 2013년부터 남아프리카공화국 준비은행의 접근법은 급진적으로 변화했다는 것을 보여준다.

이렇게 사고방식이 변화한 주된 이유는 본국의 자산과 부채 관리 포지션에 주의를 집중했기 때문이다. 중국과의 교역, 특히 RMB 표시 거래가 증가하면서, 그러한 부채에 상응하는 RMB 자산을 보유하는 일이 점점 중요해졌다. 그러한 투자를 통해 수익의 증가와 다각화가 가능하다. 물론 정치적인 측면도 있다. 일부 중앙은행은 PBOC와의 관계 증진을 위해서 작은 규모의 RMB 투자에 나서기도 했다. 중국과의 교역을 증진시키고자 하는 정부의 압력에 의해 RMB 투자를 시작한 중앙은행도 있다. RMB 보유 규모의 축소를 정당화시키는 이런 이유들 때문에 소규모의 RMB를 보유하는 국가들이 많아졌다. 큰 규모의 투자를 약속했던 국가들(예를 들어, 2011년 준비금의 10퍼센트를 RMB에 투자할 것이라고 말했던 나이지리아)조차 적은 금액을 할당했다.

: 앞으로의 장애물 :

RMB 투자에 대한 관심에도 불구하고 유동성과 안정성에 대한 걱정은 여전하다. 결과적으로, 많은 준비금 관리자들이 RMB 대신 그보다 유동성이 큰 통화에 투자를 했다. 여기에는 중국의 주요 무역 상대국인 국가들, 오스트레일리아와 캐나다같이 유명한 상품 수출국의 정부 관련 자산이 포함된다. AUD와 CAD 국채 자산에 대한 투자에 필요한 자금은 '전략적' 트란셰에서뿐 아니라 '유동성' 트란셰로부터도 할당될 수 있다.

그렇지만 이러한 대리 전략에도 위험이 따른다. 그중에서도 가장 심각한 것은 투자 자산과 추적 자산 사이에 상관관계가 단절되어 포트폴리오 내에서 심각한 왜곡을 초래할 수 있다는 점이다.

정치의 역할도 무시할 수 없다. 우호적인 외교 관계가 스와프 라인, 역외 허가, 역내 할당 등을 보장하는 데 도움을 줄 수 있는 것과 마찬가지로 냉각된 외교 관계는 중앙은행과 관련된 문제에 부정적인 영향을 줄 수 있다. 법에 따라, 혹은 사실상 독립적으로 운영되는 중앙은행이 특정 통화 정책을 밀고 나가는 일을 하는 데 있어서 두려움을 가지는 이유가 여기에 있다. 외교 관계가 긴장 상태에 있게 되면 중앙은행들은 예방적인 차원에서 투자를 미룰 수 있다. BoJ 역시 한동안 이런 상태에 있었다. PBOC와 BoJ는 도쿄에서의 최근 RMB 표시 채권 발행을 촉진하는 데 협력하기로 합의했지만 말이다.

위안화보다 빠르게 성장하는 달러

RMB 투자 규모를 생각할 때는 세계 금융위기 발생 당시의 7조 USD였던 것에 비해 현재는 12조 USD가 넘는 세계 외환보유고의 전체적인 증가세도 같이 고려해야 한다. 표 8.1은 2014년 현재 중앙은행 외환자산의 63퍼센트 이상이 USD이고 22퍼센트가 EUR라는 것을 보여준다. 오랫동안 USD가 60퍼센트에 머물던 것을 감안하면, 중앙은행 관리자들은 2014년까지 지난 5년 동안 3조 USD에 달하는 외환 준비금을 USD 자산에 쏟아 넣은 셈이다. RMB 보유 총액보다 훨씬 큰 규모이다. 센트럴뱅킹(Central Banking)의 조사(2014)는 69개 준비은행 책임자(6조 7,000억 USD에 상당하는 준비금을 책임지고 있는)의 20퍼센트가 RMB 자산에 대한 투자 계획을 전혀 갖고 있지 않다는 것을 보여준다.

환율의 정규화

세계 금융위기 이전 선진국의 이자 수익은 중앙은행들의 RMB 보유에 큰 영향을 준 것으로 보인다. FRB가 양적 완화 프로그램을 점점 줄여가고 있고 BoE가 금리 인상을 고려하고 있기 때문에 일부 SDR 통화의 매력이 더 커질 가능성이 있다. 즉, 많은 학자와 중앙 은행장들은 장기적으로 선진국의 금리가 과거보다 훨씬 낮은 수준을 유지할 것이라고 생각한다. 유로존에서 장기 침체와 양적 완화의 위협이 줄어들고 일본의 양적 질적 완화에 대한 두려움이 감소하고 있기 때문에 다음 20~30년간 금리가 크게 오를 가능성은 없어 보인다.

: 위안화의 SDR 편입 :

마찬가지로 2015년 10월에 있을 RMB를 SDR 구성 통화의 하나로 포함시킬 것인가에 대한 IMF의 결정도 RMB의 광범위한 사용, 특히 준비금으로의 사용에 영향을 미칠 것이다.

중국이 이미 '주요 무역국'의 위치에 올라서 중요한 전제조건을 충족시켰다는 데에는 의심의 여지가 없는 상황이기 때문에 검토의 초점은 RMB가 '자유로운 사용' 가능성을 충족시키느냐에 집중될 것이다. 역외 거래, 중국의 3조 RMB 중앙은행 스와프는 물론 SFTZ와 홍콩─상하이 교차 거래 협정의 측면을 보면 RMB는 이미 '자유롭게 사용할 수 있는' 통화이다(상세한 사항은 제3장 참조). 지금의 RMB가 SDR에 포함되었을 당시의 엔화보다 태환성이 크다고 보는 사람들도 있다. 일부에서는 RMB의 SDR 바스켓 편입은 국제통화 시스템에서 SDR의 역할을 강화하는 반면, 계속해서 RMB를 제외시키는 상황은 브레튼 우즈 체제의 분열을 악화시키고 다국화된 세계로의 변화를 앞당길 것이라고 말한다.

미국의 일부 학자들과 관리들은 중앙은행들은 자본 통제하에 있는 통화를 유동성 준비 자산에 편입시키지 않을 것이며 그런 일이 있어서는 안 된다는 정반대의 주장을 펼친다.

RMB의 SDR 포함은 준비통화로서의 지위에 대한 공식적인 인정이 될 것이다. 모든 IMF 회원국 중앙은행은 SDR 보유를 통해 자동적으로 RMB에 노출될 것이다. 이로써 더 많은 중앙은행들이 RMB 자산에 투자하고 RMB 자산을 늘리게 될 것이다. 공적 통화·금융제도포럼(Official Monetary and Financial Institutions Forum, OMFIF) 소속 중앙은행 연구자는(마시(Marsh), 2015) SDR 편입으로 중앙은행들이 RMB 준비금 보유를 약 두 배에 달하는 2,000억 USD로 늘릴 것이라고 예측하고 있다. RMB 보유액을 엔이나 파운드화 수준으로 올리려면 결국 3,000억 USD를 추가해야 한다. 마시가 지적했듯이, 이는 반드시 30조 USD의 세계 공적 부문 자산과 비교해야 한다.

SDR 사용이 제한적이기 때문에 IMF의 결정은 상징적인 의미를 갖는다. 2015년 6월7일 RMB를 주제로 열린 펑글로벌인스티튜트(Fung Global Institute)의 콘퍼런스에서 로버트 알리버(Robert Aliber)는 청중에게 찰스 킨들버거(Charles Kindleberger)가 세계 공통어인 에스페란토를 예를 들며, SDR이 좋은 아이디어지만 실제로는 그다지 사용되지 않는 그 언어와 비슷하다고 말했던 것을 상기시켰다. 그렇지만 상징은 중요하다. AIIB에 반대했으나 실패하고만 미국의 입장에서는 특히 더 그렇다. 미국이 동맹국들의 AIIB 참여에 반대한 데 이어 RMB의 SDR 진입을 강력하게 막는다면, 그것은 중국과 대부분의 아시아 국가들에게 중국의 영향력을 제한하려는 미국의 정치적 움직임으로 비칠 것이다. 이는 다시 기존의 미국 중심적인 기구들(IMF, 세계은행, ADB, 확실히 자리 잡은 청산소들)과 중국이 지원하는 새로운 기구들이 향후 협력하는 정도에도 영향을 미칠 것이다.

그런 맥락에서는 세계가 통합적인 통화/금융 시스템으로 향하고 있는지, 분열된 통화/금융 시스템으로 향하고 있는지를 생각해보아야 할 것이다. 따라서 그 결정은 기술적이라기보다는 정치적인 것이다.

: 남아프리카공화국 준비은행 :

SARB는 2013년 초 준비금 관리에 대한 자국의 접근법을 점검하기 시작했다. 이는 2013년 말에서 2014년 중반까지 내·외부적으로 관리된 포트폴리오의 공개로 마무리되었다. 새로운 전략의 중심은 중앙은행의 트렌칭 방법에 대한 변화였다. SARB는 보다 전통적인 '유동성 트란셰'를 만들어 준비금을 자본 유출의 단일 표준 편차 사건을 커버할 수 있는 1년의 투자 지평선까지만으로 유지하고 이후 나머지 준비금은 '투자 트란셰'에 배치했다. 두 트란셰 전체는 자본 유출의 이중 표준 편차 사건을 커버할 수 있어야 한다.

유동성 트란셰 자산은 유동성 정부 채권과 유동성 통화 현금, 금, IMF SDR만을 보유하는 데 반해 투자 트란셰 자산은 중앙은행의 대차대조표에 유동성 자산을 보유하는 데에서 비롯되는 비용을 경감시킨다는 목적에서 좀 더 공격적으로 사용할 수 있다. 과거에는 미국, 영국, 유럽의 정부 채권이 SARB 준비 자산의 95퍼센트를 차지했다. 그렇지만 새로운 접근법은 중국, 한국, 오스트레일리아 국채에 대한 투자를 허용하고 있다. SARB는 전략 자산 배분에 처음으로 담보부 신용 상품도 포함했다.

중국 역내 채권시장과 한국 채권시장에 대한 투자는 2014년 상반기 동안 이루어졌다. SARB 준비금 관리 책임자 자파르 파커(Zafar Parker)는 이렇게 말했다. "중국과 한국의 채권시장은 대단히 발달되어 있고, 유동성이 적절하며, 외환 준비금 전체에 의미 있는 위험 조정 수익을 제공한다."

SARB는 세계은행이 개최하는 준비금 자문과 관리 프로그램(Reserves Advisory and Management Program, RAMP) 워크숍에서 새로운 준비금 체제에 대해 설명했다. RAMP는 건전한 준비금 관리 체제를 개발하는 데 기여하는 중앙은행에 제공된다.

SARB의 금융시장 부문은 역내 RMB 포트폴리오를 활성화하기 위해 PBOC에 현금 계정과 채권 계정을 열어야 했다. 계정을 연 후 SARB는 자신의 USD 일부를 RMB와 스와핑함으로써 계정에 자금을 공급했다. 현지의 중국 은행들과 새로운 관계를 구축하는 SARB와 남아프리카공화국의 포트폴리오 매니저들은 아시아의 거래 시간에 일을 해야 하기 때문에 시간대와 언어의 문제도 해결해야 했다.

: 자본 계정 개혁 :

많은 문제가 중국의 자본 계정 개혁의 속도와 그 과정이 관리되는 방식에 달려 있다. 자본 계정 자유화는 국내 경제와 세계 금융 시스템에 큰 영향을 줄 것이다. 한편으로 보다 빠른 자본 계정 개방은 RMB를 '자유롭게 거래되는' 통화로 만들 것이고, 따라서 RMB는 준비통화에 더 적합한 통화가 될 것이다. 다른 한편으로 중앙은행과 다른 투자자들은 투자의 안전과 안정성을 다른 무엇보다 중요하게 여기기 때문에 중국의 경제를 불안정하게 만들고 국제적 시스템에 손상을 줄 수 있는 정책에 반대할 것이다.

제3장에서 언급한 대로 중국은 금융 자유화의 속도를 높여오고 있다. 자본 계정 개방의 중요한 토대인 금리 자유화는 현재 많은 발전을 보이고 있다. 은행업 시스템을 뒷받침하기 위해 예금 보험 시스템이 만들어졌다. 이는 시장 기반을 한층 강화할 것이다. 제3장에서 강조했듯이 이러한 결정들은 빠른 자본 계정 개방의 기반이 될 것이다. 베이징은 자본 계정 통제를 제거하는 일에도 박차를 가하고 있다.

： 결론 ：

RMB가 준비통화의 위치로 가는 과정은 계속될 것이고 속도도 빨라질 것이다. 하지만 이것이 곧 RMB가 USD를 밀어낼 것이라는 의미는 아니다. 사실 이것은 베이징이 원하는 궁극적 목표도 아닐 것이다. 가까운 미래까지는 USD가 세계적 재앙을 막으면서 지배적인 준비통화의 자리를 지킬 것이고 미국은 여전히 가장 깊은 금융시장을 유지하게 될 것이다. '정상적인' 금리로의 회귀는 오히려 USD의 몫을 더 늘릴 것이다. EUR 역시 계속해서 중요한 준비통화로 남을 것이다. 하지만 중국이 채권시장들을 통합하고 유럽은 그렇게 하지 못한다면 RMB가 결국 훨씬 중요한 통화가 될 것이다. RMB가 다음 10년 안에 3대 준비통화 중 하나가 되면서 세계 통화 시스템은 다국화된 모습을 보일 것이다. 신중한 준비금 관리의 세계에서 RMB의 부상은 아주 느리게 이루어질 것이다.

중국 채권시장 발전과 시장 개방에 대한 합리적인 가정하에(상세한 사항은 제4장 참조), 2015년에서 2020년 사이 CGB와 CDB 채권의 외국인 보유 총액은 10배 증가해 1조 USD로, 2014년 11조6,000억 USD의 세계 외화 준비금 중 8.5퍼센트를 차지하게 될 것이다. 이 중 절반을 준비금 관리자들이 보유하고 있다. CGB와 CDB 채권은 세계 외화 준비금의 4~5퍼센트에 이르러 2015년 수준의 네 배가 넘을 것이다. 이는 2014년 말 엔화와 파운드화가 차지한 비중과 견줄 수 있는 수준이다. 중국의 외환보유액을 세계 외환보유고 총액에서 제외한다면 2020년까지 외국인이 보유한 CGB와 CDB 채권은 2014년 중국 이외 외화 준비금의 13퍼센트에 이를 것이다. 외국인의 CGB와 CDB 채권 보유액에 대한 예상치의 절반이 준비금 관리자의 손에 있다고 가정한다면 2020년까지 CGB와 CDB 채권 형태로 된 RMB 준비 자산은 중국 이외의 세계 준비금의 6퍼센트를 넘을 것이다.

우리가 '준비 기능(reserve function)'이라고 규정짓는 것에서 RMB의 가장 중요한 부분은 스와프 사용의 확장이다. 스와프는 위기 대응법으로 인기가 높아지고 있다. RMB 스와프는 현재 USD 스와프에 비해 규모도 크고 숫자도 많다(표 9.2). 이것은 중요한 발전이며 앞으로는 지금보다 더 큰 의미를 가질 것이다.

: 제10장 :

앞으로의
전망

제1장에서 우리 연구 결과의 개관을 이미 제시했으므로 여기에서 그것을 반복하지는 않을 생각이다. 하지만 RMB가 국제통화가 되기 위해서 필요한 여러 가지 복잡한 문제들에 대해서 생각해본 후라면 몇 가지를 되짚어보는 것도 좋을 것이다.

RMB가 세계적 통화로 사용되는 일은 극적으로 증가했다. 증가의 속도가 로켓의 궤적처럼 보이는 데는 아주 낮은 수준에서 시작했다는 이유도 있을 것이다. 하지만 그뿐만이 아니다. 중국의 통화는 세계 통화 거래의 1퍼센트를 차지하며, 중국 경제는 곧 세계 경제의 18퍼센트에 달하게 될 것이다. 통화 체계의 '승자독식'적 성격을 고려하면 가까운 미래에 통화 거래가 경제의 수준과 동일한 18퍼센트의 수준에 가까워질 것은 기대하기 어렵다. 하지만 대단히 빠르게 비중을 늘려오고 있는 것은 사실이다. 우리는 RMB가 주요한 국제통화의 하나가 될 것으로 기대한다. 경상 계정 개방이 계속되고 채권시장이 통합된다면 RMB는 결국 엔화와 유로화에 비해 상당한 우위를 얻게 될 것이다. 우리는 RMB가 핵심 준비통화로 인정받고 반드시 2015년은 아니더라도 몇 년 내에 SDR의 일원이 될 것으로 예상한다. 교역 결제와 같은 일부 부분에서 RMB의 부상은 이미 변혁을 일으키고 있다.

RMB 사용의 급속한 증가는 단순히 정부가 이를 계획하거나 촉진해서 일어난 일이 아니다. 실제적인 결정을 하는 것은 기업이다. 기업들은 국제화되고 통제가 줄어든 RMB의 사용이 스스로에게 대단히 유익하다는 것을 발견했다. 작은 변화가 기업에는 큰 차이가 될 수 있다. 모든 제약 완화 조치는 일정 범위의 기업에 수익 증가 효과를 안겨준다. RMB를 달러로 환전하고 다시 RMB로 환전하는 과정이 사라질 때마다 기업의 수익과 의욕은 올라간다.

RMB를 진정한 국제통화로 만들기 위해 필요한 모든 변화를 책 한 권에 집약해서 보여주는 것은 대단히 힘든 일이다. 이 과정을 통해 우리는 RMB의 국제화라는 목표를 달성하기 위해 중국의 지도자들에게 주어진 엄청나게 복잡하고 긴 과제 목록을 다시 한번 생각하게 되었다. 그들은 중국 경제가 모방형 제조업, SOE, 투자와 수출보다는 서비스, SME, 내수, 혁신을 기반으로 하는 아주 새로운 성장 모델로 이동하도록 만들어야 한다. 그들은 자원이 효율적으로 배분되도록 금융 시스템을 변화시켜야 한다. 단기적으로, 그들은 경제가 안고 있는 과중한 부채의 부담을 덜어야 한다. 그들은 주식과 채권시장을 변화시켜야 한다. 이러한 과제들은 여기에 몇 개의 짧은 문장으로 요약되어 있지만 사실 이를 설명하고 순조로운 진행을 위한 적절한 선택을 보여주려면 책 한 권이 필요할 정도로 대단히 복잡한 일이다.

: 정치의 안정과 변화 :

경제와 금융에 긴요한 이들 과제의 뒤에는 정치적 전제가 있다. 정치 시스템이 반드시 안정을 유지해야 한다. 변화하되 경제와 금융의 성숙이 성공적으로 이루어지려면 그 변화가 파괴적이지 않은 방식으로 이루어져야 한다. 중앙정부가 방대한 변화를 주도하고 지방정부와 사회에 변화의 의무를 부과해야 한다. 지도층은 PBOC, MOF, NDRC 등의 거대한 조직이 편협한 자기 이익을 버리고 채권시장의 통합을 위해 힘을 모으도록 해야 한다. 정부는 섬세한 손길로 시장이 경제를 주도하고 혁신을 촉진하도록 하되 금리에 대한 규정, 환경에 대한 법규를 비롯해 다양하고 변동이 많은 사회에 관한 여러 문제에서 야기되는 갈등을 억제할 만한 권위를 가지고 있어야 한다. 어느 나라에서도 쉽지 않은 일이다. 인류의 6분의 1로 이루어진 사회에서야 더 말할 것도 없다. 정치적 문제에 대해서는 깊이 있게 다루지 않았지만 전체 조건 정도는 언급할 생각이다.

중국이 직면하고 있는 상황은 힘겨워 보일 정도로 복잡하다. 그런데도 우리의 분석이 비교적 낙관적인 태도를 유지하고 있는 데에는 몇 가지 이유가 있다. RMB 국제화의 필요조건은 대부분 경제를 성장의 다음 단계로 변화시킬 때 필요한 조건과 일치한다. 중국의 지도부는 사안의 복잡함과 보수주의자들의 반대에도 능숙하게 개혁을 실행해왔다는 평가를 받았다. 그들은 경제의 가장 심각한 문제와 맞서고, 문제를 공개적으로 밝히고, 포괄적인 계획을 세우고, 앞으로 나아가는 데 필요한 것을 실행에 옮기는 일을 모범적으로 해냈다. 현대 세계의 어떤 다른 정부가 만든 것보다 우수한 선례를 만든 것이다. 중대한 문제를 앞둔 상황에서 그들이 만들어낸 기록은 상당히 고무적이다. 하지만 증권 중개인들이 말하듯이 과거의 실적은 미래의 결과를 보장해주지 않는다. 개혁의 첫 30년 동안, 중국 사회는 통일성이 별로 없고 강력함만을 앞세우는 지도 체제를 받아들였다. 모두가 붕괴를 두려워했기 때문이었다. 자신감이 점차 회복되면서 지도부의 문제는 복잡해졌다.

중국은 RMB 국제화에 있어서 상당한 성공의 대가를 지불하게 될 것이다. RMB가 국제통화로 광범위하게 받아들여지면서 RMB에 대한 수요가 늘어나고 그에 따라 RMB의 가치가 높아지게 될 것이다. 이것은 중국 제조업계의 수출에 더 많은 역풍을 만들어낼 것이다. 이런 이유로 독일, 그리고 상당히 긴 시간 동안 일본이 국제통화의 지위에 오르는 것을 꺼렸던 것이다. 중국이 새로운 성장 모델로 순조롭게 이행하게 된다면, 그러한 역풍은 필요한 변화를 가속하는 장치로 받아들여질 것이다. 그 이행이 순조롭지 못하고, 일자리가 줄어들고, 노동자들이 저항한다면, 중국 지도부는 RMB 국제화 추진을 재고하게 될 것이다.

마찬가지로, 중국이 금융에 대한 통제를 지체 없이, 완전하게 없앤다면, 그리고 세계의 새로운 재정 지출이 효율적으로 분배된다면, 새로운 세계적 금융 기구와 '일대일로' 개발 프로그램을 위해 중국이 기울이고 있는 재정적 노력이 성공으로 이어지는 날이 앞당겨질 것이다. 하지만 중국이 엄청난 재정 자원을 가지고 있다 하더라도 감당 능력을 넘어서는 일이 생길 수 있다. 4조 USD에 달하는 준비금은 엄청난 것이긴 하지만 보유고에 있는 1달러, 1달러는 정부가 6조 RMB 남짓한 채권을 발행해서 얻은 것이다. 이들 채권에 대해서는 이자를 지급해야 한다. 준비금은 재량대로 쓸 수 있는 돈이 아니다.

： 세계 통화 시스템의 미래 ：

RMB의 부상은 단순히 통화의 발전이나 비용을 줄이고 이윤을 늘리는 데 열의를 보이는 기업으로만 설명할 수 있는 문제가 아니다. RMB의 부상은 세계 통화 시스템 변화의 일부이다. 기존 시스템은 미국에 의해 주도되고, 유럽과 일본의 지도적 역할을 지원하고 있으며, 브렌튼 우드 체제(세계은행, IMB, ADB)와 USD의 우위를 뒷받침한다. 이러한 것들이 새로운 경제국(중국, 인도, 브라질, 멕시코 등)과 새로운 기구(AIIB, NDB, 실크로드펀드, CDB), 새롭게 중요성이 부각되고 있는 통화(주로 RMB)와 어떻게 상호작용을 할 것인가는 매우 중요한 문제이지만 아직 확실한 답을 알 수 없다. 기존 시스템을 통합적이고 새로운, 그리고 보다 균형 잡힌 시스템으로 진화시킬까, 아니면 금융계가 미국이 주도하는 부분과 중국이 주도하는 부분으로 이루어진 경쟁적이고 분리적인 시스템으로 향하게 할까?

워싱턴에서 보는 현재의 상황과 아시아 쪽에서 보는 상황은 전혀 다르다.

아시아의 시각에서 보면, 기존의 시스템은 1944년부터 거의 20세기 말까지 대단히 잘 돌아갔지만 이제는 더 이상 효과적이지 못하다. 1997년에서 1998년의 아시아 금융위기 동안, IMF가 도입한 긴축 정책은 태국을 심각한 불황의 늪으로 밀어 넣었고 인도네시아 은행이 도산해서 인도네시아 은행 시스템이 붕괴에 이르게 만들었다. 미국은 1994년 멕시코는 구했으나 태국을 구하지 못했다(의회의 규제 때문에). 또한 추가 펀드 조성을 위한 일본의 노력에 반대했다. 추가적인 기금이 조성되었더라면 위기에 빠진 국가들을 도울 수 있었을지도 모를 일이다. 미국이 반대한 것은 일본이 IMF의 잘못을 비판하는 것을 원치 않았기 때문이다. 인도네시아와 태국에 대한 대우는 미국과 유럽 핵심 국가들이 2008년의 서구 금융위기에 보인 반응과는 판이하게 달랐다. 세계 금융위기 이후 IMF는 자본 통제가 때로는 적절하다는 입장을 취했다. 아시아 위기 동안 아시아의 자본 통제와 개입에 맹렬한 비난을 가했던 서구의 태도와는 대조적이다.

미국과 유럽의 잘못된 금융 관행과 약한 규제에서 촉발된 2008년 세계 금융위기는 아시아 경제에 엄청난 영향을 미쳤다. 수백만 개의 일자리를 없앴고 생계를 교역에 걸고 있는 사회에는 가공할 공포인 무역금융의 위기를 낳았다. 지금의 세계에서 브레튼 우즈 체제가 구조화된 1944년의 권력 관계는 완전히 시대에 뒤떨어진 것이다. 그 체제가 효력을 발휘하게 하는 지배구조와 자본화에 전환이 필요한 때이다. 그런데도 2009년 미국 의회는 이러한 지배구조와 자본의 현대화를 거부했다. 뒤 이은 부자 나라들의 경기 부양 정책은 거대한 돈의 흐름을 만들었다. 이는 신흥 시장 전체에 주택 거품과 주식 물가의 상승을 비롯한 문제를 유발했고 이후에는 돈이 빠져나갈 조짐을 보이면서 금융위기를 발생시켰다. 세계 금융위기의 여파로 유럽인, 일본인은 물론 미국인들까지 자신들의 통화를 불안하게 생각하게 되었다. 이런 이유에서 비트코인의 등장과 기존 통화의 인식된 리스크를 피해가려는 여러 시도가 이어졌다.

이를 지켜본 중국을 비롯한 아시아, 러시아 등지의 사람들에게(지정학적 다툼과는 별개로) 세계 통화 시스템은 불안하고 더 이상 그들에게 이익이 되지 않는 존재이다. 브레튼 우즈 체제의 현대화를 거절하고 이를 대체하기 위해 반드시 필요한 새로운 제도의 형성에 반대하는 상황은 세계의 대다수 사람들에게 모순적이고 견딜 수 없는 일로 받아들여지고 있다. 이 모든 문제는 결국 2차 대전 이후의 미국이 주도하는 시스템적 기능 부전으로 귀결된다.

워싱턴이 보기에 이 시스템은 작은 결함이 있기는 하지만 잘 굴리가고 있다. 미국은 태국과 인도네시아에 대한 IMF의 결정은 불행한 일이지만 자국 정부의 결정은 아니라고 생각할 것이다. 미국 의회가 재무부의 태국에 대한 지원을 막았던 것은 유감스러운 일이지만 의회의 일시적인 오판이었을 뿐이다. 미국 의회가 브레튼 우즈 체제의 현대화를 막는다면 세계는 양당의 미국 대통령이 올바른 태도를 가졌다고 이해하고 그것이 더 중요하다고 여겨야 마땅하다. 이런 시각에서 세계 금융위기는 예측할 수 없는 일이었을 뿐 심각한 시스템적 결함의 증거가 아니다. 상당 기간 이어진 초저금리는 미국 경기회복의 필요조건이므로 장기적으로 세계 전체에 이로운 것이다. 사실 세계의 중앙은행인 FRB는 홍콩의 주택 가격, 튀니지의 빵 가격, 인도의 양파 가격이 상궤에서 벗어나 있다는 것을 고려해야 마땅하다.

아시아에서는 IMF와 세계은행의 개혁을 막고, 세계 금융위기 이전에 은행 규제를 약화시키고, Fed가 자기 결정의 세계적 영향력을 고려하지 못하게 하고, 위기 시의 개입을 막은 미국 의회의 역할이 현재 시스템의 운영 방식에서 핵심적인 측면이라는 주장이 거세지고 있다. 아시아는 IMF의 잘못된 결정이 미국의 의사결정과 별개라고 생각지 않으며 미국을 리더로 둔, 즉 기관이나 기관의 지도부가 다각화되어 아시아의 문제에 관심을 가지게 되는 것을 시샘하는 리더를 가진 전체 시스템의 오작동이라고 생각한다. 이런 맥락에서 미국 의회가 보다 적절한 규모의 재정 부양책을 허용했다면 Fed는 신흥 시장에 그토록 많은 부차적 피해를 주지 않고 미국 경제의 회복을 도울 수 있지 않았을까 하는 의문이 생기는 것은 당연한 일이다.

유력층에 있는 미국인들은 세계 주요 통화의 다각화를 비롯한 변화가 중요한 문제를 개선할 수 있는지 의심한다. AIIB와 자매 기관들이 인프라 금융의 빈자리를 메꾸어줄 것만은 확실하다. 그렇다면 엄청난 양의 아시아 외환보유고 구축과 스와프 네트워크가 다음번 금융위기의 강도를 줄여줄까? 준비통화의 다각화가 다가올 변동성의 물결에서 손실을 줄여줄까? 시스템 수정을 원하는 중국인들의 동기는 이해할 수 있지만 그들의 제안이 실제로 시스템의 리스크를 줄여줄 수 있는지는 아직 알 수 없다.

이러한 문제를 다루는 미국의 입장은 아무리 좋게 보려 해도 모순적이다. 미국 의회가 브레튼 우즈 체제(IMF, 세계은행, 아시아개발은행)의 현대화를 반대했기 때문에 이 기관들은 자본의 부족과 시대착오적 지배

구조에 의해 점차 무능력해지고 있다. 이는 공백을 메우기 위한 새로운 기관이 있어야 한다는 의미이다. AIIB, NDB, 실크로드펀드와 같은 새로운 기관과 중국 개발 은행의 세계 조직은 과거의 것들보다 우수한 자원을 가지고 있다. 미국이 참여하지 않았기 때문에 이들 기관은 중국이 주도할 것이 확실하다.

이런 면에서 미국의 정책은 오히려 미국의 영향력을 갉아먹고 중국의 영향력을 극대화한다. 그렇다고 중국 지도부가 머지않아 미국의 리더십을 대체한다거나 USD의 지배적인 위치를 RMB가 빼앗는 것은 아니다. 미국의 정책은 세계 통화 시스템의 회복력을 떨어뜨리고 더 많은 분쟁을 야기한다. 대규모 금융위기나 지정학적 위기가 발생한다면 그렇지 않은 경우보다 변화가 빠르게 일어날 수도 있다.

지금까지 일어난 일은 새로운 통화와 AIIB와 같은 새로운 기관의 부상이 통합적인 세계 금융 시스템을 건설적인 방향으로 수정하고 보충해서 2차 대전 이후의 시스템이 했던 것보다 훨씬 힘차게 세계 번영을 이끌 것이란 미래 시나리오와 완벽하게 일치하고 있다. 그 시스템이 중국의 성공을 촉진하고 미국의 정책을 그러한 성공을 기꺼이 받아들이는 방향으로 이끌 것이라는 점만은 기억해두는 것이 좋겠다.

마찬가지로 지금까지 일어난 모든 일은 기존에 자신들이 가진 힘에 대한 위협이 가해지면서 미국과 유럽이 21세기의 세계 경제 구조와 양립할 수 없는 지배 구조를 가진 시스템, 자국 내 입법부의 약점이 다른 국가에 더할 수 없이 큰 대가를 지우는 시스템을 옹호하는 미래의 시나리오와 완벽하게 일치하고 있다. 여기에 인도와 인도네시아는 물론 중국에서 민족주의가 고양되어서, 때로는 전혀 존재하지 않는 위협이 있다고 생각하거나, 때로는 결과를 적절히 생각해보지 않고 자기주장을 하는 상황까지 겹쳐진다면 이는 누구에게도 득이 되지 않는 적대적 경쟁으로 이어질 수 있다.

　세계 통화 시스템의 미래는 정치학이나 경제학 법칙이 아닌 리더십에 달려 있다.

위안화의 부상이
한국경제에 미치는 영향

★

이 책이 출간되고 얼마지 않아 중국은 RMB의 외환 가치를 계산하는 방식을 바꾸었다. 2015년 8월 초까지 PBOC는 거래 시간 시작 전에 일일 '중간값'을 선택해서 이를 중심으로 통화가 2퍼센트 내외로 움직이도록 RMB를 관리했다. 하지만 2015년 8월 11일 '중간값'이 전날 종가를 기초로 할 것이라고 발표해 시장을 놀라게 했다. 이렇게 되면 RMB의 가치가 주로 시장의 힘에 의해 결정된다. 이것은 RMB가 SDR 바스켓에 편입되는 길을 여는 중요한 조치였다(이하 참조). 그렇지만 PBOC는 통화 시장에 대한 개입을 계속하고 있다. 얼마 전과 같은 불확실하고 어려운 시기라면 개입은 더 뚜렷해진다.

2015년 10월 IMF는 RMB를 'SDR'를 이루는 통화 엘리트 바스켓에 수용할지에 관해 결정을 내렸다. SDR는 IMF의 특별 준비통화로 지금까지는 미국 달러, 유로, 엔, 파운드가 이를 뒷받침했다. 편입의 기준은 폭넓게 사용되고 자유롭게 이용할 수 있는 통화이다. RMB가 폭넓게 이용되는 것은 확실하다. 그러나 일부, 특히 미국에서는 중국의 자본 통제를 근거로 RMB가 '자유로운 이용'의 조건을 충족시키지 못한다고 주장했다. 반면 중국의 자본 통제가 엔이 SDR의 일원으로 받아들여진 시기 일본의 자본 통제보다 약하다고 지적하는 사람들도 있었다. 상충되는 주장들 사이에서 균형을 찾는 것은 까다로운 일이었다. 결국 IMF는 RMB의 편입 쪽으로 결론을 내렸다. 이러한 결과에 대한 미국의 묵인에는 중국이 주도한 아시아인프라투자은행(Asia Infrastructure Investment Bank, AIIB)을 지지하지 말라는 이전의 설득 노력이 실패한 것이 영향을 주었을 것이다. 미국의 우방국 대부분이 워싱턴의 주장을 받아들이지 않고 AIIB에 참여했다. 미국 연방준비제도이사회 전 의장 벤 버냉키는 "RMB의 SDR 바스켓 편입은 경제 개혁과 자유화의 길을 고수하는 중국 정책 결정권자들의 노력을 치하하고 자극하는 상징적 트로피, '우등상장' 정도로 해석해야 한다"고 말했다.

그렇지만 장기적인 관점에서 보면 RMB의 SDR 편입은 세계 경제에의 통합을 향한 중국의 여정, 앞으로 나아가고는 있지만 길고 평탄치 않은 이 여정 속의 중요한 발걸음으로 해석해야 할 것이다. RMB의 SDR 편입은 세계 통화 시스템을 진화시키는 데 중요한 이정표이기도 하다. RMB는 SDR 바스켓에 편입하는 최초의 신흥 시장 통화가 될 것이다. 이는 미 의회의 최근 IMF 출자할당액 비준과 함께 일관된 세계 정책 지배 구조에 긍정적인 영향을 줄 것이다. 시험을 거치는 동안 RMB는 SDR 구성원으로서 시장 원칙과 개방이라는 목표로 나아가는 행동 대장의 역할을 맡아야 한다. 장기적으로는 안정을 저해하는 엄격한 환율 고정에서 벗어나 시장 주도적인 통화 가치 설정으로 변화하는 것이 세계 금융과 세계 경제를 안정화시키는 데 유리하다.

여기에서 앞으로 중국과 중국의 통화가 SDR 편입에 필연적으로 뒤따르는 성장통을 이겨낼 수 있을 것인가 하는 궁금증이 생긴다.

2015년 12월 PBOC는 USD에 시세 고정하던 방식에서 교역 비중 통화 바스켓을 기준으로 연동하는 새로운 시스템으로 전환한다고 발표했다. 중국 외환 거래 시스템(China Foreign Exchange Trade System, CFETS)은 2015년 12월 11일 CFETS 환율 지수를 발표했다. 이 지수는 비중이 높은 순으로 USD 26.4퍼센트, EUR 21.4퍼센트, JPY 14.7퍼센트, HKD 6.6퍼센트이며 국제 교역 비중을 기초로 한다. 지수에는 총 13개 통화가 있으며 대규모 선진국 시장과 아시아 통화를 중심으로 한다. CFETS는 새로운 RMB 환율지수를 자주 발표하겠다고 약속하고 이 지수가 2014년 말부터 2.93퍼센트 절상되었다고 말했다. 역사적인 관점에서 통화의 시장 가치를 정확하게 반영하는 교역 비중 RMB는 엄청난 강세에 있다. 교역 비중 지수로의 초점 변화는 USD 고정환율에서 벗어나 통화 정책 선정에 유연성을 더하고, 자본 계정 자유화를 촉진하고, RMB를 시장 결정적인 교환 가치 쪽으로 이끌려는 PBOC의 정책 목표와 일치하는 움직임이다.

중국의 통화 시장과 주식시장은 중국이나 외국의 관찰자나 투자자들이 예상했던 것보다 훨씬 변동성이 커졌다. 중국 지도부는 RMB가 안정적인 통화이며 세계 통화 시스템 내 안정성의 근원이라는 것을 보여주기로 결심했다. 달리 말하면, 중국이 책임 있는 이해 당사자가 되기로 했다는 것이다. 동시에 자본 통제가 적은 완전히 시장 결정적인 통화가 되는 방향으로 이동하기로 마음을 굳혔다. 그렇지만 오래지 않아 이 두 가지 목표는 양립될 수 없다는 것이 밝혀졌다. 그러한 모순은 금융 역사에서 흔히 발견되는 것으로, 2015년 초 스위스 프랑과 연관된 격동이 좋은 예이다.

8월에 도입된 새로운 'RMB 메커니즘'은 일일 최대 2퍼센트의 평가 절하를 허용했다. 지체 없이 미 달러 대비 2퍼센트의 평가 절하가 발생했다. 약화된 경제와 악화되고 있는 주식시장이 주된 원인이었다. 이로써 투자자가 RMB를 투자 통화로 선택할 동기가 약화되었다. 이제 RMB는 평가 절상이란 방향으로만 움직이지 않는다. 사실, 홍콩의 RMB 수신액은 2014년 12월 최고치(1조40억 RMB)를 경신했다. 이 수준이 RMB가 평가 절하된 2015년 8월까지 유지되었다. RMB의 평가 절하와 중국 경제에 대한 부정적 전망은 이 수치를 2015년 9월 말 8,960억 RMB로 끌어내렸다. 2016년 1월 USD 대비 RMB 환율이 더 오르자 불확실성은 더 커졌고 투기까지 유발되었다. 교역 비중 바스켓에 대해서는 RMB가 절상되었는데도 말이다(즉 이러한 변화는 RMB의 약세가 아닌 USD의 강세에 의한 것이었다.) 특히, RMB 역내 환율(여전히 필요한 경우에는 PBOC가 관리하는)과 홍콩의 역외 환율(보다 시장 지향적인) 사이의 격차가 커졌다. 예를 들어 2016년 1월5일 역내 RMB/USD 환율은 6.5167이었고 역외 환율은 6.6376으로 역외 시장에서 약 2퍼센트 더 평가 절하되었다.

2015년 중반과 2016년 초의 중국 주식시장 붕괴는 주식시장에 대한 정부의 대단히 강력한 개입을 불러왔다. 규제 기관은 주식시장 투자의 국제적 자유화를 위한 계획을 연기했다. 예를 들어 규제 기관은 앞선 상하이-홍콩 교차 거래 협정을 기반으로 하는 선전-홍콩 교차 거래 협정을 미루었다. 우리 책은 중국 금융 시스템의 주요한 결함들, 특히 A-주

시장의 문제에 대해서 광범위하게 논의한다.

더 중요한 것은, 막대한 자본 유출로 자본 통제 완화를 중단 혹은 역전시키라는 압력이 거세지고 있다는 점이다. 중국의 외환보유고는 2015년 12월에만 1,079억 USD가 하락한 것을 비롯해 2015년 한 해 동안 5,127USD가 감소했다. 여기에는 몇 가지 원인이 있다. 중국의 대외 FDI가 대내 FDI를 앞질렀다. 변화하는 정치적 동향과 불확실한 법체계 안에서 부를 유지할 수 있을지 늘 걱정하는 중국 부유층은 통제가 느슨해진 틈을 이용해서 막대한 양의 돈을 해외로 이동시키고 있다. 더구나 시장의 힘이 강세를 유지하고 있는 미 달러화에 대한 RMB 가치를 약화시키고 있다는 것을 감지한 기업들은 무역 송장을 조작해 돈을 해외로 빼돌리고 있다. 이것이 중국 가정과 기업의 금융 다각화 과정을 장악하고 있다. 더구나 지난 10년 동안 엄청나게 평가 절상된 RMB는 더이상 싸지도 않고 저평가되지도 않았다. 당국은 최소한 세 개의 주요 국제 은행의 외환 거래 권한을 중지시키는 것을 포함해 자본 통제를 강화하는 여러 가지 조치를 취했다. 2015년 말 외환보유액은 3조3,300억 USD로 정부가 20개월(신용도 기준 3~6개월)의 수입을 감당하기에 충분했다. 준비금의 일부가 부동적이라는 것을 감안하더라도 중국은 갑작스런 대규모 평가 절하를 막을 수 있는 충분한 탄약을 가지고 있다.

중국 경제의 약화가 RMB의 시장 가치에 부정적인 압력을 행사하자 부조화는 더 심화되었다. 안정성이라는 목표가 시장 결정적 통화라는 목표와 충돌했다. 기업의 성장이 약화되면 기업의 채권이 약화되는 것과 마찬가지로 국가의 성장과 금융이 약화되면 국채도 약화된다. RMB

가 안정적이면서 동시에 시장 결정적일 수는 없다. 당국이 약화된 국내 경제를 지원하기 위해 통화 공급을 늘려야 할 필요가 있다고 느끼면서 이러한 모순은 심화되었다. 통화 공급의 확대는 당연히 통화의 약세를 의미한다. 2008년에서 2009년의 세계 금융위기에 이어 주요 중앙은행들이 많은 양적 완화 프로그램을 시행했을 때처럼 말이다.

통화 약세에 직면한 중국은 역내 시장을 강화하기 위해 어마어마한 양의 달러를 팔았다. 중국은 2016년 초 역내 시장에서 크게 벗어나 있었던 역외 시장에도 개입해서 시장 참가자들을 놀라게 했다. 이는 역외 RMB 시장의 발전 속도를 늦추고 심지어는 계속되고 있는 자본 계정 자유화를 부분적으로 역전시킬 수 있다. 속도가 떨어진 RMB 국제화는 예상보다 심각한 역외 RMB 수신의 감소와 통화 회전량 하락으로 이어질 것이다. 우리 책은 RMB 외환시장과 역외 시장에 대한 체계적이고 철저한 분석을 제공하고 2020년 전에는 자본시장의 완벽한 개방이 불가능할 것이라는 우리의 의견을 분명히 피력한다.

통화를 뒷받침하기 위한 이러한 개입은 중국의 통화가 시장 가격에 비해 크게 고평가되도록 하고 있다는 것을 보여준다. RMB는 2013년부터 과대평가된 것으로 보인다. 2010년 이래 중국의 흑자가 IMF가 통화가 적절하게 평가되고 있는지 판단하는 지표로 이용하는 GDP의 4퍼센트 한도 내에 들어갔고, 2015년만 해도 IMF는 RMB가 저평가되고 있지 않다고 명확하게 보증했다. 그런데도 대다수의 미국 대통령 후보와 민주당에서 가장 영향력이 큰 뉴욕의 찰스 슈머(Charles Schumer) 등의 유명 의원들은 중국의 약탈적 저평가를 맹렬히 비난했다. (오바마 행정부는 최근 이런 짓에 참여하지 않고 있다.) 통화를 두고 벌어지는 비이성적이고 종종 부정직하기까지 한 워싱턴의 정치 행태가 어떤 나라도 무시할 수 없는 세계 통화 관리의 일환이라는 것은 안타까운 일이다.

통화의 과대평가를 유지하려는 정부의 노력과 비교적 약한 역외 시장의 조합은 필연적으로 헤지펀드 공매자들의 주의를 끌었다. 다보스에서 조지 소로스(George Soros)는 중국이 경기 경착륙으로 향하고 있다고 말했다. 이 발언으로 인해 RMB의 공매 가능성에 주의가 집중되었고 투자자들은 아시아 금융위기 때 한국의 경험을 떠올렸다. 한국의 금융위기는 과도한 외채로 인해 전형적인 지불 균형이 깨지면서 일어난 것이 아니었다. 한국의 금융위기는 만기, 통화, 경제 내 금융 부문과 비금융 부문 대차대조표의 자본 구조에 심각한 불일치가 있었기 때문에 일어난 국내 유동성 위기였다. 1997년 초부터 시작된 한국 대기업의 파산과 동남아시아의 통화 위기 심화는 한국으로부터의 해외 자금 회수를 가속시켰다. 이에 1997년 11월 21일 정부는 공식적으로 IMF에 도움을 요청할 수밖에 없었다. 국제적인 구조에도 불구하고 한국 경제는 심각한 고통을 겪었고 은행의 무수익 여신은 1997년 6.1퍼센트에서 2000년 8.9퍼센트로 증가세를 이어갔다.

통화에 대한 공격에서 가장 좋은 면을 찾자면, RMB를 시장 수준으로 압박한 것이다. 가장 나쁜 면을 보자면, 통화를 떠받치려고 엄청난 돈을 쏟아부은 중국의 노력이 무위로 돌아가게 만들 수 있다는 점이다. 헤지펀드를 비롯한 공매자들이 역외 시장 차액 거래를 할 수 있고 국내 기업이 역외 시장과 역내 시장의 차이를 이용해서 차익 거래를 할 방법을 찾게 되면 정부는 RMB 국제화의 속도를 늦추지 않는 한 RMB의 고평가를 계속 유지할 수 없다. 정부가 평가 절하에 맞설 수 있는 엄청난 외환을 보유하고 있으니 많은 헤지펀드들을 희생시킬 수도 있다. 국내 공매까지도 정치적인 렌즈를 통해서 보고 그러한 활동을 악마처럼 여기고 처벌하는 것이 정부의 역할이라고 생각하는 정부 고위관리의 경향을 생각하면 불가피한 헤지펀드 활동이 대외 정책의 긴장을 높이고 공매를 시장 평형의 한 측면으로 보는 국내 개혁가와 적대적인 정치 행동이라고 보는 개혁가들 사이에 싸움을 일으킬 가능성도 있다.

중국이 세계 시장에 미치는 영향은 그릇된 커뮤니케이션에 의해 과장되었다. 통화 관리가 시장 지향적인 시스템으로 바뀌면서 RMB 가치가 떨어지자 많은 시장 참가자들은 이것을 다른 나라를 희생시키면서 중국의 수출 경쟁력을 높이는 조치로 오해했다. 중국이 달러에 묶인 고정환율제에서 교역 상대국 통화들로 이루어진 교역 비중 바스켓을 기준으로 삼는 시스템으로 옮겨가자 가치가 높아지는 달러에 비해 자연히 RMB 가치는 떨어졌다. 이것은 달러 강세이지 RMB 약세가 아니다. RMB는 교역 상대국의 바스켓에 비교했을 때는 RMB 가치가 안정적이고 심지어는 강세였기 때문이다. 다시 이야기하지만 잘못된 커뮤니케이션은 오해를 부른다.

중국은 자신들의 의도를 명확하게 소통하는 데 어려움을 겪고 있다. 중국에는 수십 년에 걸친 경험도, 연준의 접근법을 정련하는 중앙은행 커뮤니케이션 전략에 대한 심도 높은 학문적 연구도 없다. 더 중요한 것은, PBOC에는 FRB가 가진 것과 같이 구체적인 결정을 내리거나 의사소통을 할 독립적 권한이 없다는 점이다. 정부의 여러 부문에서 나온 정책 의견이 서로 충돌하고, 혹 결론에 이르더라도 최고지도부의 반대에 부딪힐 때가 많다. 최고지도부에는 시장 결정적인 경제로의 이행을 강력히 지지하는 사람들도 있지만 이들 역시 경험이 부족하고 시장의 움직임에서 비롯되는 고통스런 결과를 온전히 수용하지 못하는 경우가 있다. 중국의 중앙은행이 금융시장의 시험을 거치는 것은 피할 수 없는 일이다. 상승과 하강 모두에서 중앙은행은 세계 무대 위에서 해내야 할 새로운 역할을 배우게 될 것이다. PBOC가 올라야 할 학습곡선은 예상보다 가파르고 평탄치 않을 것 같다.

　이 모든 것이 대한민국에는 어떤 영향을 미칠까? 한국의 최대 교역 상대국인 중국이 경제적 재조정을 거치는 동안 한국에 가장 큰 영향을 주는 것은 경제의 약화일 것이다. 삼성의 휴대폰에서부터 성형수술에 이르기까지 중국인들이 한국으로부터 사들이는 모든 것이 경제가 눈부시게 성장하던 과거보다 감소한다. 하지만 속도만 조금 저하된 자동차 판매 지표 등에서 알 수 있듯이 중국인의 전체 소비는 감소하지 않을 것이다. 중국의 성장 둔화는 수년 동안 이어질 것이고 활기를 찾기 전까지는 둔화의 정도가 더 심해질 수도 있다. 중국은 우리 책이 처음 시작될 때에 비해 통화와 재정 정책에서 힘을 덜어내고 있다. 지금 하고 있는 것처럼 개혁을 미룸으로써 장기적인 경제 성장을 희생하고 단기적인 성장을 뒷받침하기로 선택할 정도이다. 중국의 정책 결정권자들은 단기적인 수요 관리와 장기적인 공급 측면의 구조조정 사이에서 균형을 찾아야 한다. 그들이 단기적인 성장 관리와 힘든 개혁이 서로 모순되는 것이 아니라 보완하는 사이에 있음을 깨닫게 되기를 바란다.[1]
　한국 기업들은 RMB 자유화의 매 단계에서 혜택을 볼 것이다. 우리는 이 책을 쓰면서 RMB 국제화의 기업 사례를 들여다볼 수 있는 가장 중요한 창 중 하나로 삼성의 사례 연구를 선택했다. 이 사례가 기업이 입는 혜택을 가장 잘 보여주기 때문이다. 삼성은 하나의 자회사에서 다른 자회사로 자금이 이동할 때마다 USD의 중개를 거치지 않고 많은 자회사의 RMB 포지션을 관리할 수 있게 하는 비교적 작은 자유화 조치만으로도 수백만 달러의 비용을 절감했다.

중국의 성장 둔화와 자본시장 변동성에도 불구하고 RMB는 세계 통화 시스템에서 입지를 더욱 굳힐 것이다. 더구나 중국 자본 계정은 결국 더 자유화될 것이다. 한국의 은행들은 RMB 관련 은행 상품을 더 개발해서 중국과의 거래와 투자를 촉진할 것이다. 중국을 주요 시장이나 운영 기반으로 하는 한국 기업들은 중국에서의 상장이나 중국 내에서의 RMB 채권 발행을 고려할 수 있다. 제조, 서비스, 부동산, 금융상품에 대한 중국으로부터의 외국인 직접 투자도 늘어날 것이다. 동남아시아에서 중앙아시아와 러시아를 걸쳐 유럽에 이르는 인프라와 공통 표준을 구축하는 중국의 일대일로 사업이 한국 기업에 많은 기회를 만들어줄 것이다.

중국 경제가 기존의 성장 모델에서 새로운 성장 모델로 힘겨운 이행을 거치는 한, 그리고 부유한 중국인들이 해외로 이전시키기 전에는 돈이 안전하지 못하다고 생각하는 한, 시장의 압력 때문에 강한 달러에 비해 RMB는 약화될 것이다. 그러한 압력은 지속될 것이다. 중국 정부는 통화의 시장 경제화를 지연시키거나, 당분간 RMB의 약화를 두고보거나 둘 중 하나를 선택하게 될 것이다. 통화 시장은 경제 펀더멘털을 지나치거나 거기에 못 미치는 경향이 있다. 그렇긴 해도 중국 정부는 안정성을 얻기 위해 노력하고 있으며 중국의 엄청난 외환보유고는 갑작스럽고 급격한 RMB 움직임을 피하거나 최소한 그 충격을 완화하기에 충분한 탄약이다. 자본 계정 통제 조치가 일시적으로나마 재도입될 수 있긴 하지만 말이다. 큰 규모의 국내 금융위기가 있지 않는 한 RMB 약화의 압력이 한국에 극단적인 영향을 미치지는 않을 것이다. 그럼에도 불구하고 한국의 정책 결정권자들은 중국의 통화 정책에 주의를 기울여야 한다.

한국에 큰 영향을 미치는 통화 문제는 일본의 계속된 평가 절하이다. 중국이 상당 기간 다른 어떤 신흥 시장보다 많이 자국 통화를 평가 절상한 반면 일본은 엔화 가치를 엄청나게 절하했다. 일본은 한국의 직접적 경쟁자인 반면 중국은 주로 고객이자 공급자이다. 일본이 동맹국이기 때문에 서구는 오로지 국내 경기 활성화를 목적으로 통화 정책을 편다는 일본의 주장을 받아들여 왔다. 이것은 대외적인 일본의 입장이다. 일본 지도부는 국민들에게 엔화의 평가 절하로 수출 경쟁력이 높아졌다고 자랑한다. 일본 지도부가 경기회복에만 집착한다면, 물론 통화 활성화 정책도 펴겠지만 국내 소비 수요 진작에도 그만큼 신경을 쓸 것이다. 일본과 중국 모두 수출 주도형 성장에서 내수 주도형 성장으로의 이행이 필요하다. 중국은 비교적 최근 등장한 이러한 니즈에 강력한 정책으로 맞서는 반면 일본은 1970년대부터 이를 도외시해왔다. 일본 기업에는 현금이 넘쳐나는 반면 소비자들은 궁핍하고 그들보다 훨씬 못한 경제국과도 비교가 되지 않는 낮은 생활수준을 유지하고 있다. 일본 정부는 기업을 희생시켜 소비자들을 돕는 대신 기업의 세금을 낮추고 소비자의 세금을 올려서 소비자 수요를 떨어뜨리는 (자민당을 지원하는 기업 이익 단체를 옹호하고) 한편 엔화 절하를 통해 수출 경제를 활성화하기 위해 노력하고 있다. 이 때문에 현대(Hyundai)는 수출 경쟁력에서 도요타(Toyota)에 크게 밀리고 있다. 여기에 2016년 초 일본은행은 엔화를 억누르기 위해 마이너스 금리 정책을 채택해 세계 시장을 놀라게 했다. RMB가 만들어내는 문제보다는 국제통화와 경쟁력에서 한국 경제가 현재 직면한 이러한 상황이 더 큰 문제일 것이다.

---

1 조지프 E. 스티글리츠(Joseph E. Stiglitz)의 "중국의 뉴 노멀(China's New Normal)", 프로젝트 신디케이트(Project Syndicate) 참조
   https://www.project-syndicate.org/commentary/china-economic-policy-debate-by-joseph-e-stiglitz-2016-01?utm_source=Project+Syndicate+Newsletter&utm_campaign=8f0a9352b7.

감사의 말

이 책은 많은 사람들의 힘을 모은 결과이다. HSBC는 연구 자금의 대부분을 제공했고 이후에는 펑글로벌인스티튜트의 기부 기금으로 후속 연구를 진행하고 학회를 열었다. HSBC의 지원에 깊은 감사를 전한다. HSBC는 연구를 수행하고 이 책을 출판하는 데 있어서 우리에게 완전한 독립과 자유를 허용했다. 이 책의 내용(우리의 견해를 포함한)은 HSBC의 승인을 얻은 것이 아니며 반드시 HSBC의 견해를 반영한다고 볼 수 없다. 따라서 모든 견해와 오류에 대한 전적인 책임은 우리에게 있다.

윌리엄 오버홀트는 이 프로젝트를 준비했고, 여러 장의 내용 대부분을 썼으며(특히 처음 3개 장과 마지막 3개 장), 책 전체의 편집을 맡았다. 귀난 마는 여러 장의 대부분을 썼고 책 전체의 편집과 구성을 도왔다. 이 책에 담긴 많은 예측은 청 콱 로의 계량 경제학 분석에서 도출된 것이다. 가독성을 고려해서 회귀분석과 방법론적 해설은 싣지 않았다.

이외에도 실로 많은 사람들이 큰 기여를 해주었다. 도미니크 마르(Dominic Meagher)는 통화 시스템 전환의 역사에 대한 분석을 제공했다. 줄리아 렁(Julia Leung)은 기업이 RMB 기반 거래를 수익성이 있다고 판단하는 이유에 대한 사례 연구들을 비롯해 중요한 자료와 지식을 제공했다. 크리스 제프리(Chris Jeffery)의 자문 서류와 구두 논평은 준비통화 문제를 이해하는 데 큰 도움을 주었다. 경 샤오(Geng Xiao)는 콘퍼런스의 패널을 섭외했고 이를 통해 우리는 중국인의 사고방식에 대한 중요한 식견을 얻을 수 있었다. 프로젝트 전체에 걸친 밍캉 류(Mingkang Liu)의 지도는 없어서는 안 될 식견과 지혜를 제공했다.

조디 후(Jodie Hu), 워런 루(Warren Lu), 주 옌(Zhu Yan), 사이 야우(Sai Yau), 특히 왕 야오(Wang Yao)는 프로젝트 전반에 걸쳐 연구 지원을 제공했다.

앤드루 키난(Andrew Keenan)의 편집은 비전문가인 독자들이 읽기 좋은 책을 만드는 데 큰 도움이 되었다.

우리는 가능한 많은 현명한 사람들의 아이디어를 이용하고 우리가 만든 초안에 대한 반응을 알아보기 위해서 RMB 국제화에 대한 두 번의 학회를 가졌다. 홍콩에서 2014년 12월1일 가진 첫 번째 학회에는 비나 청(Vina Cheung), 빅토르 K. 펑, 몽고메리 호(Montgomery Ho), 하이저우 황(Haizhou Huang), 크리스 제프리, C. K. 로, 카 차이 렁(Ka Chai Leong), 줄리아 렁, 밍캉 류, 귀난 마, 폴 말패스(Paul Malpass), 파멜라 마르(Pamela Mar), 도미니크 마르, 쿠미코 오카자키(Kumiko Okazaki), 윌리엄 오버홀트, 앤드루 성(Andrew Sheng), 마이클 스펜스(Michael Spence), 앵거스 창(Angus Tsang), 카이 만 웡(Kai Man Wong)과 경 샤오가 참여했다.

홍콩에서 2015년 6월7일 열린 두 번째 학회에는 로버트 알리버(Robert Aliber), 수만 베리(Suman Bery), 존 번스(John Burns), 윌리엄 찬(William Chan), 카 문 창(Ka Mun Chang), 리처드 쿠퍼(Richard Cooper),

스티브 데이비스(Steven Davis), M. 테일러 프레이블(M. Taylor Fravel), 빅토르 K. 펑, 앤디 홀데인(Andy Haldane), 아키나리 호리이(Akinari Horii), 프레드 후(Fred Hu), 타카토시 이토(Takatoshi Ito), C.K. 로, 줄리아 렁, 밍캉 류, 패트릭 로(Patrick Low), 궈난 마, 청인 문(Chung-In Moon), 벤저민 목(Benjamin Mok), 윌리엄 오버홀트, T.V. 모한다스 파이(T.V. Mohandas Pai), 세바스티안 파레데스(Sebastian Paredes), 드와이트 퍼킨스(Dwight Perkins), 마이클 스펜스, 앵거스 창, 마크 터커(Mark Tucker), 에즈라 보겔(Ezra Vogel), 카이 만 웡, 헬렌 웡(Helen Wong), 첸강 쉬(Chenggang Xu)와 젠장 좡(Jianzhang Zhuang) 등이 참여했다.

우리는 이들 선구적인 사상가들에게 큰 은혜를 입었다. 이토록 많은 저명한 학자들, 규제 담당자들과 기업 경영진의 도움을 받으면서, 이들의 다양한, 그리고 때로는 충돌하는 견해들로부터 어떤 잘못된 결론에 이르렀거나 빠뜨린 것이 있다면 거기에는 어떤 변명의 여지도 없을 것이다. 사실의 오류나 잘못된 분석이 있다면 그 책임은 전적으로 우리에게 있다.

제2장 역사가 위안화에 주는 교훈

주 1 돈의 계층이라는 것은 널리 인정받는 개념이 아니다. 이 개념에 대해서는 이 장의 '오프쇼어 커런시(offshore currency)와 국제 유동성' 부분에서 보다 자세히 설명할 것이다.

주 2 이 장에서는 화폐 수요가 사람들이 통화를 '보유'하고자 한다는 의미가 아니다. 화폐 수요란 화폐를 '사용'하고자 하는 사람들의 욕구를 말한다. 이러한 유형의 수요와 화폐의 가치는 전혀 관계가 없다.

제3장 위안화 부상의 경제적·제도적 기반

주 1 이러한 관리형 포트폴리오 투자 계획에는 적격 외국인 투자가(Qualified Foreign Institutional Investors, QFII), 적격 국내 기관투자가(Qualified Domestic Institutional Investor, QDII), 위안화 적격 외국인 투자가(Renminbi Qualified Foreign Institutional Investor, RQFII), 위안화 적격 국내 기관투자가(Renminbi Qualified Domestic Institutional Investor, RQDII) 프로그램이 있다. 이러한 계획하에서는 역내 시장이나 역외 시장에 대한 투자를 허용하는가 여부가 특정한 자격, 투자 할당액, 투자 회수에 관한 규정에 따라 정해진다.

주2 어떤 경제도 자본 계정 개방과 자율적인 통화 정책, 고정환율을 동시에 유지할 수 없다는 중요한 경제 정리. 예를 들어, 홍콩은 자본 흐름이 개방되어 있고 환율은 USD에 고정되어 있다. 미국의 금리가 하락하면 엄청난 자본이 홍콩으로 흘러들어 통화 공급이 급격히 증가한다. 홍콩은 고정환율제를 포기해야만 통화 공급을 통제할 수 있다.

제8장 국제화 과정에 있는 위안화를 이용하는 기업

주1 www.financialnews.com.cn/jj/dfjj_1/201305/t20130522_33293. html.

주2 cn.reuters.com/article/chinaNews/idCNKBS0IQ04D20141106.

주3 blog.sina.com.cn/s/blog_695557320102v42y.html.

주4 중국 PBOC는 국가 각 RMB 비즈니스 절차 간소화와 관련 정책 개선에 대한 회람(Circular on Simplifying the Procedures for Cross-Border RMB Business and Improving the Relevant Policies, No. 168)을 발행했다. www.mizuhobank.com/service/global/cndb/express/pdf/R419-0276-XF-0105.pdf. PBOC 상하이(PBOC Shanghasi)는 〈차이나 파이낸스(China Finance)〉에서 그 배경을 설명하고 있다. www.cnfinance.cn/magzi/2013-09/25-17993.html.

주5 finance.ifeng.com/a/20141011/13175752_0.shtml.

주6 district.ce.cn/newarea/roll/201408/13/t20140813_3344796. shtml.

주7 www.dfdaily.com/html/113/2012/9/27/869399.shtml. 스테인리스 스틸 싱크 제조업체인 저장자싱융파사(Zhejiang Jiaxing Yongfa Company)가 스웨덴의 이케아로부터 완전히 RMB로 결제를 받는 최초의 중국

공급업체가 되었다(jx.zjol.com.cn/05jx/system/2013/09/03/019573189.
shtml).

주8 www.wccdaily.com.cn/epaper/hxdsb/html/2011−12/06/
content_404498.htm.

주9 PBOC는 2011년 6월 국가 간 RMB 사업과의 연결에 대한 관련 사안을
다루는 회보를 발행했다. (145호) www.lawinfochina.com/display.
aspx?lib=law&id=8848.

주10 SAFE는 2013년 5월 외환 자금 유입의 확대에 대한 회보를 발행했다.
(20호) www.gov.cn/zwgk/2013−05/06/content_2396347.htm.

제2장 역사가 위안화에 주는 교훈

- Aliber, R.(2011) *The New International Money Game*. Palgrave Macmillan: Basingstoke.

- Ballantyn, A., Garner, M. and Wright, M.(2013) Developments in renminbi internationalization. RBA Bulletin, June.

- Barsky, R. and Kilian, L.(2000) A monetary explanation of the great stagflation of the 1970s. NBER Working Paper, No. 7547.

- Campanella, M.(2014) The internationalization of the renminbi and the rise of a multipolar currency system. ECIPE Working Paper, No. 01/2014.

- Cecchetti, S. and Schoenholtz, K.(2014) To RMB or not to RMB? Lessons from currency history. *Money and Banking*, August 18.

- Cheung, Y.-W., Ma, G. and McCauley, R.N.(2011) Renminbising China's foreign assets. *Pacific Economic Review* 16(1), 1-17.

- 배리 아이컨그린(Eichengreen, B).(2011) 달러제국의 몰락:70년간 세계경제를 지배한 달러의 탄생과 추락(*Exorbitant Privilege: The rise and fall of the dollar and the future of the international monetary system*. Oxford University

Press: Oxford). 북하이브

- Eichengreen, B. and Flandreau, M.(2011) The Federal Reserve, the Bank of England, and the rise of the dollar as an international currency, 1914-1939. *Open Economies Review* 23(1), 57-87.

- Eichengreen, B. and Sussman, N.(2000) The international monetary system in the(very) long run. IMF Working Paper, No. WP/00/43.

- Federal Reserve(2014) What are the Federal Reserve's objectives in conducting monetary policy? Available at: www.federalreserve.gov/faqs/money_12848.htm.

- Frankel, J.(2012) Internationalization of the RMB and historical precedents. *Journal of Economic Integration* 27(3), 329-365.

- Friedman, M.(1971) The Euro—dollar market: Some first principles. University of Chicago, Graduate School of Business, Selected Papers, 34.

- Friedman, M. and Schwartz, A.(1963) *A Monetary History of the United States,* 1867-1960. Princeton University Press: Princeton, NJ.

- Mehrling, P.(2012) The inherent hierarchy of money. Duncan Foley festschrift volume and conference, April 20-21.

- Mehrling, P.(2014) Chartalism, metallism, and key currencies. Economics of Money and Banking. Coursera Lecture Notes.

- Ministry of Finance, Japan(n.d.) Chronology of the internationalization of the Yen. Available at: www.mof.go.jp/english/about_mof/councils/customs_foreign_exchange/e1b064c1.htm.

- Mintz, I.(1951) *Deterioration in the Quality of Foreign Bonds Issued in the United States,* 1920-1930. NBER: Cambridge, MA.

- Mundell, R.(2000) A reconsideration of the twentieth century. *The American Economic Review* 90(3), 327-340.

- Taguchi, H.(1992) On the internationalization of the Japanese Yen. In Ito, T.and Drueger, A.(eds), *Macroeconomic Linkage: Savings, exchange rates, and capital flows.* NBER-EASE: Chicago.

- Triffin, R.(1960) *Gold and the Dollar Crisis.* Yale University Press: New Haven, CT.

- Triffin, R.(1978) Gold and the dollar crisis: Yesterday and tomorrow. Essays in International Finance No. 132, Princeton University, Princeton, NJ.

- Young, A.(1924) The mystery of money: How modern methods of making payments economize the use of money. The role of checks and bank-notes. The enormous edifice of credit. In *The Book of Popular Science.* The Grolier Society: New York.

제3장 위안화 부상의 경제적·제도적 기반

- Amstad, M., Huan, Y. and Ma, G.(2014) Developing an underlying inflation gauge for China. BIS Working Paper, No. 465.

- BIS(2003) China's capital account liberalization: International perspective.

- BIS Papers, No. 15.

- Barclays(2014) 2014 Survey of Central Bank Communication: The gap narrows but the Fed still sets the standard.

- Girardin, E., Lunven, S. and Ma, G.(2014) Understanding the monetary policy rule in China: What is the role of inflation? In *Globalisation, Inflation and Monetary Policy in Asia and the Pacific,* BIS Papers, No. 77, pp. 159-170.

- Hooley, J.(2013) Bringing down the Great Wall? Global implications of capital account liberalization in China. *Bank of England Quarterly Bulletin* 53(4), 304-316.

- Lardy, N.(2014) Markets over Mao: The rise of private business in China. Peterson Institute for International Economics.

- Lowe, P.(2014) Some implications of the internationalization of the renminbi. Conference on the Internationalization of the Renminbi, Centre for International Finance and Regulation, Sydney.

- Ma, G.(2007) Who pays China's bank restructuring bill? *Asian Economic Papers* 6(1), 46-71.

- Ma, G.(2015) A compelling case for Chinese monetary easing. In Song, L.,Garnaut, R., Fang, C. and Johnston, L.(eds), *China's Domestic Transformation in a Global Context.* Australian National University Press: Canberra; pp. 43-66.

- Ma, G. and McCauley, R.(2013) Is China or India more financially open? *Journal of International Money and Finance* 39, 6-27.

- Ma, G. and McCauley, R.(2014) Financial openness of China and India: Implications for capital account liberalization. In Song, L., Garnaut, R. and Fang, C.(eds), *Deepening Reform for China's Long-*

Term Growth and Development. Australian National University Press: Canberra; pp. 295-314.

- Ma, G. and Wang, Y.(2011) Why is the Chinese saving rate so high? *World Economics* 12(1), 1-26.

- Ma, G., McCauley, R. and Lam, L.(2012) Narrowing China's current account surplus: The roles of saving, investment and the RMB. In McKay, H. and Song, L.(eds), Reb*alancing and Sustaining Growth in China.* Australian National University Press: Canberra; pp. 65-91.

- Ma, G., Yan, X. and Liu, X.(2013) China's reserve requirements: Practices, effects and implications. China Economic Policy Review 1(2), 1-34.

- Okazaki, K.(2007) Banking system reform in China. Occasional Paper, RAND Corporation, Santa Monica, CA.

- Overholt, W.H.(2013) China's xi factor. Project Syndicate, December 16. Available at: https://www.project-syndicate.org/commentary/william-h-overholt-traces-the-origins-of-xi-jinping-s-rise-to-power-in-china

- Overholt, W.H.(2015) The politics of corruption in China. East Asia Forum Quarterly, June.

- PBOC(2014) Quarterly Monetary Policy Implementation Report, various issues.

- Sheng, A. and Ng, C.-S.(2015) Bringing Shadow Banking into the Light: Opportunity for Financial Reform in China. Fung Global Institute Report.

- Bai, J., Fleming, M. and Horan, C.(2013) The Microstructure of China's Government Bond Market. Federal Reserve Bank of New York Staff Report, No. 622.

- BIS(2002) The development of bond markets in emerging economies. BIS Papers, No. 11.

- Committee on the Global Financial System(1999a) Market liquidity: Research findings and selected policy implications. CGFS Working Group Reports, May 11.

- *Can the Chinese Bond Market Support a Potential Global Renminbi?* 107

- CH04 11/30/2015 9:31:16 Page 108

- Committee on the Global Financial System(1999b) How should we design deep and liquid markets? The case of government securities. CGFS Publications, October 13.

- Greenspan, A.(1999) Do efficient financial markets mitigate financial crises? Speech at the 1999 Financial Markets Conference of the Federal Reserve Bank of Atlanta, October 19.

- Huang, H. and Zhu, N.(2007) The Chinese bond market: Historical lessons, present challenges and future perspectives. Paper presented at the BIS-CEPR-HMKA conferences.

- Ma, G., Yan, X. and Liu, X.(2013) China's reserve requirements: Practices, effects and implications. *China Economic Policy Review* 1(2), 1-34.

- Ma, G., Remolona, E. and Jianxiong, H.(2006) Developing corporate bond markets in Asia: A synopsis of the Kunming discussions. In Developing Corporate Bond Markets in Asia, BIS Paper, No. 26, pp. 1-6.

- McCauley, R.(2003) Unifying government bond markets in East Asia. BIS Quarterly Review, December, pp. 89-98.

- McCauley, R. and Ma, G.(2015a) Consolidating public sector debts in China. Draft working paper.

- McCauley, R. and Ma, G.(2015b) Transforming central bank liabilities into government debt: The case of China. *China and World Economy* 23(4), 1-18.

- McCauley, R. and Remolona, E.(2000) Size and liquidity of government bond markets. *International Banking and Financial Market Developments* Nov, 52-58.

- Mu, H.(2006) The development of China's bond market. In *Developing Corporate Bond Markets in Asia,* BIS Paper, No. 26, pp. 56-60.

- Standard & Poor's(2009) *Chinese Bond Markets—An Introduction.*

제5장 중국 주식시장과 금융시장의 변화

- Allen, F., Qian, J., Shan, S. and Zhu, J.(2014) Explaining the underperformance of the Chinese stock market. Draft.

- Chen, Z.(2013) Capital freedom in China as viewed from the evolution of the stock market. *Cato Journal* 33(3), 587-601.

- Constantinescu, C., Mattoo, A. and Ruta, M.(2015) The global trade slowdown: Cyclical or structural? IMF Working Paper, 15/6.

- Ma, G.(2007) Who pays China's bank restructuring bill? *Asian Economic Papers* 6(1), 46-71.

- Ma, G. and Fung, B.(2002) China's asset management corporations. BIS Working Papers, No. 115.

- Ma, G. and McCauley, R.(2013) Is China or India more financially open? Journal of International Money and Finance 39, 6-27.

- Ma, G. and McCauley, R.(2014) Financial openness of China and India -implications for capital account liberalization. In Song, L., Garnaut, R. and Fang, C.(eds), *Deepening Reform for China's Long-Term Growth and Development.* Australian National University Press: Canberra.

- Ma, G., Yan, X. and Liu, X.(2012) China's reserve requirements: Practices, effects and implications. *China Economic Policy Review* 1(2), 1-34.

- McCauley, R. and Ma, G.(2015) Transforming central bank liabilities into government debt: The case of China. Draft working paper.

- MSCI(2014) Consultation on China A-Shares Index Inclusion Roadmap, March.

- Ramzy, A.(2015) Plunge in Chinese stocks leads to bull market for gallows humor. *New York Times,* July 15.

- Sheng, A. and Ng, C.-S.(2015) Bringing Shadow Banking into the Light: Opportunity for Financial Reform in China. Fung Global

Institute Report.

- Takagi, S.(2012) Internationalizing the yen, 1984-2003: Unfinished agenda or mission impossible? Currency internationalization: Lessons from the global financial crisis and prospects for the future in Asia and the Pacific. BIS Papers, No. 61, pp. 75-92.
- Xu, B., van Rixtel, A. and van Leuvensteijn, M.(2013) Measuring bank competition in China:A comparison of new versus conventional approaches applied to loan markets. BIS Working Papers, No. 422.

제6장 위안화 외환 회전량의 증가

- BIS(2013) Triennial Central Bank Survey of Foreign Exchange and Derivatives Market Activity in 2013. Available at: www.bis.org/publ/rpfx13.htm.
- Ma, G. and McCauley, R.(2011) The evolving renminbi regime and implications for Asian currency stability. *Journal of the Japanese and International Economies* 25, 23-38.
- Ma, G. and Villar, A.(2014) Internationalisation of emerging market currencies. In *The Transmission of Unconventional Monetary Policy to the Emerging Markets,* BIS Papers No. 78, pp. 71-86.
- McCauley, R. and Scatigna, M.(2011) Foreign exchange trading in emerging currencies: More financial, more offshore. BIS Quarterly Review, No. 67.
- McCauley, R., Chang, S. and Ma, G.(2014) Non-deliverable

forwards: 2013 and beyond. BIS Quarterly Review, March, pp. 75-88.

제7장 세계 위안화 거래 네트워크의 확산

- ASIFMA(2014) RMB Roadmap.
- Cheung, Y.-W. and Rime, D.(2014) The offshore renminbi exchange rate: Microstructure and links to the onshore market. Draft article.
- Cheung, Y.-W., Ma, G. and McCauley, R.(2011) Renminbising China's foreign assets. *Pacific Economic Review* 16(1), 1-17.
- Craig, S., Hua, C., Ng, P. and Yuen, R.(2013) Development of the RMB market in Hong Kong SAR: Assessing onshore-offshore market integration. IMF Working Paper, WP/13/268.
- Hong Kong Monetary Authority (2015) Hong Kong: The premier centre for offshore renminbi business.
- Leung, D. and Fu, J. (2014) Interactions between CNY and CNH money and forward markets. Hong Kong Institute for Monetary Research Working Paper, 13/2014.
- Ma, G. and McCauley, R. (2014) Financial openness of China and India: Implications for capital account liberalization. In Song, L., Garnaut, R. and Fang, C. (eds), *Deepening Reform for China's Long-Term Growth and Development.* Australian National University Press: Canberra; pp. 295-314.
- Medana, A. (2014) RMB Seminar AmCham (PowerPoint presentation),

December 3.

- PwC (2014) Where do you renminbi? A comparative study of cross—border RMB centers. Available at: www.pwc.lu/en/china/docs/pwc-where-doyou-RMB.pdf.

- SWIFT (2014) SWIFT RMB Monthly Tracker Reports: various issues.

제8장 국제화 과정에 있는 위안화를 이용하는 기업

- SamsungChina(2013) Social ResponsibilityReport.Available at: china.samsung.com.cn/News/downfile.

제9장 준비통화로서의 위안화

- Central Banking(2014) Central Banking's HSBC Reserve Management Trends 2014.

- Government of Australia(2013) Strengthening the Reserve Bank of Australia. Statement by Hon. Joe Hockey, Treasurer, October 22. Available at: jbh.ministers.treasury.gov.au/media-release/011-2013.

- IMF(2010) IMF Executive Board Completes the 2010 Review of SDR Valuation. Public Information Notice(PIN), 10/149, November 17.

- IMF(2013) World Economic Outlook. Available at: www.imf.org/external/pubs/ft/weo/2013/01/weodata/index.aspx.

- IMF(2015) Currency Composition of Official Foreign Exchange Reserves(COFER). Available at: data.imf.org/?sk=E6A5F467-C14B-4AA8-9F6D-5A09EC4E62A4.

- Marsh, D.(2015) Chinese SDR inclusion could trigger global asset shift.

- OMFIF Briefing, May 26, 6 Ed 22.2. Available at: www.omfif.org.

- PBOC(2015) A Report on Renminbi Internationalization, May.

| 중국 위안화 금융 통계와 다른 기관의 예측 |

이 책에 있는 자료의 대부분은 중국 경제에 대한 여러 가지 전제를 기반으로 한다. 또한 예측과 시나리오에 대해서는 논란이 있을 수 있다. 따라서 우리는 여기에 우리 자신의 것과의 비교할 수 있는 평판이 높은 기관들의 예측을 담은 표 A.1을 제시한다.

표 A-1 중국 RMB 금융 통계 예측과 다른 기관의 예측(참고)

	RMB 현황	엔화 현황	HSBC 예측*	스탠다드차타드 예측**	도이체방크 예측
중국 무역 RMB 결제	2014년 1사분기 4조6,000억 RMB, 중국 무역의 18퍼센트 2013년 2사분기 중국 무역의 14퍼센트 연간 총액 7,000억 USD (SC)	2014년 일본 무역의 30~40퍼센트가 엔화로 결제(HSBC)	2015년 중국 무역의 30퍼센트 2015년 중국-신흥국 교역 시장 RMB 무역의 50퍼센트	2015년 1조1,670억 USD, 2020년 3조430억 USD 2020년 중국 RMB 국제 무역의 28퍼센트	2014년, 2015년, 2016년 중국 무역의 20퍼센트, 25퍼센트, 30퍼센트
RMB 세계 무역 결제	2014년 3월 세계 무역의 1.6퍼센트(SC)	2013년 10월 세계 무역의 2.6퍼센트가 엔화로 결제	2013~2015년 연 무역 흐름 2조 USD	2020년 세계 무역의 3퍼센트	
외환 RMB, 일일 거래	2013년 1,200억 USD 세계 총 외화 회전량의 2.2퍼센트, GDP의 1.3퍼센트, 상품 무역의 2.8퍼센트 현물 340억+현장일 인도 선물환 280억+역환 스와프 400억+역환 옵션 170억= 1,190억 USD(SC BIS 자료 인용) SC BIS 인용, 분기가 440억을 차지한다. 하지만 SC는 현물 거래의 70퍼센트가 역내에서 20퍼센트가 홍콩에서 이루어지는 것으로 추정	2013년 약 1조2,030억 USD, GDP의 23.9퍼센트, 상품 교역의 83.6퍼센트(SC)		2020년 기본 추정 5,000억 USD RMB가 완벽한 태환성을 갖춘다는 가정하에 2020년 1조 USD	

구분			
국채	2014년 6월 LCY 국채시장 64.9퍼센트(ADB)	2014년 6월 LCY 국채 시장 92.3퍼센트(ADB)	
회사채 (법인, 기업, MTN, 기업 어음 포함)	2013년 2사분기 전체 채권의 25퍼센트, GDP의 12.5 퍼센트(HSBC) 2014년 6월 LCY 회사채 시장 35.1퍼센트(ADB)	2013년 2사분기 전체 채권의 29퍼센트, GDP의 약 15퍼센트 (HSBC), 2014년 6월 LCY 회사채 시장 7.7 퍼센트(ADB)	
역외 RMB 채권	2014년 1사분기 역외 RMB 채권 800억 RMB, CD 1,140억 2013년 10월 딤섬 채권 3,120억 CNY, CD 2,220억 CNY(SC)	2014년 말 사무라이 채권시장 945억 USD (SC)	보수적인 시나리오에 따르면 역외 RMB 채권시장은 2014년 말 7,000억 CNY, 2018 년 말 2조 CNY, 2020 년 말 3조 CNY에 이를 것으로 보인다.
직접 금융 및 사회화 기금	2013년 전체 조달 자금의 12.6퍼센트(HSBC)	2015년 전체 조달 자금 의 15퍼센트	
HK RMB 수신	2014년 1사분기 9,500억 RMB(SC)		2014년 2조2,500억 CNH, 2015년 4조 CNH

HK RMB 부채	2013년 2사분기 약 1,100억 CNY 2013년 2사분기 RMB 예대율 16퍼센트, HK 총 통화의 72퍼센트(SC)	2020년 말 2조3,000억 HKD(홍콩 은행 여신의 20퍼센트). RMB로의 노출 변화가 많아진다면(CNY에 고정된 HKD), 2020년 3조8,000억 HKD(전체 은행 여신의 33퍼센트)에 이를 것이다.	2014년 RMB 채권과 여신 8,700억 CNH
총 역외 RMB 수신	2014년 1월 1조4,110억 RMB 4개 주요 센터 수신, CD, 채권, 여신이 1조8,800억 RMB에 이른다(SC) 2014년 2월 역외 RMB 채권과 CD 6,340억 RMB(SC)	2014년 말 1조8,000억 RMB	
역내 외국 은행 총수신	2013년 1조4,550억 RMB, 전체의 1.6퍼센트(PBOC)	2014년 8월 전체의 1.5퍼센트(BoJ, KPMG, FGI)	
역내 외국 은행 총여신	2013년 2조750억 RMB, 전체의 1.9퍼센트(PBOC)	2014년 8월 전체의 1.3퍼센트(BoJ, KPMG, FGI)	

역내 외국 은행 총자산 | 2013년 2조5,810억 RMB, 총 은행 자산의 1.82퍼센트 (PBOC) | 2014년 44조5,510억 엔, 총 은행 자산의 4.79퍼센트 (BoJ, KPMG, FGI)

*HSBC는 2~3년 내에 RMB가 완벽한 태환성을 갖출 것으로 예상한다.

**SC는 2020년까지 중국의 자본 계정이 개방될 것으로 예상한다.

SC는 2020년까지 중국의 GDP가 보수적인 추정하에 2조8,000억 USD, 연간 GDP 성장이 4.6퍼센트에 이를 것으로 추정한다.

SC는 2020년까지는 RMB 환율이 기본적으로 자유 변동 환율제를 따르게 될 것으로 예상한다.

SC는 2015년까지 RMB CIPS가 완전히 운용될 것이라고 추정한다.

SC는 역외 RMB 시장이 매년 30퍼센트씩 성장해서 2020년에는 3조 CNY에 이를 것으로 본다.

·자료 출처 | FGI 분석, PBOC 공식 웹사이트, BoJ 공식 웹사이트, 아시아개발은행 공식 웹사이트, 2014년. ASIFMA, 스탠다드차타드은행, 톰슨로이터(Thomson Reuters), 2014년. RMB 로드맵(RMB Roadmap), 2014년 5월. 스탠다드차타드은행, 2013년. 위안화의 2020 오디세이(Renminbi's 2020 Odyssey, 2013년 11월 4일). 위안화의 부상 III(The Rise of the Redback III – The World's Next Reserve Currency, 취 홍빈 Qu Hongbin, 선 준웨이 Sun Junwei, 폴 매켈 Paul Mackel, 주 왕 Ju Wang, HSBC). 글로벌리서치(Global Research, 2014년 3월). 도이체방크, 2014년. RMB 국제화의 중심에서 (At the Center of RMB Internationalization – A Brief Guide to Offshore RMB, 2014년 3월 KPMG, 2014). 일본 내 외국 은행 사베이, 2014년 3월

| 용어해설 |

AIIB · Asian Infrastructure Investment Bank 아시아인프라투자은행

ASEAN · Association of Southeast Asian Nations 동남아시아 국가연합

BDF · Banque de France 프랑스은행

BIS · Bank for International Settlements 국제결제은행

BOCHK · Bank of China(홍콩) 중국은행

BoE · Bank of England 잉글랜드은행

BoJ · Bank of Japan 일본은행

BoK · Bank of Korea 한국은행

CAGR · Compound Annual Growth Rate 연평균 성장률

CBC · Central Bank of China(Taiwan) 중국 중앙은행(대만)

CBRC · China Banking Regulatory Commission 중국 은행관리감독위원회

CDB · China Development Bank 중국 국가개발은행

CGB · Chinese Government Bond 중국 정부 채권

CIFR · Centre for International Finance and Regulation 국제금융규제 센터

CLS · Continuous Linked Settlement 외환 동시 결제 시스템

CNH · Deliverable RMB Exchange Rate Offshore 역외 인도적격 RMB 환율

CNY · RMB exchange rate in onshore market 역내 시장의 RMB 환율

COFER · Composition of Official Foreign Exchanges Reserves (IMF compilation) 외환보유고 구성(IMB 편집)

CSRC · China Securities Regulatory Commission 중국 증권감독관리 위원회

ECB · European Central Bank 유럽 중앙은행

ESM · European Stability Mechanism 유럽 안정화 기구

ETF · Exchange-Traded Fund 상장지수펀드

FDI · Foreign Direct Investment 외국인 직접 투자

FGI · Fung Global Institute 펑글로벌인스티튜트

GFC · Global Financial Crisis 세계 금융위기

HKEx · Hong Kong Exchange and Clearing Limited 홍콩 증권거래소

HKMA · Hong Kong Monetary Authority 홍콩 통화청

ICC · International Chamber of Commerce 국제상공회의소

IMF · International Monetary Fund 국제통화기금

IPO · Initial Public Offering 기업공개

JGBs · Japanese Government Bonds 일본국채

LC · Letter of Credit 신용장

LGFV · Local Government Financing Vehicle 중국 지방정부 산하 자금 조달기구

LME · London Metal Exchange 런던금속거래소

MAS · Monetary Authority of Singapore 싱가포르 통화청

MNC · Multinational Corporations 다국적 기업

MoF · Ministry of Finance 재무부

NBS · National Bureau of Statistics 국가통계국

NDF · Non-Deliverable Forward 역외 선물환

OTC · Over-The-Counter 장외

PBOC · People's Bank of China 인민은행

QDII · Qualified Domestic Institutional Investor, 적격 국내 기관투자가

QE · Quantative Easing 양적 완화

QFII · Qualified Foreign Institutional Investors 적격 외국인 투자가

RAMP · Reserves Advisory Management Program(World Bank) 준비금 자문과 관리 프로그램(세계은행)

REER · Real Effective Exchange Rate 실질 실효 환율

RMB · 위안화, 중국의 통화로 단위는 위안이다.

RQDII · Renminbi Qualified Domestic Institutional Investor 위안화 적격 국내 기관투자가

RQFII · Renminbi Qualified Foreign Institutional Investor 위안화 적격 외국인 투자가

RTGS · Real-Time Gross Settlement 즉시 총액 결제 시스템

SAFE · State Administration of Foreign Exchange 국가 외환관리국

SDDS · Special Data Dissemination Standard 자료 공표 특별 기준

SDR · Special Drawing Right 특별 인출권

SHFTZ · Shanghai Free Trade Zone 상하이 자유무역지대

SIFMA · Securities Industry and Financial Markets Association 미국 증권 산업 금융시장 협회

SOE · Stated Owned Enterprise 국영 기업

SWIFT · Society for Worldwide Interbank Financial Telecommunication

국제 은행 간 금융 통신 협회

T/T · Telegraphic Transfer 전신 송금

UK DMO · UK Debt Management Office 영국 부채관리국

US MBS · US Mortgage Backed Securities 미국 주택저당증권

YoY · Year On Year 전년 동기 대비

KI신서 6406

위안화의 역습

1판 1쇄 인쇄   2016년 6월 3일
1판 1쇄 발행   2016년 6월 13일

지은이 윌리엄 오버홀트, 궈난 마, 청 퀵 로
옮긴이 이영래
펴낸이 김영곤
해외사업본부장 간자와 타카히로
해외출판팀 유승현 조문채 박나리
디자인 엔드디자인
제작 이영민
출판영업팀 이경희 정병철 이은혜 유선화
출판마케팅팀 안형태 김홍선 최성환 백세희 조윤정
홍보팀 이혜연

펴낸곳 (주) 북이십일 21세기북스
출판등록 2000년 5월 6일 제10-1965호
주소 (10881) 경기도 파주시 회동길 201(문발동)
대표번호 031-955-2100 **팩스** 031-955-2151 **이메일** book21@book21.co.kr
홈페이지 www.book21.com **블로그** b.book21.com
트위터 @21cbook **페이스북** facebook.com/21cbook

ISBN 978-89-509-6353-8 03320